THINK AGAIN

THE POWER OF KNOWING WHAT YOU DON'T KNOW

逆思維

Adam Grant

亞當・格蘭特——著　簡秀如——譯

來自全世界的最高讚譽！

若想要在家、工作場合、
學校等各個地方創造樂於不斷學習的文化，
本書絕對為必讀之作……尤其在這個變化劇烈的時代，
本書所點出的觀念更是至關重要！

——**比爾．蓋茲 & 梅琳達．蓋茲**

亞當．格蘭特認為保持開放的心態是能夠教授的技能，
這本精采之作正是無人能夠取代他教授這項技能的證明。
本書的驚人見解保證能扭轉你的價值觀，
並讓人重新思考你的觀點和所有重要的決定！

——**諾貝爾經濟學獎得主．《快思慢想》作者／丹尼爾．康納曼**

這本書，正是為這個時代而生！
學習需要專注，但忘卻與重新學習得到的東西更多，
這需要的是選擇的勇氣，而不是安穩與舒適。
在本書中，亞當．格蘭特將學術研究和故事分享合而為一，
幫助我們建立所需的智慧和情感，
並讓我們對世界保持足夠的好奇，進而能真正去改變這個世界。
我從來沒有對我所不知道的事情，如此充滿希望！
——**《召喚勇氣》、《脆弱的力量》作者／布芮妮．布朗**

華頓商學院的知名教授亞當．格蘭特告訴我們，
這個時代最重要、也最具影響力的課題之一就是：
質疑自己根深柢固的信念。
他說「真正的知道，就是承認自己的不知道」，
傾聽和了解我們的一無所知，正是我們此刻所需要的能力！
——**新聞週刊**

在這個不斷變化與前進的世界中，
亞當．格蘭特的新作讓我們致力於一種謙遜、開放又嶄新的願景。
《逆思維》為我們提供「重新思考」時諸多強而有力的實例……
不僅深具啟發，而且至關重要！

——**金融時報**

亞當．格蘭特的最新著作促使我們重新思考、
評估和想像我們的信仰、思想與身分，並深入了解：
為什麼我們相信自己所做的事情？為什麼它對我們如此重要？
以及為什麼我們對這樣的想法與信念堅信不疑？……
亞當．格蘭特再次成功顛覆了我們的想法，
並幫助你我看清顯而易見的事實！

——**《富比士》雜誌**

本書融合了心理學，證明了自助、質疑、失敗與重新思考如何改變我們自己和世界……本書分成三大部分，說明了我們為何難以接受他人的反饋、如何幫助他人有效地重新思考，以及如何鼓勵社會開始進行反思！

——《商業內幕》雜誌

格蘭特是天生的溝通者——他口才絕佳，說話引人入勝，並幫助我們再想一下……他的研究讓我們了解自己應該怎麼做，並明白「不知為不知」的道理。在這個不斷變化的世界中，每個人都能夠重新思考，並從我們重視的價值觀中獲益！

——《Goodreads》書評網站讀者

亞當・格蘭特提出了一個引人入勝的論點，那就是：
如果我們用謙遜和好奇心來重新思考自我的信念，
我們就能塑造一個嶄新的自己。

「再想一下」幫助我了解偉大的思想家和成功人士，
如何不讓專業知識或經驗成為我們學習的阻礙！

——《靈異第六感》、《分裂》導演／奈・沙馬蘭

《逆思維》讓我們看見了靈活又精湛的想法，
並告訴我們如何實現它。

本書讓我們反省舊有的思維，並從辯論、反駁與衝突之中，
學習新的想法與觀念！

——《行為科學家》雜誌

《逆思維》讓我們捨棄一切的假設與想像，
用好奇和謙遜的態度敞開心房！
——**華盛頓郵報**

這本書振聾發聵！
在深具說服力的論述（意識形態、體育對手）中，
讓我們找到彼此的共識！
——**《書單》雜誌**

節奏明快、論述清晰！
正向心理學權威的驚人傑作！
——**《圖書館期刊》（星級評論）**

獻給凱安、傑若米及比爾

我的三位最老的朋友——這是我不會多想的一件事

目錄

序言

經過了一段顛簸的飛行之後，十五個人從蒙大拿州的上空一躍而下。他們不是跳傘運動員，而是空降消防員：一群精銳的荒野滅火人員，跳傘降落去撲滅前一天由閃電引起的森林大火。但在短短的幾分鐘之內，他們將會為了保命而拔腿狂奔。

一九四九年八月分的一個炙熱午後，這群空降消防員在曼恩峽谷頂端的附近降落。大火隔著峽谷清晰可見，他們沿著坡地而下，往密蘇里河的方向前進。他們的計畫是在大火四周的地上挖出一道防火線，遏阻火勢蔓延，並且將其導向一個較為空曠的地區。

跋涉了四分之一哩路之後，隊長威納．道奇看到大火已經躍過峽谷，正朝他們直撲而來，火焰竄升到空中三十呎的高度。不到一分鐘之內，大火就會迅速延燒兩個足球場的距離了。

到了傍晚五點四十五分，眼看要遏阻火勢是不可能的了。道奇明白現在是該改轅易轍，從滅火改為逃離的時候了。他立刻要組員掉頭，往回跑上山坡。空降消防員必須在岩地上高度及膝的草叢中，急速攀爬一段極為陡峭的上升斜坡。在接下來的八分鐘，他們前進了將近五百碼，距離坡頂只剩不到兩百碼了。

安全的目的地就在眼前，但是大火依然快速逼進，此時道奇做了一件令組員大惑不解的事。他並未設法逃離大火，而是停下腳步，俯身彎腰。他掏出了火柴盒，開始點燃火柴，然後扔進草叢裡。「我們心想他肯定是瘋了，」一名組員在日後回憶著說。「大火幾乎燒到我們的背後了，隊長怎麼搞的又在我們的前方點燃另一把火呢？」他心想：**那個可惡的道奇是想把我活活燒死哪**。當道奇朝他放的那把火揮舞雙臂，大聲喊著：「上來！往這邊上來！」時，組員毫不令人意外地並未跟隨他前去。

那些空降消防員不明白的是，道奇設計出一個求生策略：他打造了一場逃生火。他把前面的草叢燒光，清空了野火延燒的供給。這時他把水壺裡的水倒在手帕上，蒙住嘴巴，然後在接下來的十五分鐘裡，面朝下趴在這塊焦土上。當野火在他的上方席捲而過，他靠著接近地面的氧氣逃過一劫。

不幸的是，有十二名空降消防員罹難了。後來，他們發現了其中一名遇難者的懷錶，上頭熔毀的指針指著傍晚五點五十六分。

為什麼只有三名空降消防員得以倖存呢？體能是一個因素。其他兩名生還者設法跑贏了大火，抵達山坡頂點，但是道奇以他的智能戰勝了這場野火。

當人們思考要如何鍛鍊智能時，第一個想到的通常是智力。越聰明的人就能解決越複雜的問題，而且解決的速度也越快。大家通常把智力視為思考及學習的能力。然而在動盪不安的世界裡，更重要的或許是另一組認知技能：再思考及反學習的能力。

想像一下，你剛寫完了複選試題，然後你開始對其中一個答案心生疑慮。你還有一些時間，究竟是該堅守第一直覺，或者是作出更動呢？

大約有四分之三的學生確信修改答案會導致扣分。一家大規模的測試準備公司卡普蘭（Kaplan）曾提醒學生，「假如你決定變更答案，千萬要謹慎行事。根據經驗指出，許多學生在更動答案時，是改成了錯誤的解答。」

我無意冒犯那些經驗談，但是我偏好嚴謹的證據。有三位心理學家針對三十三份研究進行一項全面審查，發現在每一份研究中，大部分的答案修訂都是從錯的改成對的。這個現象就是眾所周知的第一直覺謬誤。

在一場演示中，心理學家計算伊利諾州超過一千五百名學生在試卷上的修改痕跡。只有四分之一的改動是從對的改成錯的答案，有半數是從錯的改成了對的答案。年復一年，我在我自己的班級看過這種情況：我的學生期末考出乎意料地沒有多少修改痕跡，但是那些重新思考第一次的答案，而不是保持原狀的人，最後拉高了成績。

當然了，有可能第二次的答案並非與生俱來就比較好；它們會比較好是因為學生通常不願意改答案，只有在他們具有相當自信時，才會去做更動。但是最近的研究提出一個不同的解釋：拉高成績的原因不見得是去更改你的答案，而是去考慮你是否應該更改。

我們不只對於重新思考答案心生猶豫，我們也對「重新思考」本身感到遲疑。舉一場實驗為例：有數百名大學生隨機分配去學習第一直覺謬誤。主講者教導他們改變想法的價值，並且向他們提出「何時該這麼做」的建議。在他們接下來的兩場考試中，他們依然沒有表現出更多修改答案的意願。

部分的問題在於認知惰性。有些心理學家指出，我們是心理吝嗇者：我們經常偏好輕鬆維持舊觀點，而非辛苦掌握新觀點。然而，在我們抗拒重新思考的背後，還有更深層的力量。質疑自己會使得這個世界更加不可預期。這需要我們承認事實可能有了變化，曾經是對的，現在可能是錯的。重新考慮我們深信不疑的事，會威脅我們的認同，讓我們感覺有如失去了部分的自我。

重新思考在我們生活中的每個面向都不是件難事。說到我們的所有物時，我們會樂於更新。當我們的衣物過時了，我們會汰舊換新；當廚房趕不上流行，我們會重新裝潢。然而，如果說到我們的知識和看法，我們傾向於堅持己見。心理學家把它稱為抓住（seizing）及凍結（freezing）。我們喜歡確信的自在勝過懷疑的不自在，而且我們會在堅定信念之後不再更動。我們會嘲笑別人還在使用Windows 95，然而我們卻對自己在一九九五年就形成的看法緊抓不放。我們聆聽那些使我們感覺良好的觀點，而不是讓我們更努力思考的想法。

你或許在某個時候聽說過，假如你把一隻青蛙丟進一鍋滾燙的熱水裡，牠會立刻跳出來。不過要是你把牠扔進溫水裡，逐漸提高水溫，青蛙會死掉。牠缺少能力去重新思考這個情況，沒有領悟到眼前的危險，直到為時已晚。

我最近針對這個普遍流傳的故事做了一些研究，而且發現了一個問題：這不是真的。

把青蛙丟進滾燙的鍋裡，牠會嚴重燙傷，不一定逃得掉。青蛙在慢慢煮沸的鍋裡是比較好：但當水溫開始升到熱得難受時，牠就會立刻跳出去。

重新評估失敗的不是青蛙，是我們。我們聽到這個故事，認為這是真的之後，就很少會費心去質疑它了。

當曼恩峽谷大火朝他們席捲而來，消防員要做出一個決定。在理想的世界裡，他們會有足夠的時間暫停下來，分析情況，並且評估他們的選項。但是大火就在他們的後方不到一百碼熊熊燃燒，根本沒機會停下來思考。「發生大火時，隊長和小組沒有時間坐在樹蔭底下，針對大爆炸進行一場柏拉圖式的對話，」學者及前消防員諾曼·麥克林（Norman Maclean）在他得獎的災難紀事《年輕人與火》（Young Men and Fire）之中寫道。「假如蘇格拉底擔任曼恩峽谷大火的隊長，當他和他的組員坐在那裡思考時，早就被燒成灰了。」

道奇不是因為思考較慢而倖存。他活著離開是多虧了他擁有更快重新思考情況的能力。十二名消防員之所以送了命，因為道奇的舉動對他們來說不合理，他們無法及時重新思考自己的臆測。

在重大壓力下，人們通常會回到自動且熟知的回應。這是演化適應，只要你發現自己處在必須做出反應的相同情況之中。假如你是消防員，你的熟知回應是撲滅大火，而不是引發另一場火。假如你是在逃命，你的熟知回應是逃離大火，而不是朝它跑去。在一般的情況下，那些直覺可能會救你一命。道奇在曼恩大火中倖存，因為他快速推翻那兩種回應。

沒有人教過道奇如何打造一場逃生火，他甚至沒聽過那個概念，那完全是即時拼湊而成。後來，其他兩名倖存者在法庭上作證，表示他們的訓練中並未包含任何類似逃生火的內容。許多專家花了一輩子研究野火，卻不曾領悟到有可能藉由在烈焰中燒出一個洞來保命。

當我告訴大家道奇的逃生故事，他們通常會驚歎他在壓力下展現的機智，那真是天才！但他們的驚歎很快就變成沮喪，因為他們做出了結論，這種恍然大悟的時刻對平凡人來說根本做不到，我四年級的數學功課就把我難倒了。然而，大部分的重新思考行動並不需要任何特殊技能或創造力。

稍早在曼恩峽谷時，消防員錯過另一個重新思考的機會，而這個機會就近在眼前。在道奇開始把火柴扔進草叢之前，他命令組員卸下身上的笨重裝備。他們在過去八分鐘內拚命跑上坡，而身上仍舊揹著斧頭、鋸子、鏟子，以及二十磅重的背包。

假如你在逃命，或許你的第一步，顯然是把可能拖慢速度的任何東西都丟掉。然而對消防員來說，工具是他們進行任務不可或缺的，「攜帶並照顧裝備」深植在他們的訓練及經驗中。直到道奇下了命令，大部分的消防員才卸下工具。即便在那時候，有一名消防員還是握緊鏟子，直到一名同僚從他手中拿走。假如小組成員更快扔掉他們的工具，這樣是否就能拯救他們的性命？

我們永遠無法確知，不過曼恩峽谷不是單一事件。光是在一九九〇到一九九五年之間，一共有二十三名野火消防員試圖跑贏大火時在上坡喪命，即便丟棄他們的重裝備可能造成生存與死亡的差異。一九九四年，在科羅拉多州風暴之王山，強風導致大火越過峽谷延燒。有十四位消防員及荒野滅火員，包括四名女性、十名男性在內，全都沿著岩石地面往上跑，眼看再兩百呎就能安全脫險，他們卻都送命了。

後來，根據調查員的計算，少了他們的工具及背包，這群人大可加快15%～20%的移動速度。「要是他們能丟下身上的裝備，跑向安全處，大部分的人應該可以活命，」一位專家寫道。要是他們「丟掉他們的背包和工具，」美國國家森林局表示贊同：「消防員可以搶先大火，跑到山頂上。」

我們合理假設，起先組員可能不假思索地奔跑，甚至沒意識到他們還揹著背包和工具。「大約往上坡跑了三百哩，」一名科羅拉多倖存者在證人席上說：「我那時才意識到，我的鋸子還扛在肩上！」即使做出了明智的決定，丟下二十五磅重的鏈鋸之後，他還是浪費了寶貴的時間：「我不理性地開始尋找一個地方，可以把它放下來又不會燒壞……我記得我心想：『真不敢相信我要放下我的鏈鋸。』」有一名遇難者被發現時，身上還揹著背包，手中緊握著鏈鋸的把手。為什麼有那麼多消防員抓著工具不放，即便放開或許能救他們一命？

假如你是消防員，拋下工具不只需要你忘掉習慣，忽視直覺。拋棄你的裝備也意味著承認失敗，並且去除了你的部分身分。你必須重新思考你工作的目的，以及你的人生角色。「你不能靠身體和雙手去滅火，你要拿著經常代表消防員特色的工具去滅火，」組織心理學家卡爾．威克（Karl Weick）說明：「那是消防員當初接受部署的原因……丟掉工具產生與存在有關的危機。少了我的工具，那麼我是誰？」

荒野大火相對來說極為罕見，我們大多數人的性命不會仰賴一瞬間的決定，不會強迫我們重新想像我們的工具竟是危險的來源，大火反而是通往安全的路徑。然而「重新思考假設」的挑戰出乎意料地普遍，或許甚至對所有人來說都是如此。

我們都會犯下和消防員及荒野滅火員相同的那種錯誤，但是後果卻沒那麼可怕，因此錯誤經常在無意間遭到忽視。我們的思考方式變成可能會壓垮我們的習慣，而我們卻不曾費心去質疑它們，直到為時已晚。如同你期待嘎吱作響的煞車可以繼續運作，直到它們終於在高速公路上故障。分析師警告即將發生房地產泡沫化，你還是相信股市會持續上揚；你堅信婚姻沒問題，即便你的伴侶不斷變疏離；你依舊對工作保有安全感，就算你的部分同事已經遭到資遣。

本書關注的是「重新思考」的價值。探討救了道奇一命的那種心智彈性，了解他如何在失敗之處獲得成功，並在別人身上也激發出相同的機敏。

你或許沒有攜帶斧頭或鏟子，但是你有一些常用的認知工具。它們可能是

我們緊握不放的工具

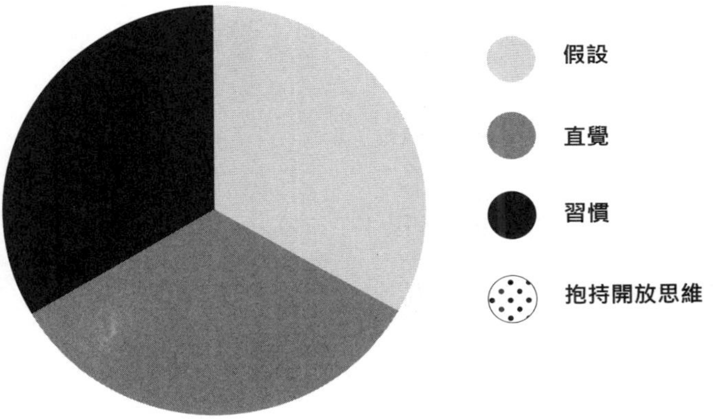

你知道的事，你做的假設，或是你持有的看法。有些不只是你工作的一部分，也是你自我感知的一部分。

想想看，有一群學生打造出所謂的「哈佛第一個線上社群網路」，在就讀大學之前，他們已經將八分之一以上的大一新鮮人結合在一個「線上團體」裡。不過他們去了劍橋之後，他們就放棄那個網路，把它關閉了。五年後，馬克．祖克伯在同一個校園開設了臉書。

打造原始線上團體的那些學生偶爾會感到後悔的痛楚。我知道，因為我就是那個團體的共同創辦人之一。

我們先說清楚：我壓根兒沒有過臉書所成就的那種願景。然而以後見之明看來，我的朋友和我顯然錯過了一連串的機會去重新思考我們平台的潛力。我們的第一直覺是使用線上團體，讓自己交到新朋友。我們沒考慮到其他學校的學生或校外人士是否會對它有興趣。我們的熟知習慣，是使用線上工具和遠方的人聯繫；一旦彼此近距離地生活在同一座校園，就覺得應該用不著線上團體了。雖然我們的共同創辦人之一在研究電腦科學，另一位早期成員已經創立了一家成功的科技新創公司，我們做出錯誤的假設，認為線上社群網路是一種短暫的嗜好，不是網路未來的一個龐大部分。因為我不懂如何編碼，我便沒有工具能做出更複雜的東西。反正成立公司不在我的自我瞭解與未來實現之內：我自認是大學新鮮人，不是新進的企業家。

打從那時起，重新思考對我的自我意識變得很重要。我是心理學家，但我不是佛洛伊德迷。我的辦公室沒有躺椅，而且我不做心理治療。身為華頓的組織心理學家，我過去十五年來都在研究及教導「循證管理」。身為重視數據及思考的企業家，像是谷歌、皮克斯、美國職籃以及蓋茲基金會等機構都找過我，去協助他們重新檢視如何設計有意義的工作、打造有創意的團隊，以及塑造合作文化。我的任務是重新思考我們如何工作、領導及生活，而且讓他人也有能力這麼做。

我想不到有比現在更應該進行重新思考的時機，當新冠病毒全球大流行正在如火如荼地展開，全世界的許多領導人卻慢條斯理地重新思考他們的假設。首先是病毒不會影響到他們的國家，接下來是它的致死率不比流感高，然後是這可能只會透過有症狀者傳染，但它所奪走的人命卻不斷在增加中。

過去這一年來，我們的心理韌性都受到了考驗，我們不得不質疑我們長久以來視為理所當然的假設：去醫院、在餐廳用餐，以及擁抱我們的父母或祖父母，過去這些都是安全的。以前電視上總是能看到現場運動賽事，而我們大多數人永遠沒必要遠距工作，或是在家教育自己的孩子。以往只要我們需要衛生紙和潔手液，隨時都能取得。

在疫情全球大流行之際，警方的多起殘暴行動引發許多人重新思考他們對種族不公的觀點，以及他們在這種行為的打擊之中所扮演的角色。喬治・佛洛伊德（George Floyd）、布里安娜・泰勒（Breonna Taylor）及阿穆德・亞貝瑞（Ahmaud Arbery）三名黑人公民毫無意義的死亡，讓數百萬名白人領悟到，如同性別歧視不只是女性的議題，種族歧視也並非只是有色人種的議題。當抗議潮橫掃全國，跨越政治派別，對「黑人的命也是命」運動的支持，在短短兩週內所攀升的程度，和過去兩年來差不多。許多長期以來不願或無法承認這種情況的人，很快地開始面對在美國處處可見，系統性種族歧視的殘酷事實。許多長期以來保持緘默的人，開始負起他們的責任，成為反種族歧視者，並且反對偏見。

儘管擁有這些共同經歷，我們仍舊活在一個日益分裂的時代。對某些人來說，只要提及「在國歌響起時跪下」[1]便足以結束一段友誼；對其他人來說，在投票所的一張選票便足以結束一段婚姻。僵固的意識形態正在撕裂美國的文化，如果甚至連我們偉大的執政文件「美國憲法」也容許修正，我們是否能更快地對我們自己的「心理憲法」作出修正呢？

我寫這本書的目的，是探索「重新思考」如何發生，我尋找最令人信服的證據，以及一些全世界最厲害的重新思考家。第一部分聚焦在開啟我們自己的思維。你會知道一位具有前瞻性的企業家為何被困在過去；一名機會渺茫的公職候選人為何把「冒牌者症候群」視為優勢；榮獲諾貝爾獎的科學家為何擁抱「想法錯誤」的喜悅；世界頂尖的預測專家如何更新觀點？以及榮獲奧斯卡獎的製片如何進行富有成效的爭論。

第二部分，檢視我們如何能鼓勵他人重新思考。你會得知一位國際辯論冠軍如何贏得爭論，以及一名黑人樂手如何說服白人至上主義者放棄仇恨。你會發現某種「特別的聆聽」，是如何幫助醫生啟發家長對於疫苗的思考，並且協

1 編按：指二〇一六年開始至今的「美國國歌抗議活動」，一些美國運動員在比賽前演奏美國國歌時單膝跪地，來抗議美國警察的暴行和種族主義。

助一名國會議員說服烏干達叛軍領袖，和她進行和平對談。假如你是洋基隊球迷，我要看我是否能說服你支持紅襪隊？

第三部分，是探討關於我們能如何打造終生學習者社群。在社交生活中，一個專精困難對話的實驗室，會說明我們如何能在兩極化的議題，例如墮胎及氣候變遷，做出更好的溝通。在學校，你會發現教育者如何藉由把教室當成博物館、像木匠般處理專題，以及重寫歷史悠久的教科書，教導學生重新思考。在工作方面，你會探索如何和太空中第一位西班牙裔女性建立學習文化；在哥倫比亞號太空梭解體之後，她在美國國家航空暨太空總署（ＮＡＳＡ）接手管理，並防止意外發生，我將以「重新思考」我們最佳計畫的重要性來作結尾。

這是消防員歷盡千辛萬苦學會的一課。在當時的烈焰之下，威納．道奇臨時起意丟掉笨重的工具，並且躲在他自己放的一把火之中，造成了生與死的差異。要不是因為更深入、更具系統性的重新思考失靈，他的創造力甚至不需要派上用場。曼恩峽谷的最大悲劇是有十二位消防員在一場從來就不需要搏鬥的滅火行動中喪生。

早在一八八〇年代，科學家便開始強調野火在森林的生命週期中所扮演的重要角色。大火移除死去的物質，把養分送到土壤裡，並且替陽光清出一條通道。當大火受到抑制，森林會過於茂密。灌木叢、枯葉及小樹枝的堆積，成了更多爆炸性野火的燃料。

然而直到一九七八年，美國國家森林局才廢止原本的政策：要求每場發現的大火，應該在隔天上午十點鐘之前撲滅。曼恩峽谷野火在一個偏遠地區發生，人類的生命並未遭遇危險。消防員還是被召集了，因為他們的社群、組織或同業都不曾盡力質疑「不該放任野火燒到自然結束」的假設。

本書想請各位拋開對你不再有用的知識和看法，以彈性而非一貫性來維繫你的自我意識。假如你能掌握重新思考的技巧，我相信你會更有機會在工作上獲得成功、生活過得幸福。重新思考能幫助你對舊問題找出新的解決方法，以及再度使用舊有的解決方法來應付新問題。這是從周遭的人身上學到更多，以及帶著更少遺憾生活的道路。智慧的特徵，是知道何時要捨棄一些你最珍愛的工具，以及一些你的自我認同中最珍貴的部分。

PART 1

個人的重新思考

更新我們自己的觀點

01

傳教士、檢察官、政治人物及科學家走進你的心裡

進步少不了改變；那些改變不了自己心態的人，什麼也無法改變。

——愛爾蘭劇作家／蕭伯納（George Bernard Shaw）

你或許不認得他的名字，但是麥克·拉薩里迪斯（Mike Lazaridis）對你的人生造成明確的影響。麥克從小便展現出電子學方面的天分，四歲那年，他用樂高積木及橡皮筋打造出自己的電唱機。到了中學，老師家的電視如果壞了，他們會叫麥克去修理。他在閒暇之餘組造了一部電腦，並且替高中知識競賽團隊設計了更好的搶答鈴，更因此繳清了大學第一年的學費。在拿到電子工程學位之前幾個月，麥克做了一件在他那個年代許多偉大的創業家會做的事：他輟學了。這位移民之子在世界嶄露頭角的時候到了。

麥克的首次成功之作是為一項讀取電影影片條碼的設備申請專利。這種設備在好萊塢非常實用，以至於獲頒艾美獎及奧斯卡獎的技術成就獎。但這和他的下一項大發明相比，根本微不足道。下一項發明讓他的公司成為地球上成長最快速的公司。麥克的旗艦裝置很快地吸引了死忠擁護者追隨，忠實顧客包括比爾．蓋茲和克莉絲汀（Christina Aguilera）[2]。「這改變了我的人生，」歐普拉（Oprah Winfrey）[3]激動地說。「沒了它，我活不下去。」當歐巴馬總統抵達白宮時，他拒絕把它交給特勤局。

麥克．拉薩里迪斯構想的概念是把黑莓機當成無線通訊裝置，用來傳送及接收電子郵件。截至二〇〇九年夏天為止，它占了將近一半的美國智慧型手機市場。但是到了二〇一四年，它的市占率暴跌，剩下不到1%。

當一家公司像這樣一落千丈，它的沒落絕對不會只有某個單一因素。因此我們傾向於將它擬人化：**黑莓機適應不良**。然而。適應一個千變萬化的環境不是公司的事，而是在於**人們**每天所做的眾多決定之中。麥克身為共同創辦人、總裁及共同執行長，負責黑莓機的所有技術及產品決定。雖然他的想法或許點燃了智慧型手機革命的火花，他卻無法順利重新思考，最後耗盡了公司的氧氣，他的發明可說因此而銷聲匿跡。他究竟是哪裡出了錯？

我們大多數人對自己的知識及專長，以及忠於自己的信念及看法感到驕傲。在一個穩定的世界中，這樣很合理。我們對自己的想法深信不疑，因此獲得獎勵。問題是，生活在一個快速變化的世界，我們需要花同等的時間去思考以及重新思考。

重新思考是一種技能組合，不過也是一種心態。我們已經擁有許多我們需要的心智工具，只是要記得把它們從工具室裡拿出來，除鏽整理一番。

重新思考

隨著資訊及科技取得管道的進步，知識不僅是持續增加，而且是以不斷提升的速度在增加。你在二〇一一年每天吸收的資訊量，大約是四分之一世紀前的五倍。截至一九五〇年為止，大約耗費五十年的時間才累積了加倍的醫學知

2 編按：擁有六座「葛萊美獎」和五首《告示牌》冠軍單曲的美國著名歌手、詞曲作家、演員及電視名人。

3 編按：美國知名脫口秀主持人、電視製片人、演員、作家和慈善家。

識。但到了一九八〇年，醫學知識每七年便翻倍成長。到了二〇一〇年，翻倍的過程只花了先前的一半時間。變化步調加快意味著我們需要比以往更快去質疑我們的信念。

這並不是簡單的任務。當我們固守信念，這些信念傾向於變得更加極端與根深柢固。**我依然難以接受冥王星或許不是行星**。在教育方面，經過歷史披露及科學革命之後，課綱更新及教科書修訂經常需要許多年的時間。最近的研究發現，我們需要重新思考廣為接受的假設，例如克麗奧佩特拉[4]的出身（她父親是希臘人，不是埃及人，而母親的身分不明）、恐龍的長相（現代的古生物學家認為，有些霸王龍的背部有彩色羽毛），以及視覺需要什麼（盲人其實會訓練自己去「看」，因為聲波能啟動視覺皮質，在心靈之眼打造圖像，很像是回聲定位幫助蝙蝠在黑暗中飛行）。[5]老唱片、經典車和古董鐘或許是貴重的收藏品，但是過時的論據是思想的化石，最好還是丟了吧。

當其他人需要重新思考時，我們很快就看得出來。每當我們在醫療診斷方面尋求第二意見時，我們會質疑專家的判斷。不幸的是，說到我們自己的知識和意見，我們經常偏好**感覺**正確，而非**實際**正確。在日常生活中，我們會自行作出許多判斷分析，從我們要聘僱誰到我們要嫁娶誰，我們需要培養出自行組構第二意見的習慣。

想像你有一位從事財務顧問的家族友人，建議你投資某個在你的雇主計畫之外的退休基金。你另外有一位在投資方面知識淵博的朋友，而他告訴你這個基金具有風險。這時你會怎麼做？

當一位名叫史蒂芬·格林斯潘的人發現自己處於這種境況時，他決定在他多疑友人的警告以及可取得的資料之間，估量孰優孰劣。他的姊姊已經投資這項基金好幾年，而且對成果感到滿意，她的好多朋友也是；雖然報酬率不是特別出色，不過始終保持兩位數。這位財務顧問本身有足夠的信心，把自己的錢也投入這個基金。格林斯潘有了這些資訊當後盾，決定採取行動。他做出大膽之舉，把將近三分之

4 編按：「埃及豔后」，希臘化時代埃及托勒密王國的末代女王。

5 原註：就我而言，我原本以為吹捧拍馬（blowing smoke up your arse）這個說法源自於人們把雪茄送給他們想討好的人當禮物。因此你能想像，當我的妻子告訴我它的真正起源時，我有多困惑了：在十八世紀，要救活溺水者的常見做法是以菸草當作灌腸劑，從他們的後庭把煙吹進去。後來人們才知道，這會毒害心血管系統。

一的退休儲蓄投入了這個基金。過了沒多久，他得知他的投資組合成長了25%。

當該基金倒閉時，他在一夜之間損失了所有的投資。那就是伯尼．馬多夫主導的龐式騙局。

二十年前，我的同事菲爾．泰特拉克發現了某件別具意義的事。當我們思考及談話時，我們經常淪入三種不同職業的心態：傳教士、檢察官及政治人物。在這些模式之中的每一種，我們會採取一個特定身分，使用一組明顯的工具。當我們的神聖信念處於危險中，我們會進入傳教士模式：我們會布道，保護並宣揚我們的理想。當我們在別人的論據看到瑕疵時，我們會進入檢察官模式：我們列舉理由來證明別人是錯的，並且打贏這個案子。我們在尋求贏得群眾支持時，會轉換到政治人物模式：我們爭取遊說選民的認同。風險在於我們是如此深陷於宣揚我們是對的、控訴那些錯了的人，並且以政治行動爭取支持，以至於我們根本沒費心去重新思考自己的觀點。

當史蒂芬．格林斯潘和他姊姊選擇加入伯尼．馬多夫的投資行列，不是因為他們依賴那些心智工具之一，這三種模式一起造成了他們的不幸決定。當他的姊姊告訴他，她和她的朋友賺到的錢時，她是在宣揚那個基金的好處。她的信心讓格林斯潘起訴那位對投資提出警告的朋友，認為那位朋友犯了「直覺性憤世嫉俗」的罪。當格林斯潘讓他的認同渴望影響他作出同意的決定時，他進入了政治人物模式，因為那位財務顧問是他喜歡並且想取悅的家族友人。

我們任何人都可能會掉入那些陷阱。不過格林斯潘說，他應該要更懂才對，因為他正好是教人不要輕信人言的專家。當他決定加入那項投資行列時，他正要寫完一本關於我們為何會受騙上當的書。他在回顧之餘，但願自己採取了一組不同的工具來做出決定。他或許會更有系統地分析基金的策略，而不是單純地相信成果；他可以從可靠的來源尋求更多觀點；他會在把那麼多畢生積蓄孤注一擲之前，先嘗試在較長的時期投資較小的金額。

這會讓他處於科學家模式。

一副不同的護目鏡

假如你從事科學研究，對你的職業來說，重新思考是基本要件。你的任務就是不斷察覺自己的理解限制，你應該要懷疑你所知道的，對於你不知道的保持好奇，並且根據新數據來更新你的觀點。在過去一個世紀，科學原則的應用帶來巨大的改變。生物科學家發現了盤尼西林，火箭科學家送我們上月球，而電腦科學家打造了網際網路。

不過當科學家並不只是一份職業，它是一種心境，有別於布道、起訴及從事政治活動的思考模式。我們在尋找真相時，會進入科學家模式：我們進行實驗以測試假設並發掘知識。科學工具並非保留給那些身穿白袍、手持燒杯的人，而且也不需要拿顯微鏡及培養皿努力多年，才能學會使用這些工具。假設在我們的生活中及實驗室裡都占有同等的位置，實驗能為我們的日常決定提供資訊。這使得我不禁要想：我們是否有可能訓練在其他領域的人，以更像科學家的方式去思考？如果這樣做的話，他們最後是否會作出更聰明的選擇？

最近有四名歐洲研究者決定找出答案，他們進行了一項大膽的實驗，對象是一百多名在科技、零售、家具、食品、醫療保健、休閒及機械領域的義大利新創企業創辦人。大部分創辦人的事業尚未帶來任何收益，因此成了教導科學思考會如何影響底線的理想設定。

這些創業者來到米蘭參加一項企業家精神訓練計畫，在四個月的過程中，他們學會建立企業策略、訪談顧客、打造最低可行性產品，然後精煉出原型。他們不知道的是，他們被隨機分配到「科學思考」組或控制組。兩組接受的訓練完全相同，只不過有一組受到鼓勵，透過科學家的護目鏡來檢視新創企業。從這個觀點來看，他們的策略是一個理論，顧客訪談幫助他們建立假設，而他們的最小可行性產品及原型是測試這些假設的實驗。他們的任務是嚴格測量結果，並且根據他們的假設是否得到支持或反駁而作出決定。

在接下來的一年裡，控制組的新創企業平均獲利不到三百美元，科學思考組的新創企業平均獲利超過一萬兩千美元，他們獲利的速度超過兩倍，而且也更快吸引到顧客。為什麼呢？控制組的企業家傾向於堅守原本的策略及產品。要宣揚他們過往決定的成效，檢舉那些替代選項的缺點，並且採取政治策略，迎合那些支持現存方向的建議者，實在太容易了。相較之下，那些受到教導要像科學家思考的企業家，策略轉向的頻率比平時多出不止一倍。當他們的假設並未受到支持，他們知道是該重新思考商業模式的時候了。

這些結果令人意外的是，我們通常會讚揚偉大的企業家及領導者意志堅定，深具遠見。他們應該是堅定信念的典範，果斷又肯定。然而證據顯示，當企業管理者在商品定價錦標賽競爭時，最佳策略其實是緩慢及不確定。就像是謹慎的科學家，他們慢慢來，因此有餘裕能改變心意。**我開始認為果斷的評價過高了……不過我保留改變心意的權利。**

正如你不必是專業科學家才能像他們那樣推論思考，成為專業科學家也不見得就會使用他們訓練的工具。當科學家將他們心愛的理論當成福音傳達，把經過仔細推敲的評論視為褻瀆時，他們逐漸變身成傳教士。當他們容許自己的觀點受到人氣而非精準度的左右時，他們便跨入了政治家的領域。他們陷入

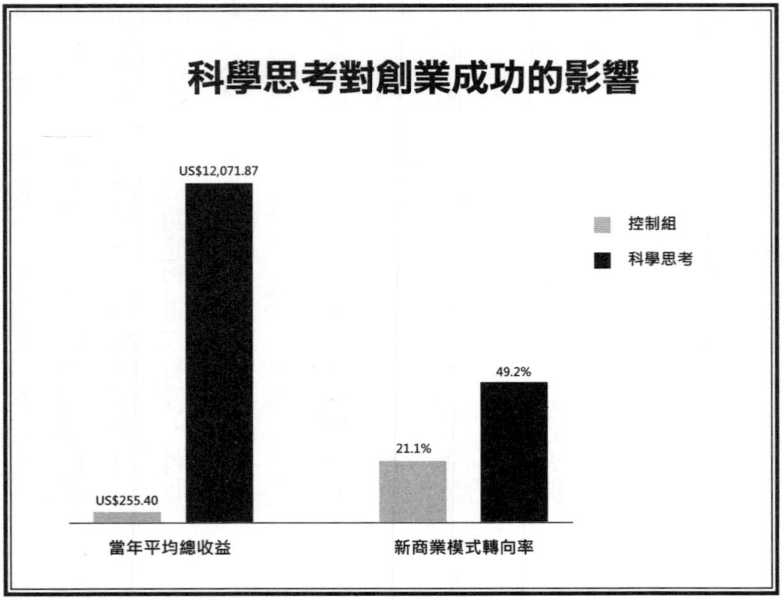

困境時會進入檢察官模式，致力於拆穿跟懷疑，而不是發現查明。愛因斯坦以相對論顛覆物理學之後，掀起了量子革命：「為了懲罰我鄙視權威，命運讓我本人成了權威。有時甚至最偉大的科學家也需要更像科學家一樣地思考。」

在成為智慧手機先驅的幾十年前，麥克·拉薩里迪斯是公認的科學奇才。在中學時期，他在科展打造了太陽能板，因此登上地方新聞，而且因為看完公立圖書館的每一本科學藏書而獲獎。假如你打開他的八年級畢業紀念冊，你會看到一幅漫畫，上面把麥克畫成瘋狂科學家，

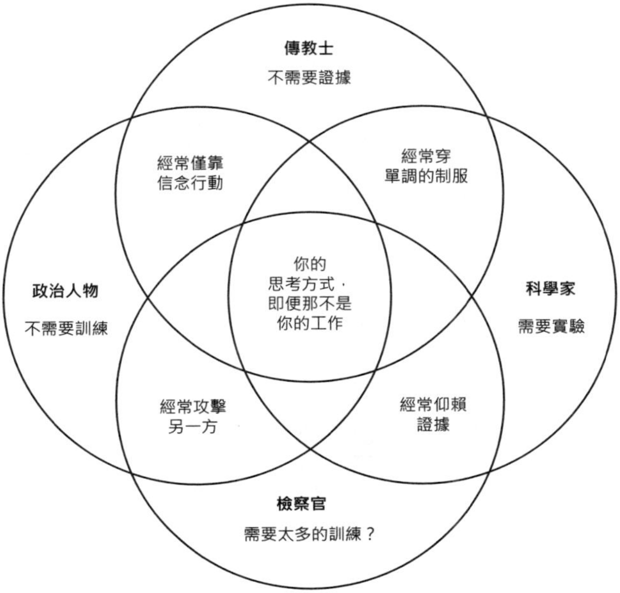

閃電從他的腦袋四射而出。

當麥克打造黑莓機，他是以科學家的方式在思考。現有的電子郵件無線裝置配備的觸控筆太慢，要不就是鍵盤太小，大家必須敲敲打打地把工作 email 轉寄到行動裝置的收件匣，然後下載又要等老半天。他開始提出假設，派工程師團隊進行測試。要是大家可以把裝置拿在手上，運用拇指而非所有的手指頭打字呢？要是有一個信箱能跨裝置進行同步化呢？要是訊息能在解密之後，透過伺服器回覆，然後出現在裝置上呢？

在其他公司追隨黑莓機時，麥克會拆解他們的手機並加以研究。他覺得那些都沒什麼，直到二〇〇七年夏天，第一台 iPhone 的運算能力令他大為驚豔。「他們把一部 Mac 電腦放在這裡面。」他說。麥克在接下來所做的或許成了終結黑莓機的開端。假如黑莓機的興起大部分是由於他運用工程師的科學思考而帶來成功，那麼它的沒落在許多方面都是出自他運用執行長的重新思考方式而導致失敗。

當 iPhone 在市場上一飛沖天，麥克仍堅持相信讓黑莓機在過去掀起熱潮的那些特色。他有信心大家想要的是一部適用於工作 email 及通訊的無線裝置，而不是在口袋裡裝進附上家庭娛樂應用程式的一整台電腦。早在一九九七年，他的頂尖工程師之一便想要添加網路瀏覽器，但是麥克告訴他專注在 email 上即可。十年後，麥克依舊確信強大的網路瀏覽器會耗盡電池，消耗無線網路的頻寬，他並未測試替代性的假設。

到了二〇〇八年，公司的估值高達七百億美元，不過黑莓機依舊是公司的唯一產品，而且依然缺少可靠的瀏覽器。二〇一〇年，當他的同事提出一項策略，主打加密簡訊時，麥克能夠接受，但是也表示擔心容許在對手的裝置交換簡訊，會使得黑莓機慘遭淘汰。他的保留態度在公司內部獲得支持，公司放棄即時通訊，錯失了 WhatsApp 後來抓住的一百九十億美元以上的商機。即使麥克在重新思考電子裝置方面具有天賦，還是不願意為他的產品重新思考市場。智力不能解決一切，可能更像是一種詛咒。

越聰明的人跌得越重

擁有智力並不保證心智靈巧。無論你有多少智力，若是缺乏動機改變心意，你便會錯失許多重新思考的機會。研究顯示智力測驗的分數越高，越有可能落入刻板印象，因為你會更快辨識出模式。最近的實驗顯示，越聰明的人越有可能難以更新理念。

有一份研究調查數學天才是否會更擅長分析數據，如果那些數據是和一些乏味的事有關，例如皮疹的療法，那麼答案是肯定的。不過萬一同一份數據是著重在會引發強烈情緒的意識形態議題，例如美國的槍枝管制法呢？

擔任股市分析員會讓你能更精準地闡釋結果，只要它們支持你的理念。然而，萬一實證模式和你的意識形態產生衝突，數學天賦便不再是一項才能，而是成了一種不利條件。你越擅長計算數字，在分析和你的觀點相左的模式時，便會遭遇越嚴重的挫敗。假如那些數學天才是自由派人士，在評估槍枝禁令失敗的證據時，表現得會不及他們的同儕。要是他們是保守派的話，在評估槍枝禁令成功的證據時會表現得較差。

在心理學上至少有兩種偏誤會驅動這種模式，其中一種是確認偏誤（confirmation bias）：看見我們期待看到的；另一種是期許偏誤（desirability bias）：看見我們想要看到的。這些偏誤無法阻止我們運用我們的智力。事實上，它們能把我們的智力扭曲成對抗真相的武器。我們會找理由來進一步宣揚我們的信念，更熱切地徹底執行我們的案子，並且搭上我們的政治黨派順風車。悲劇是我們通常並未察覺在我們的思考裡所產生的瑕疵。

我最愛的偏誤是「我沒有偏見」的偏誤，也就是大家相信自己比他人更客觀。結果是聰明人更可能落入這個陷阱，越聰明的人越難看到自己的局限性，擅長思考會讓你更難以重新思考。

當我們處於科學家模式，我們會拒絕讓自己的理念變成意識形態。我們不會從答案或解決方案開始，而是跟隨問題及難題的帶領。我們不會依直覺而大肆宣導，而是接受證據的教導。我們不會只是對他人的主張抱持健康的懷疑，更會勇於反對自己的論點。

要像科學家一樣地思考，需要的不只是以開放的心應對。這意味著**積極地**保持開放心態。這需要搜尋我們為何可能錯誤，而不是我們一定正確的理由，並且根據我們學到的來修正自己的觀點。

這在其他心智模式之中十分罕見。在傳教士模式，改變我們的心態代表著道德弱點；在科學家模式，這是智力完整的表徵。在檢察官模式，容許自己被說服是承認挫敗；在科學家模式，這是朝真相跨出了一步。在政治模式，我們在胡蘿蔔和棍子之間變換立場；在科學家模式，我們在更清晰的邏輯和更強大的數據之間轉移。

我盡可能以科學家模式來寫這本書。[6]我是老師，不是傳教士。我受不了政治，而且我希望十年的終身教職能教我消除曾經想要滿足讀者群的誘惑。雖然我花了不少時間處於檢察官模式，我決定情願在法庭上當法官。我並不指望各位能贊同我的所有想法，我希望的是你們能受到我**如何**思考所啟發，而且在這裡提及的研究、故事及理念會帶

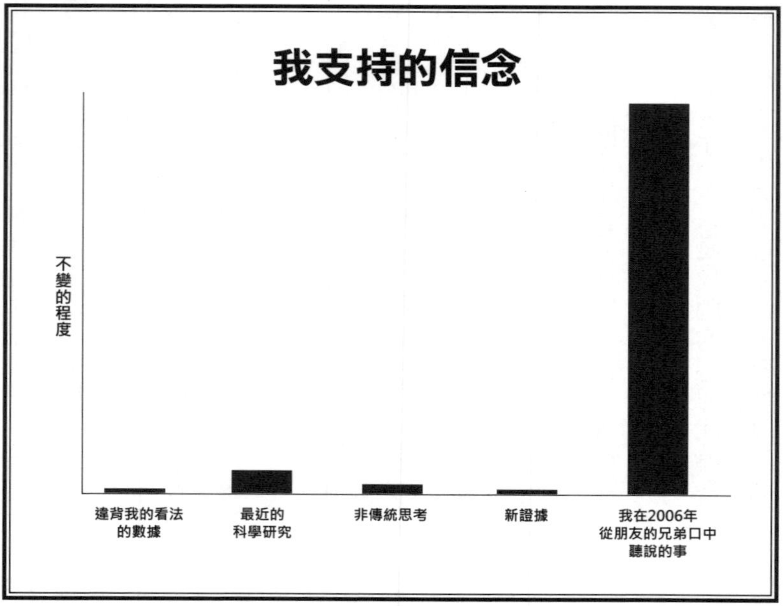

領你自己也做一些重新思考。畢竟，學習的目的不是要確認我們的信念，而是讓我們的信念有所進化發展。

我的信念之一是，我們不該在每一種狀況下都保持開放的心態。有些狀況可能比較適合說教、告發及從事政治活動。也就是說，我認為我們大部分的人會因為在更多的時候保持心態更開放而得到好處，因為這是我們獲取心智敏銳度的科學家模式。

當心理學家契克森・米哈伊（Mihaly Csikszentmihalyi）研究傑出的科學家，像是萊納斯・鮑林（Linus Pauling）和喬納・沙克（Jonas Salk）時，他的結論

6 原註：關於重新思考，我並非從答案開始，而是從問題著手。然後我會從隨機對照實驗及系統化田野調查找出最佳證據。假如證據不存在，我會提出自己的研究計畫。只有在得到數據取向的洞見時，我才會搜尋故事來描繪及闡明研究。在理想的世界裡，每一種洞見都來自整合分析。這是一種針對研究進行的研究，研究者會累積整體相關證據的模式，為每個數據點的品質作調整。在無法取得那些的部分，我強調了一些我覺得精確、具代表性或發人深省的研究。有時我會納入研究方法的細節，不單是為了讓大家了解研究者是如何作出結論，同時也提供了一個視窗，讓大家看見科學家是如何思考。在許多地方，我會在沒有深入研究本身的狀況下作總結，假設的前提是各位閱讀本書是為了像科學家一樣重新思考，而不是要成為科學家。也就是說，假如在我提到整合分析時，你感到一陣興奮，那麼你可能要（重新）考慮從事社會科學的工作了。

是，讓他們和同儕有所區別的是他們的認知彈性，他們願意「在情況需要之下，從一個極端移動到另一個極端。」相同模式也適用於偉大的藝術家，並且在一項獨立研究中也適用在極具創意的建築師身上。

我們甚至能在美國總統辦公室看到這點。專家以一長串的人格特質評估美國歷任總統，拿他們和獨立的歷史學家及政治科學家的排行榜相比。在控制一些因素，像是任期、戰爭及醜聞之後，只有一項特質始終如一地預測出偉大總統。這無關乎總統是否野心勃勃或具說服力、友善或具政治權謀，這也和他們深具魅力、機智、沉著或優雅無關。

讓偉大的總統與眾不同的是他們的求知欲及開放思維。他們廣泛閱讀，想得知生物學、哲學、建築學及音樂方面發展的迫切心理，不亞於國內外的事務。他們有興趣聽取新觀點並修正他們的舊觀點，他們把許多政策當作實驗去進行，而不是想贏得分數。雖然他們的職業可能是政治人物，解決起問題卻像是科學家。

切勿停止不相信

在我研究重新思考的過程時，我發現它經常以一個循環展開。它始於智識謙遜，也就是知道我們不知道什麼。我們應該都要能夠列出一長串自己無知的領域，**我的包括藝術、金融市場、時尚、化學、食物、為何在歌曲裡的英國腔都變成美國口音，以及為何不可能呵自己的癢**。辨識出自己的短處開啟了通往懷疑的大門。當我們質疑自己現有的了解，我們便對於自己錯失的資訊感到好奇。那種搜尋會為你帶來新發現，並且由於進一步證實我們還有多少要學習的，於是讓我們保持謙遜的態度。如果知識是力量，知道我們不知道什麼則

重新思考循環

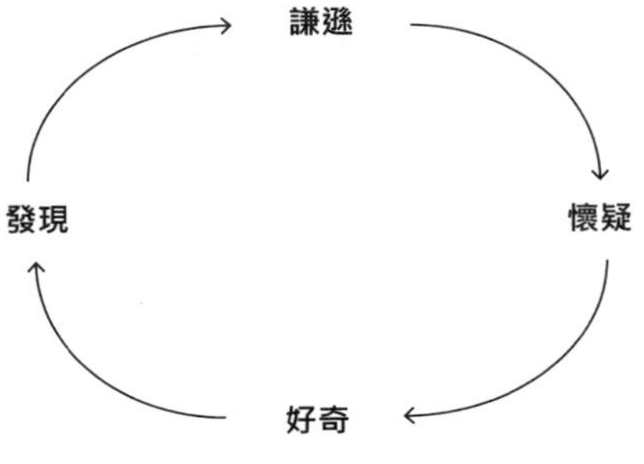

過度自信循環

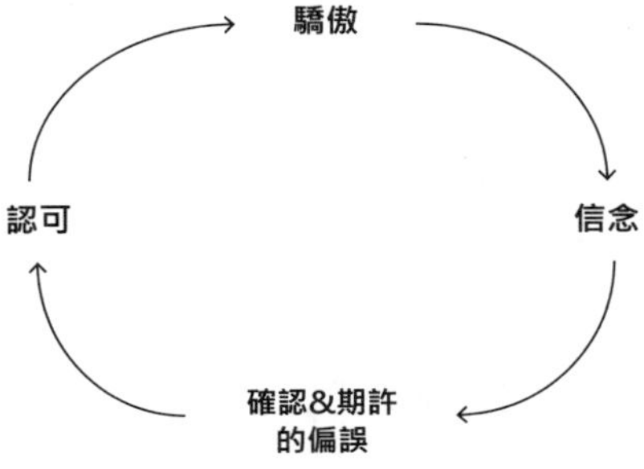

是智慧。

科學思考偏好謙遜勝過驕傲，懷疑勝過確定，好奇勝過封閉。當我們從科學家模式出走，重新思考循環便被破壞了，讓過度自信循環有機可乘。假如我們說教，我們就看不見自己的知識缺口：我們相信自己已經找到真相了。驕傲孕育出信念而非懷疑，於是我們成了檢察官：我們可能會成為雷射，聚焦在改變他人的看法，但是自己的想法卻文風不動。這將我們拋入了確認偏誤及期許偏誤之中。我們變成政治人物，不管是什麼，只要無法贏得選民，例如我們的父母、老闆或是我們依然在設法留下好印象的高中同學等人的支持，我們便會忽略或不予理會。我們忙於上演一場秀，真相被貶謫到後台座位，結果的認可會使得我們無知。我們成了肥貓症候群的受害者，志得意滿而不去對自己的信念進行壓力測試。

在黑莓機的案例中，麥克．拉薩里迪斯陷入了過度自信的循環。他對自己的成功發明感到自滿，因此帶來了過多的信念。這一點從他喜愛鍵盤勝過觸控螢幕可以看得最清楚，這也是他熱愛宣揚的黑莓機優點，而且他隨即控訴蘋果手機的瑕疵。當麥克的公司股票下跌，他陷入了確認偏誤及期許偏誤，並且成了粉絲認可的受害者。「這是一項具代表性的產品，」他在二〇一一年如此形容黑莓機。「企業使用它，領袖使用它，名人使用它。」到了二〇一二年，iPhone 拿下了全球四分之一的智慧型手機市場，不過麥克依然抗拒在玻璃螢幕上打字的想法。「我搞不懂這個，」他在某次的董事會上說，並且指著一台有觸控螢幕的手機。「鍵盤是他們購買黑莓機的原因之一。」就像是只在自己的地盤參選的政治人物，他把焦點放在數百萬名現存使用者的鍵盤體驗，忽略數十億潛在使用者對觸控螢幕的喜好。**正式來說，我依然想念鍵盤，而且我很開心它獲得許可要嘗試回歸了**。

當麥克終於開始重新想像螢幕及軟體，他的一些工程師不想放棄過去的努力成果，重新思考的失敗廣為擴散。二〇一一年，公司內部的某位匿名高階員工寫了一封公開信給麥克和共同執行長。「我們笑著說，他們企圖把一部電腦裝進一支手機裡，這不可能行得通，」信裡寫道。「現在我們已經晚了三、四年了。」

我們的信念會把我們鎖在自己打造的牢籠裡，解決方法不是減緩思考的速度，而是要加速重新思考。瀕臨破產的蘋果就是靠這一招起死回生，變成全世界最有價值的公司。

蘋果復甦的傳奇圍繞著天才賈伯斯打轉，據說是他的信念及清晰願景讓iPhone有機會誕生。事實是，他堅決反對跨入手機的範疇，但他的員工擁有這份願景，也是靠他們的努力來改變他的心意，讓蘋果真正復活。雖然賈伯斯知道如何「不同思考」，然而大部分的重新思考是靠他的團隊來執行的。

二〇〇四年，一小群工程師、設計師及行銷人員竭力想說服賈伯斯把他的產品iPod變成手機。「我們幹嘛想要這麼做呢？」賈伯斯生氣地說。「這是我聽過最蠢的點子了。」該團隊看出來手機正在開始添加播放音樂的特色，但是賈伯斯擔心會吞噬掉蘋果欣欣向榮的iPod生意。他討厭手機公司，不想在電信業者強加的限制內設計產品。當他的通話斷線或軟體故障時，他有時會在挫折之餘將手機砸爛。在私人會議及公開場合，他一再發誓自己永遠不會製造手機。

然而有些蘋果的工程師已經在該領域進行研究。他們通力合作說服賈伯斯，說他不了解自己不知道什麼，督促他去懷疑自己的信念。他們主張打造一支每個人都愛用的智慧型手機，讓電信業者依照蘋果的方式去做，這並非不可

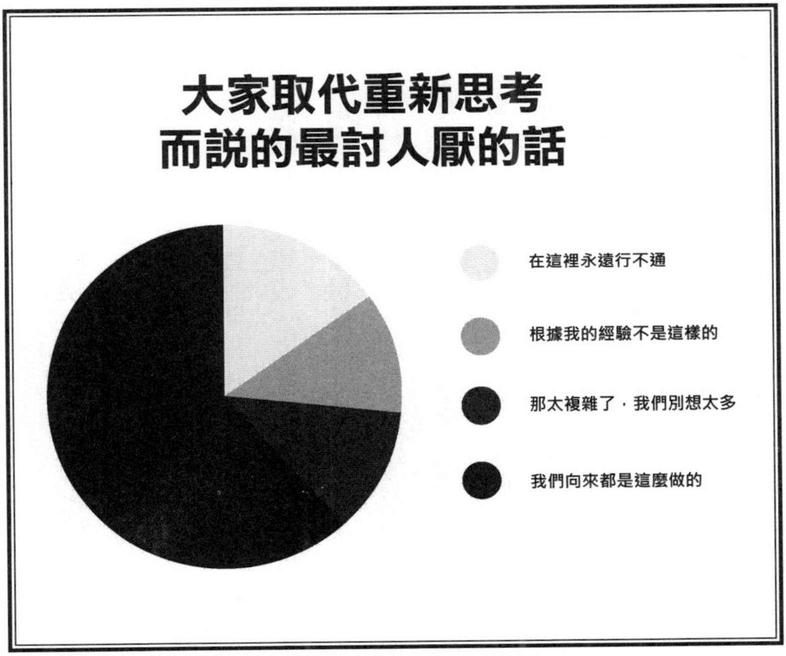
大家取代重新思考
而說的最討人厭的話
在這裡永遠行不通
根據我的經驗不是這樣的
那太複雜了，我們別想太多
我們向來都是這麼做的

能的事。

研究顯示，當人們拒絕改變，會有助於強化保持事物的原狀。但當改變的願景包含了延續的願景，情況就會變得比較令人信服了。雖然我們的策略可能會進化，但我們的特性將會持續下去。

和賈伯斯密切合作的工程師明白，這是說服他的最佳方式之一。他們向他保證，他們不會試圖將蘋果變成一家手機公司。它依然會是一家電腦公司，他們只是要把現有的產品增加手機的功能而已。蘋果已經把兩萬首歌曲放在你的口袋裡，所以他們何不把其他的一切也一併放進你的口袋呢？他們需要重新思考他們的技術，但是會保存他們的DNA。經過了六個月的討論，賈伯斯終於培養出足夠的好奇心，同意往這方面努力。因此兩支團隊展開一場實驗的競爭，要測試他們是否應該在iPod添加通話功能，或是將Mac變成迷你的平板電腦，並且兼具手機的功能。結果iPhone在推出短短四年之後，便替蘋果賺進了一半的收益。

iPhone代表了重新思考智慧型手機的一大躍進，打從一開始，智慧型手機的創新一直不斷遞增，有不同的大小及形狀、更好的相機功能及更長的電池壽

心智模型

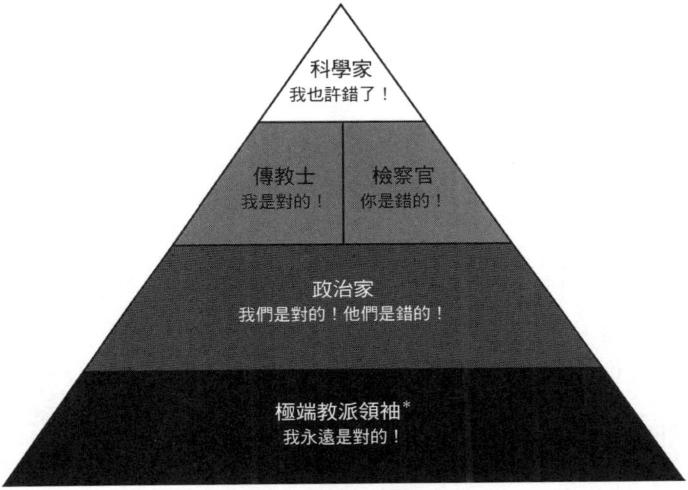

科學家
我也許錯了！
傳教士
我是對的！
檢察官
你是錯的！
政治家
我們是對的！他們是錯的！
極端教派領袖*
我永遠是對的！

＊不適用於我老婆，實際上她才永遠是對的。

命，但是在用途及使用者體驗方面卻少有重大改變。現在回頭來看，假如麥克．拉薩里迪斯能抱持更開放的心態，重新思考他心愛的產品，黑莓機和蘋果到目前為止是否會多次迫使彼此重新想像智慧型手機的樣貌呢？

知識的詛咒是它會在我們面對自己所不知道的事物時，關閉我們的心智。好的判斷需要仰賴擁有開啟思維的能力及意願，我相信在生命中，重新思考是一種日益重要的習慣。當然，我可能是錯的。假如這樣的話，我會很快地再次重新思考。

02 紙上談兵及冒牌貨：找出信心的甜蜜點

無知比知識更常招來自信。

——英國生物學家／達爾文（Charles Darwin）

當娥蘇拉．梅爾茲住院時，她抱怨頭痛、背痛，而且嚴重暈眩，以至於她無法繼續工作。在接下來的一個月，她的病情惡化了。她努力想找到她放在床邊的那杯水，她找不到她的房門，她走路撞到了床架。

娥蘇拉是五十多歲的女裁縫，而且尚未失去靈巧的能力：她能拿剪刀將紙裁出不同的形狀。她能輕易地指著自己的鼻、嘴、手和腳，也能毫無困難地形容她的家和寵物。對於一位名叫蓋布里埃．安通的奧地利醫生來說，這個病例很奇怪。當埃頓把一段紅絲帶和一把剪刀放在她前面的桌上，她說不出那些是什麼，即便「她冷靜又充滿信心地確認，她看得見眼前的物品。」

她顯然在語言表達方面出了問題，她知道這點，再加上空間定向的問題。不過還有地方不對勁：娥蘇拉再也分辨不出光亮與黑暗的差別。當安通拿起一項物品，要求她加以形容時，她甚至沒有試圖看它一眼，而是伸出手去觸摸。檢查結果顯示她的視力嚴重受損。奇怪的是，當安通問及她的視力缺陷時，她堅持她看得見。最後，當她完全失去了視力，她依然對此毫未察覺。「這真的太驚人了，」安通寫道：「病患並未注意到她先是失去了大部分的視力，後來甚至根本看不見了……她在心理上對自己的失明視而不見。」

當時是一八〇〇年代末期，而且娥蘇拉不是唯一的案例。十年前，在蘇黎世有位神經病理學家曾提報一個病例，有一名男子遭遇車禍之後失明了，但是對此毫未察覺，儘管他「智力方面並未受損」。即使有人把拳頭伸到他的面前時，他並未眨眼，而且他也看不見在餐盤上的食物，「他認為他置身在一個潮溼的黑洞或地窖。」

過了半個世紀之後，兩位醫生提報了六個病例，患者失明後卻聲稱自己看得見。「在病患的行為之中，最令人震驚的特徵是他們沒有能力從自身經驗學習。」醫生寫著：

在未曾察覺自己失明的狀態下，他們四處走動，撞上家具和牆壁，但是並未改變行為。要是以較明確的態度問及他們的失明狀態，他們要不是否認有任何視力問題，不然就是說：「房間裡好暗，他們幹嘛不開燈呢？」「我忘了戴眼鏡了。」或是「我的視力不太好，不過我看東西沒問題。」病患不會接受任何證明他們失明的實地示範或保證。

第一位描述這種現象的古羅馬哲學家塞內卡，他寫下一名婦人失明了，不過卻抱怨她只是待在黑暗的房間。現在醫學文獻接受了這種症狀，稱之為「安通症候群」。這是一種自我意識缺失，患者顯然具有肢體障礙，但是在認知上卻表現良好。這是由於腦部枕葉受損所引起，然而後來我相信，即使在我們的腦部正常運作時，我們都有可能罹患某種的安通症候群。

我們在自己的知識及看法上都有盲點，壞消息是，它們可能會導致我們對自己的盲目視而不見，讓我們對自己的判斷產生錯誤的信心，阻止我們重新思考。好消息是，在這種信心之下，我們仍然能夠學習更清楚地了解自己，更新我們的觀點。在學開車時，我們受到教導要辨識自己的視覺盲點，在照後鏡及感測器的協助下消除盲點。在生活中，因為我們的心智並不具備那些工具，我們需要學會辨識我們的認知盲點，並且因此修正我們的思考。

兩種症候群的故事

二〇一五年十二月的第一天，哈菈．托馬斯多提爾（Halla Tómasdóttir）接到一通意外的來電。哈菈家的屋頂剛被一層厚厚的雪和冰給壓垮了，當她看著雨水沿著一道牆傾盆而下，電話另一頭的友人問她是否看到了臉書上關於她的貼文。有人展開一場請願活動，要哈菈競選冰島總統。

哈菈的第一個想法是，**我憑什麼當總統呢？**她曾協助開辦一間大學，然後在二〇〇七年共同創辦了一家投資公司。當二〇〇八年的金融危機撼動全世界，冰島尤其遭受嚴重的打擊，它國內的三家大型私人商業銀行破產，貨幣崩潰。相對於它的經濟規模，該國面臨著人類歷史上最糟的金融風暴，不過哈菈展現了她的領導能力，帶領公司順利走過這場危機。即便有了這樣的成績，她並不覺得自己準備當總統。她沒有政治背景，從來不曾在政府或任何公部門任職。

這不是哈菈第一次覺得像個冒牌貨，在她八歲那年，鋼琴老師安排她走捷徑，經常要她在演奏會上台表演，但是她從來不覺得自己值得擁有這份榮譽，於是在每場音樂會之前，她都覺得身體不適。雖然現在的利害關係要大得多，不過那種自我懷疑的感覺很類似。「我的胃裡有一個深淵，像是鋼琴演奏會一樣，不過要大得多。」哈菈告訴我，「這是我有過最糟的成人冒牌者症候群了。」有好幾個月，她都難以接受成為候選人的念頭。親朋好友鼓勵她看清楚，她擁有一些相關能力，哈菈依然深信她缺乏必需的經驗和信心。她試圖勸說其他女性參選，其中一位最後躋身不同的辦公室，當上冰島總理。

然而請願並未取消，哈菈的朋友、家人和同事也不曾停止督促她。最後，她發現自己在問，**我憑什麼不當呢**？她最終決定要放手一試，但是機會十分渺茫。她以沒沒無聞的獨立候選人身分，參選一場有超過二十位競爭者的比賽，其中一位競爭對手特別強大，也特別危險。

當某位經濟學者要她說出三位最該為冰島的破產負責的人士時，她提出的三位都是大衛・奧德森（Davið Oddsson）。奧德森在一九九一到二〇〇四年曾任冰島總理，他將國營銀行私有化，以至於銀行陷入危機。接下來，他在二〇〇五到二〇〇九年擔任冰島的中央銀行總裁，容許銀行的資產負債表膨脹到超出國內生產毛額的十倍以上。當人民抗議他的不當管理時，奧德森拒絕辭職，國會不得不強迫他下台，後來《時代》雜誌認定他是全球金融危機的二十五名禍首之一。然而，奧德森在二〇一六年宣布參選冰島總統：「我擁有豐富的經驗及知識，非常適合這個職位。」

理論上來說，信心和能力相輔相成。但在實務上，兩者卻經常出現分歧。當人們評估自己的領導能力，同時也面對同事、主管或下屬的評價時，便會出現這樣的情

「讓我用我的信心來打斷你的專家意見吧。」

Jason Adam Katzenstein/The New Yorker Collection/The Cartoon Bank; © Condé Nast

況。有一份包含九十五份研究、對象超過十萬人的整合分析顯示，女性通常低估她們的領導能力，而男性則是高估自身的能力。

你可能遇過某些美式足球迷，他們相信自己比場邊的教練知道得更多，這就是「紙上談兵症候群」，信心多過能力。在實施摧毀了一個經濟結構的金融策略之後，大衛．奧德森仍拒絕承認他不夠格當教練，更別提四分衛[7]了，他對自己的弱點視而不見。

和紙上談兵症候群相反的是冒牌者症候群，這是能力勝過了信心。想想你認識的那些相信自己不配獲得成功的人，他們根本沒察覺自己多聰明、多有創意，或是深具魅力，而且無論你多麼努力嘗試，你就是無法讓他們重新思考自己的觀點。即便網路請願行動證明了許多人對哈菈．托馬斯多提爾有信心，她依然無法相信自己有資格領導她的國家，她對自己的強項視而不見。

雖然他們有著相反的盲點，處於信心的兩個極端讓兩位候選人不願去重新思考他們的規劃。理想的自信程度可能介於紙上談兵及冒牌貨之間，但我們要如何找出那個甜蜜點呢？

傲慢的無知

我最喜歡的獎項之一是一座諷刺獎，頒發給兼具娛樂性及啟發性的研究。它叫做「搞笑諾貝爾獎」（IgTM Nobel Prize），是由真正的諾貝爾獎得主所頒發。大學時期的某年秋天，我跑到校園劇場，和上千名書呆子同學一起觀看那場典禮。得獎者包括兩位物理學家，他們打造了一個磁場，讓一隻活生生的青蛙飄浮在半空中；還有三名化學家，他們發現了戀愛的生物化學和強迫症有共通之處；另外還有一位電腦科學家，他發明了PawSense，這種軟體能偵測踩在電腦鍵盤上的貓掌，然後發出一種討厭的聲音來趕走牠們。**至於是否對狗也有用就不知道了**。

有幾個獎項令我捧腹，不過帶給我最多思考的得獎者是兩名心理學家大衛・達寧（David Dunning）和賈斯丁・克魯格（Justin Kruger）。他們公布了一份和能力及信心有關的「審慎報告」，很快便人盡皆知。他們發現在許多情況下，那些能力不足的人……並不知道自己能力不足。根據現在所謂的「達克效應」（Dunning-Kruger Effect），當我們缺乏能力時，我們反而最有可能呈現過度自信。

7 編按：美式足球中進攻組的領袖，大部分的進攻都由他來發動。

在原始的達寧－克魯格研究中，在邏輯推理、文法及幽默感測驗得到最低分的人，對自己的能力感到最自豪。平均來說，他們相信自己比62%的同儕表現更好，不過實際上，他們的表現只贏過12%的同儕。我們對某個領域較不熟悉，似乎就更可能高估我們該領域的了解。在某一群美式足球迷之中，知道得最少的那個最有可能紙上談兵，控訴教練指導出錯，然後宣揚一套更好的劇本。

這種傾向非同小可，因為它會危及自覺，並且讓我們在各種情況犯下錯誤。就讓我們來看看當經濟學家針對橫跨各種產業及國家的數千家公司，評估其營

管理者傾向於高估他們的能力
（測量值比對自我評估管理實務分數）

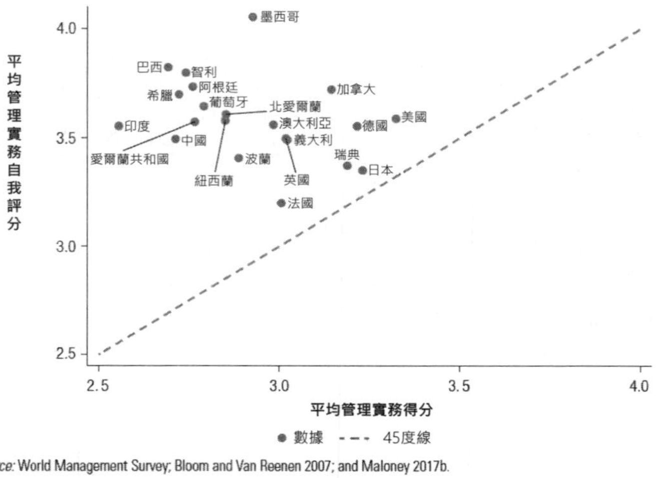

Source: World Management Survey; Bloom and Van Reenen 2007; and Maloney 2017b.

運及管理實務，並且比較他們的資產及管理者的自我評估時，會發生什麼狀況：

在這份圖表中，假如實際表現和自我評估相符，每個國家都會在虛線上。但每個文化都存在著過度自信，而在管理最差的地方最氾濫。[8]

當然，管理能力不容易加以客觀判斷，知識應該比較容易。你在就學期間接受過無數考試。你認為和大多數人相比，你對以下題目知道得比較多、比較少，還是相同呢？

- 為何英文會成為美國的官方語言？
- 塞勒姆[9]的婦女為何會被燒死在木樁上？
- 華特・迪士尼在畫米老鼠之前，從事什麼工作？

8 原註：對於自我評估和實際上相當接近，像是美國等國家，這看起來是好消息，但是並非在每個領域都是如此。最近有一份研究，要求世界各地說英語的青少年評估自己在十六個數學主題的知識。其中列出的三個主題完全是假的，包括離散分數、真數及假設比例，這樣就能追查出誰會聲稱自己對虛構的主題有所了解。平均來說，最糟的犯規者是北美洲人、男性，以及有錢的人。

9 編按：美國麻薩諸塞州的一座沿海都市，一六九二年發生「塞勒姆審巫案」，多名女性遭指為女巫被處以死刑，傳說還被活活燒死在木樁上。

● 人類在哪一次太空之旅首度看到長城？
● 為何吃糖會影響小孩的行為表現？

最讓我感到煩躁的事情之一就是不懂裝懂，也就是有人會假裝知道自己不懂的事。**這件事是如此深深地困擾著我，以至於我現在要寫一整本書來討論它。**有一系列相關的研究，是讓人們去評量自己比大多數人知道得較多或較少，然後接受測試來測出他們真正的知識程度。受試者自認知道得越多，他們就越高估了自己，對於學習及更新也越不感興趣。假如你認為自己比大多數人知道更多歷史或科學方面的知識，你真正知道的很可能更少。正如達寧的妙語：「達克俱樂部的第一條守則是，你不知道你是達克俱樂部的一分子。」[10]

就以上的問題來說，假如你覺得自己都很清楚答案，再想一下吧。美國沒有任何官方語言；塞勒姆的可疑女巫是被吊死，不是燒死；米老鼠不是華特・迪士尼畫的（是出自一位名叫烏布・伊沃克斯〔Ub Iwerks〕的動畫師之手）；在太空中其實看不到長城；而糖分對小孩行為的平均影響力是零。

雖然達克效應在日常生活中經常引人發噱，在冰島卻不是一件好笑的事。大衛．奧德森雖然擔任過中央銀行總裁，但並沒有任何金融或經濟方面的訓練。在涉足政治圈之前，他製作過一個廣播喜劇節目、寫過劇本和短篇故事、上過法學院，並且當過記者。他在擔任冰島總理的在職期間，對專家萬分輕蔑，以致解散了國家經濟學院。為了逼他離開他在中央銀行的職位，國會通過了一條非傳統法規：任何地方行政長

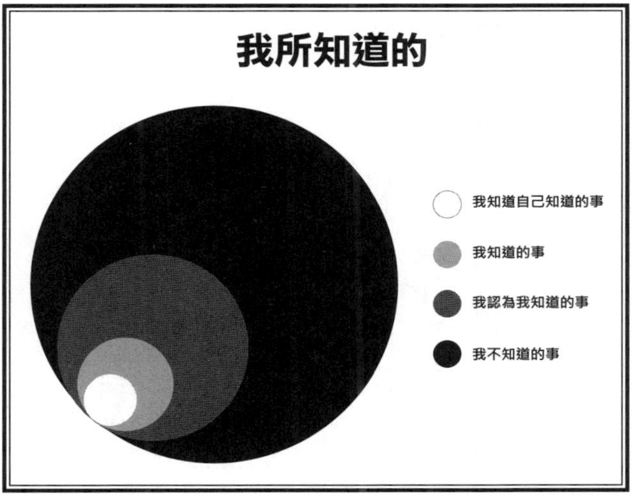

10 原註：我最喜歡的例子來自妮娜．史卓明格（Nina Strohminger）：「我的父親今天早上打電話給我，告訴我關於達克效應的事，卻沒意識到他擁有心理學博士學位的女兒肯定會知道這個，因此成了達克效應的絕佳示範。」

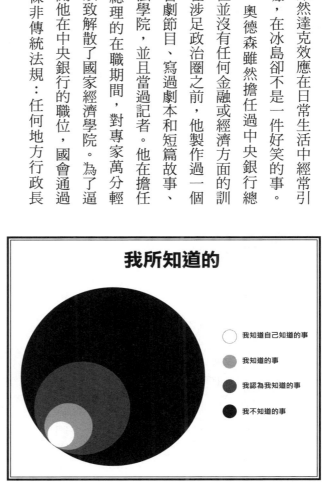

官必須至少擁有一個經濟學方面的碩士學位。但這並未阻止奧德森在幾年後競選總統，他似乎對自己的盲點根本視而不見：他不知道自己不知道什麼。

在愚蠢山的山頂上束手無策

紙上談兵症候群的問題是，它阻礙了我們的重新思考之路。假如我們確定自己知道些什麼，我們就沒理由在我們的知識裡尋找縫隙與瑕疵，更別提要去填補或修正了。在一份研究中，那些在情商測驗獲得最低分的人，不只最可能高估自己能力，他們也最可能把他們的得分視為不正確或不適當而不予理會，並且也最不可能去投入學習或自我改進。

沒錯，這其中有部分來自我們脆弱的自尊心。當我們想以正向的角度看待自己，或是在他人面前展現美好的自我時，我們會執著於否認自己的弱點。有個典型的案例是，狡詐的政客聲稱要討伐貪腐，但事實上他們的動機是想要刻意地忽視或欺騙社會，然而動機只是這個故事的一部分。[11]

有一種比較不明顯的力量蒙蔽了我們的能力視野：對後設認知能力，也就是去思考我們的想法的能力，造成了缺損。缺乏勝任的能力會使得我們對自己的不勝任視而不見。假如你是科技企業家，對教育系統所知不多，你可能覺得你的總體計畫一定可以修正它。假如你不擅長社交，對社交禮儀不太了解，你可能昂首闊步，相信自己是詹姆士．龐德。在高中時，有個朋友告訴我，我沒有幽默感。她怎麼會這麼想呢？「我不管說什麼笑話，你都會笑。」我有夠好笑的……有哪個好笑的人會這麼說。**我就留給各位去判斷，是誰沒有幽默感。**

當我們缺乏知識及能力去達到優異的表現時，我們有時缺乏知識及能力去判斷優異的定義，這種頓悟應該能立刻讓你最愛的自信的無知者安分點。然而，在我們嘲笑他們之前，千萬別忘了我們都有成為他們的時刻。

11 原註：針對達克效應的統計測量數問題所產生的作用一直存在爭論，不過爭論點大多圍繞著這種效應有多強烈，以及它何時發生，而不是它是否真實。有趣的是，即使當人們受到驅策去正確判斷自己的知識，知識最少的人經常最難達成。他們在接受了邏輯推理測驗之後，獲得一項提議：要是他們能正確地（也就是說，謙虛地）猜出自己答對幾題，就能獲得一百美元，他們最後還是表現得過度自信。在總共二十道題目的測驗裡，他們認為自己答對的題數，平均比真正答對的還要多出一．四二道題，而表現最糟的人，過度自信的程度也最高。

我們在許多事情上都是初學者，但是我們並非總是盲目地面對這個事實。在某些令人嚮往的能力方面，像是進行一場饒富興味的對話，我們傾向於高估自己。在容易把經驗及專業搞混的情況下，像是開車、打字、處理瑣事及管理情緒等方面，我們也傾向於過度自信。然而，當我們能輕易辨別自己缺乏經驗，像是繪畫、開賽車以及快速地倒背字母時，我們會**低估**自己。完全的新手很少會落入達克效應的陷阱，假如你對美式足球一無所知，你可能不會大搖大擺地相信自己知道得比教練還要多。

我們是從新手進步成業餘者時，才變得過度自信。一點知識可能是一件危險的

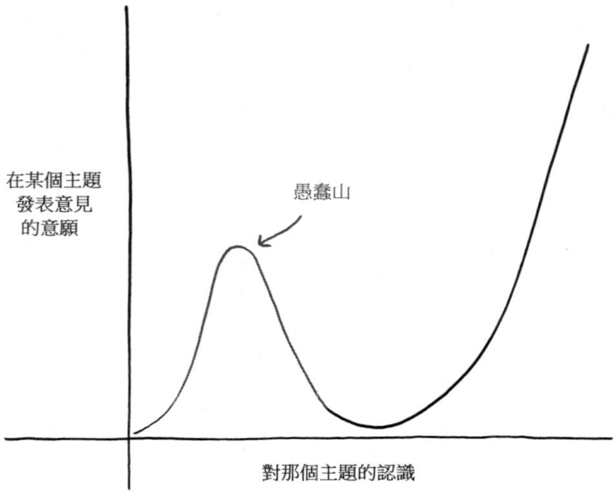

事，在我們生活中的太多層面裡，我們從不曾獲得足夠的專業知識去質疑自己的意見，或是發現我們不知道什麼。我們只有足夠的資訊讓自己感到有信心發表看法，作出判斷，但是沒有意識到我們已經爬上了愚蠢山的峰頂，卻不曾翻過山頭到另一邊。

在達寧的一項實驗裡，你可以看到這個現象，受試者在模擬《殭屍啟示錄》的遊戲裡，扮演醫生的角色。當他們只看過少許的受傷受害者，他們的感知及實際能力相符合。不幸的是，當他們有了經驗之後，他們的信心就會比能力攀升得更快，而且從那時起，信心會持續高過能力。

這可能是在七月份[12]，新的住院醫生接手時，醫院的死亡率就似乎會激增的原因之一。這證實了危險的不光是他們缺乏能力，還有他們高估了那份能力。

從新手進步到業餘者可能打破重新思考的循環，當我們一旦經驗，我們就失去了部分的謙卑。我們對快速進步感到驕傲，助長了某種謬誤的精熟感。這啟動了某種過度自信循環，阻止我們懷疑我們所知道的，以及對於我們不知道的產生好奇。我們掉進了新手的錯誤假設泡泡裡，對於自己的無知顯得無知。

12 編按：根據美國住院醫師制度，新任的住院醫師或實習醫生一般都從七月一日開始工作。

完全的新手缺乏信心，
不過當他們的信心增長時，
其速度勝過了準確度

在一場實驗室的實驗中，
「醫生」很快開始高估自己的診斷能力。

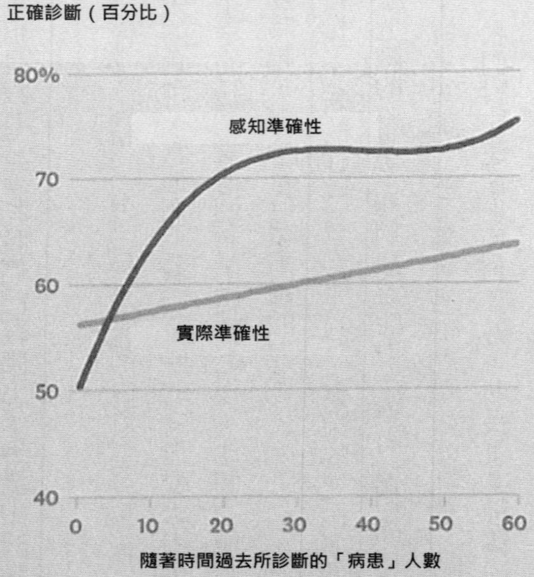

來源：「新手的過度自信：學得皮毛是一件危險的事嗎？」
作者：卡門．山謝茲（Carmen Sanchez）及大衛．達寧，
《個性與社會心理學雜誌》，2018

© HBR.ORG

冰島的大衛・奧德森就是發生了這種情況，他的無知受到親朋好友的強化，而且不受到批評者的控制。大家都知道他的身旁包圍著來自學校及橋牌比賽的「極度忠誠黨羽」，而且他有一份友人與敵人的清單。在經濟崩潰之前的幾個月，奧德森拒絕了英格蘭中央銀行伸出的援手。接著，在危機最嚴重的時候，他輕率地公開宣布說，他無意償還冰島銀行的債務。兩年後，由國會指派的獨立調查委員會以重大過失的罪名起訴他。根據記錄冰島金融崩壞的某位記者表示，奧德森垮台的原因是「自負，他全然深信自己知道什麼對這座島來說是最好的。」

沙維奇的雞 by Doug Savage

自戀者測試
步驟一、
花點時間想想你自己。
步驟二、
假如你走到了步驟二，
那麼你就不是自戀的人。
©2009 BY DOUG SAVAGE

www.savagechickens.com

他缺少的是某種心智方面極為重要的養分：謙虛。受困在愚蠢山的解藥就是固定攝取這種養分。「自負是無知加上信念，」部落客提姆．厄本（Tim Urban）說明。「謙虛是具滲透性的濾網，吸取人生經驗，並且轉換成知識及智慧。傲慢是一片橡膠防護板，人生經驗會從上方彈開。」

金髮姑娘的失誤

許多人把信心想像成蹺蹺板，得到太多信心，我們會朝自負傾斜；失去太多信心，我們會變得懦弱。這是我們對謙遜的恐懼：我們最後會對自己評價過低。我們想保持蹺蹺板的平衡，因此我們進入了金髮姑娘模式，尋找適當分量的信心，然而近來我明白了這是錯誤的做法。

謙虛經常受到誤解，這和自信過低無關。謙遜的拉丁字根之一意為「來自地面」，這是關乎腳踏實地，認清我們也有缺點，容易犯錯。

信心是你有多相信自己的程度，證據顯示這有別於你有多相信你的方法。你能對自己在未來達成目標的能力有信心，同時保持謙虛地探問自己目前是否擁有正確的工具，這是信心的甜蜜點。

當我們極度深信自己的強項及策略時，自負便蒙蔽了我們的雙眼。當我們在這兩部分都缺乏信心，懷疑便令我們動彈不得。當我們知道正確的方法，但是對自己執行的能力感到不確定，這時自卑情結便吞噬了我們。我們想獲取的是自信的謙遜：對自己的能力有信心，同時明白我們可能沒有正確的解決方式，或者甚至是沒有解決對的問題。這帶給我們足夠的懷疑，重新檢視我們的原有知識，還有足夠的信心去追求新見解。

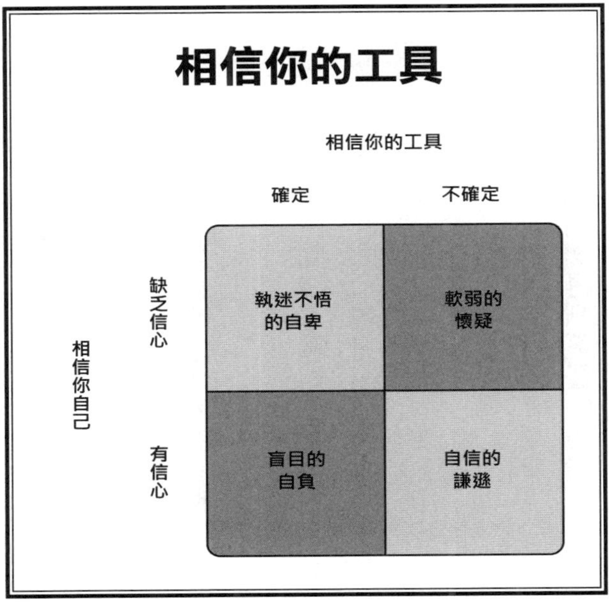

當Spanx的創辦人莎拉・布萊克利（Sara Blakely）有了無足褲襪的想法時，她相信自己有能力實現這個想法，不過她對現有的工具充滿懷疑。她白天的工作是挨家挨戶推銷傳真機，而且她察覺到自己對時尚、零售或製造業都一無所知。她在設計原型時，花了一週的時間開車到各家製襪廠，請他們幫忙。她請不起律師來替她申請專利，於是她讀了一本關於這個主題的書，然後自己填寫申請書。她的懷疑並沒有耗弱她的心神，她有信心自己能克服面前的障礙。她的信心不在於她現有的知識，而是她的學習能力。

自信的謙遜可以透過學習而來，在某個實驗中，學生閱讀一篇短文章，內容是關於承認我們不知道什麼，而不是我們確知哪些的好處。讀完後他們在某個弱點領域尋求額外協助的機率從65％驟增到85％，他們也比較願意探索對立的政治觀點，設法向另一方學習。

自信的謙遜不只是開啟我們的思維去重新思考，同時也增進了我們重新思考的品質。在大學和研究所，願意修正信念的學生會比同儕得到更好的成績。在高中，對於願意承認自己不懂某些事的學生，老師會評定為學習更有成效，而同學會認為這些人對他們的小組更有貢獻。到了學年結束時，他們的數學成績比其他更有自信的同儕明顯高出許多。他們並未假定自己熟知課程內容，而是自我考查，測試自己的了解程度。

當成人有信心得知自己所不知道的事，他們會更注意證據多有力，並且花更多時間閱讀和他們的觀點相左的資料。在針對美國及中國領導能力效率的縝密研究中，最具成效及創新的團隊並不是由自信或謙遜的領導者所帶領。最具成效的領導者在信心**以及**謙遜兩方面都可以獲得高分，雖然他們對自己的強項深具信心，他們也非常清楚自己的弱點。他

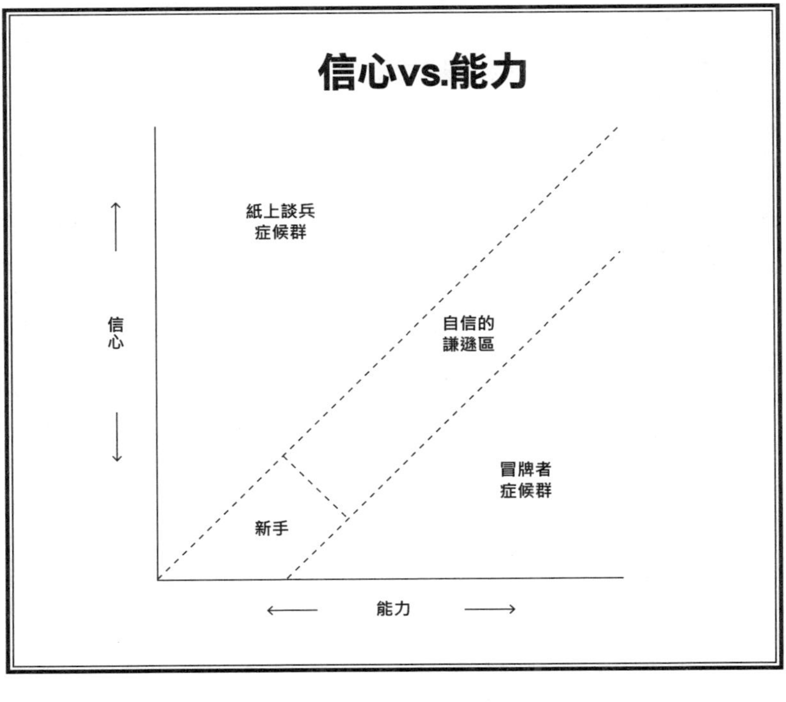

們知道如果想要推展偉大的界限，他們就要辨識並超越自己的極限。

假如在乎準確性，我們就不能有盲點。想對自己的知識和能力有準確的了解，能像科學家透過顯微鏡觀察般地自我評估會有幫助。不過我最近建立的信念之一是，我們有時候最好是低估自己。

懷疑的好處

在冰島總統大選前一個半月，哈菈．托馬斯多提爾的民調只有1％的支持率。為了把焦點放在最有希望的候選人身上，轉播首場電視辯論的電視台宣布，他們不會報導任何支持率低於2.5％的候選人。在辯論會的當天，哈菈終於勉強過關。接下來的一個月，她的人氣一飛沖天，她不只是最有希望成功的候選人，也擠進了最後四強。

幾年後，當我邀請哈菈到我的班上演講，她提到促使她快速竄升的心理刺激因素就是冒牌者症候群。感覺自己像冒牌貨通常被視為是一件壞事，而且這是有充分理由的：長期覺得自己不值得的感受會產生痛苦、摧毀幹勁，並且讓我們在追求抱負時裹足不前。

然而有時候，一種比較無害的懷疑感受溜進了我們許多人的心裡。有些調查顯示，你認識的人有超過半數在職場生涯的某些時候，會感覺像是冒牌貨。這種情況在女性及弱勢團體之間尤其常見，奇怪的是，在高成就者之間似乎特別顯著。

我教過的學生之中，有些還不到飲酒的合法年紀便取得專利，或是還不能開車便成了西洋棋大師。但是這些人依然無法擺平他們的不安全感，不斷質疑自己的能力。對於他們的成就，標準的說法是儘管心存疑慮，他們依然達成目的，但是萬一他們的成功實際上是受到那些懷疑的驅策呢？

為了找出答案，當時在華頓攻讀博士學位，而現在是麻省理工學院教授的芭希瑪・特菲克（Basima Tewfik）召集了一群準備開始實習的醫學院學生。她讓他們花半個多小時，和由受過訓練的演員所扮演，呈現各種疾病症狀的病患互動。芭希瑪觀察醫學院學生如何治療病患，同時記錄他們是否做出正確的診斷。

在一週之前，學生接受了一項調查，內容是關於他們有多常抱持冒牌貨的想法，例如我不像其他人所想的那麼夠格，以及我重視的人認為我比我自己所想的更有能力。那些自認是冒牌貨的人在診斷上的表現沒有比較差，在關心病患的態度方面卻表現得出色很多。他們被評為更具同理心、尊重他人又專業，並且在提問及分享資訊方面更有效率。在另一項研究中，芭希瑪發現投資專家也有類似的模式：他們越常覺得自己像冒牌貨，主管在四個月後對他們的表現評語就越高。

這是全新的證據，在冒牌者症候群有益或有害的方面，我們還有很多需要深入了解的地方。然而，我不禁要想，我們是否誤判了冒牌者症候群，只把它當作是某種疾病。

當我們的冒牌者恐懼突然出現，通常的建議是不予理會，給我們自己懷疑的好處。然而，我們最好開始擁抱那些恐懼，因為它們會帶給我們三項懷疑的好處。

感覺像冒牌貨的第一項好處是，它會激勵我們更努力工作。這在我們決定是否要開始賽跑時，可能沒有幫助，不過我們一旦站上了起跑點，它會帶給我們動力，繼續跑向終點，讓我們在決賽選手之間贏得一席之地。[13] 我在橫跨客服

紙上談兵症候群 vs. 冒牌者症候群

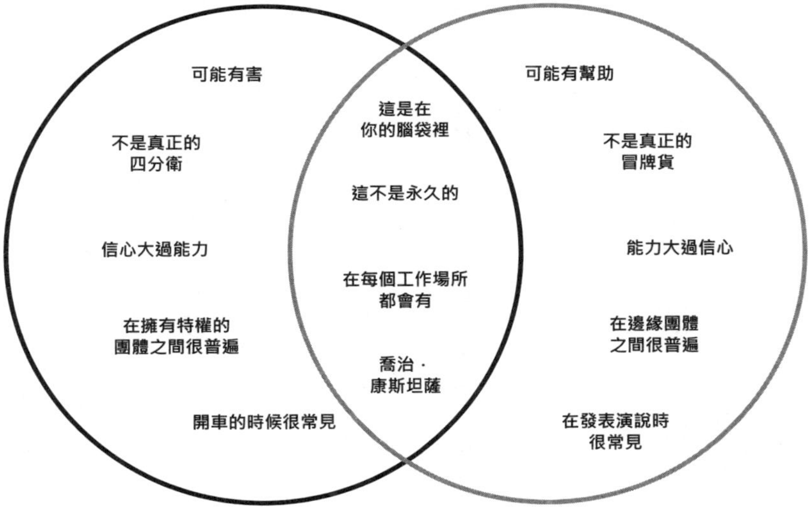

中心、軍隊、政府團隊以及非營利團體等領域所做的研究之一，我發現信心會使得我們感到自滿。假如我們從來不曾擔心會讓別人失望，我們就更有可能會這麼做。當我們感覺像冒牌貨，我們會認為有必要證明些什麼。冒牌貨或許是最後一個投入的人，但卻可能也是最後退出的那個。

第二，冒牌貨的想法能激勵我們更聰明地工作。當我們不相信自己會贏，重新思考策略也不會有任何損失。別忘了，完全的新手不會成為達克效應的受害者。感覺像冒牌貨會讓我們進入新手的心境，引導我們質疑其他人認為理所當然的假設。

第三，感覺像冒牌貨能讓我們成為更好的學習者。對我們的知識及能力心存懷疑會帶我們走下寶座，鼓勵我們從其他人身上尋找見解，正如心理學家伊麗莎白．克魯姆瑞．曼庫索（Elisabeth Krumrei Mancuso）及其同僚所寫：「學習需要心存謙遜地了解，你有需要學習的地方。」

這種動力的某些證據來自我們的前華頓博士生，目前擔任紐約州立大學水牛城分校教授的丹妮兒．土辛（Danielle Tussing）所做的一項研究。丹妮兒在某家醫院蒐集數據，院內護士長的領導角色是依照班別輪流擔任，也就是說護士最後都有機會會掌控大權，即便他們對自己的能力心存懷疑。對於承擔職責感到些許遲疑的護士，事實上是更成功的領導者，部分原因是他們更有可能去尋求同事的第二意見。他們認為自己處在公平競爭的環境，知道他們有多少欠缺的經驗和專業知識能靠聆聽來補足，最佳的案例莫過於哈菈·托馬斯多提爾了。

極度謙遜聯盟

當我和哈菈坐下來，她告訴我說在過去，她的懷疑一直令她感到軟弱，她把這些懷疑視為她缺乏成功能力的象徵。現在她已經擁有了自信的謙遜，懷疑在她的眼中有了新的詮釋：那是她需要改善她的工具的一種提示。

許多證據顯示，信心經常是進步的結果，但也是其肇因。我們不必等待擁

13 原註：這種反應會依性別而異，在芭希瑪的投資專家研究中，冒牌貨的想法有助於男性及女性的任務表現，但是更可能在男性之間激發額外的團隊合作。男性被迫填補他們的恐懼，怕自己無法完成核心任務的期待，於是格外仰賴團隊合作。女性則較依賴信心，比較可能因懷疑而感到軟弱。

有自信才能完成艱難的目標，我們可以透過完成艱難目標來打造信心。「後來我把冒牌者症候群當作好事而欣然接受：那是去做更多、嘗試更多的刺激因素，」哈菈說。「我學會利用它來帶給自己優勢，事實上，我從自我懷疑獲得驚人的成長。」

當其他的候選人滿足於仰賴一般媒體的報導時，哈菈對自己的工具感到不確定，因此迫切重新思考競選活動的進行方式。她更努力又聰明地工作，熬夜親自回答社群媒體的訊息。她開設臉書直播時段，選民可以問她任何事。她也學會使用 Snapchat，藉此接近年輕人。她決定自己沒什麼好損失的，於是做了總統候選人很少做的事：她並未控訴對手，而是從事正向競選活動。**情況還能變得多糟呢？**她心想。這也是她和選民產生如此強烈共鳴的部分原因：他們都受夠了候選人彼此抹黑，很開心能看到有位候選人尊重她的競爭對手。

不確定性促使我們提出問題，吸收新知，也保護我們不受達克效應的影響。「冒牌者症候群總是讓我時刻警惕及成長，因為我從來不認為我無所不知，」哈菈深思地說，聽起來比較像科學家，而非政治人物。「或許改變確實需要冒牌者症候群，冒牌貨很少會說：『我們這裡就是這樣做事的。』他們不會說：『這麼做才對。』我迫切地想學習及成長，以至於我詢問每個人的建議，看我能如何以不同的方式去做。」雖然她懷疑自己的工具，她有信心當個學習者。她明白知識最好是來自專家，不過創意和智慧可以從任何地方獲取。

冰島總統大選最後的候選人是哈菈、大衛．奧德森，以及其他兩位男士。在整場選舉過程中，三位男士都享有比哈菈更多的媒體報導，包括哈菈從未有過的頭版訪問，他們也擁有更多的選舉預算。然而，在投票當天，哈菈令她的國家以及她自己大感意外，贏得超過四分之一的選票。

她的得票率居次，沒有坐上總統大位。她獲得28%的選票，低於維克多的39%。不過哈菈擊敗大衛．奧德森，他位居第四，得票率不到14%。根據她的軌跡及氣勢來看，你不難想像再多幾週的時間，她有可能會勝選。

偉大的思想家不會因為他們是冒牌貨而隱藏懷疑，他們會保有懷疑，因為他們知道大家都有部分的盲點，於是努力改善他們的視野。他們不會吹噓自己知道多少，而是對於自己所知無多而感到驚訝。他們察覺到每個答案都引發出新問題，而對知識的渴求永遠不會結束。活到老，學到老的人有種明顯特徵，就是他們能從認識的每個人身上有所學習。

自負令我們對自己的缺點視而不見。謙遜是反射鏡片，幫助我們把缺點看得更清楚。自信的謙遜則是矯正鏡片，讓我們能克服那些缺點。

03

想法有誤的喜悅：不相信你所想的一切快感

我有哈佛的學位，每當我犯了錯，世界就變得更不合理一些。

——《歡樂一家》（Cheers）費雪・克雷博士（Dr. Frasier Crane）（凱西・葛雷莫〔Kelsey Grammer〕飾演）

一九五九年秋天，某位傑出的心理學家邀請了新的受試者，參加一項十分不道德的研究。他親自挑選了一群哈佛大二生加入一系列的實驗，期限持續到他們畢業為止。學生自願每週花幾小時學習「性格如何養成」，以及心理問題要如何解決。他們不知道的是，他們加入的是讓「自身信念遭受攻擊」的實驗。

研究者亨利・莫瑞（Henry Murray）原本是受訓成為內科醫生及生物化學家，在成為知名的心理學家之後，他幻想破滅，因為他的領域很少注意到人們要如何度過互動的難關，因此他決定在自己的實驗室打造這些關卡。他給學生一個月的時間寫下個人的人生哲學，包括他們的核心價值及指導原則。當學生出面繳交作業時，他們會和另一位做同樣練習的學生搭配成一組。他們會有一、兩天的時間閱讀對方的哲學，然後在錄影的情況下討論內容，但這個過程會比他們原本預期的更加激烈。

莫瑞的研究原型，是他為二戰間諜研發的心理衡鑑[14]。莫瑞當時是中校，受徵召替中央情報局的前身——戰略情報局審查潛在的幹員。為了評量應試者如何應付壓力，他把他們送到地下室，在強光直射臉部的情況下接受審問。審查員會等到他們的說明前後出現矛盾時，跳出來大聲吼叫：「你是個騙子！」有些應試者當場退出，另外一些則是哭了起來，有辦法承受這個衝擊的人得到了這份工作。

現在莫瑞準備進行一場更有系統的壓力反應研究，他仔細篩選學生，打造出包括各種性格及心理健康狀況的樣本。他根據他們的個性特質替他們取代號，包括鑽頭、石英、蝗蟲、鉸鏈，還有守法，我們稍後會再提到他。

學生抵達討論現場時，他們發現自己的練習對手不是一般同學，而是法學院學生。他們不知道的是，該名法學院學生和研究團隊是共謀：他的任務是花十八分鐘，針對對方的世界觀展開強烈攻擊。莫瑞把它稱之為「有壓力的人際爭論」，他指示那位法學院學生以一種激烈、徹底以及針對個人辱罵的「攻擊模式」，讓受試者憤怒又焦慮。那些可憐的學生汗流浹背、大吼大叫，竭力想為自己的理念辯護。

痛苦並未到此為止，過了數週之後，那些學生受邀回到實驗室，討論他們自己的互動影片。他們看著自己臉部扭曲，說出一連串語無倫次的句子。最重要的是，他們花了大約八小時，重溫那受盡屈辱的十八分鐘。在二十五年後，受試者回顧那次的經驗，顯然有許多人覺得痛苦難忍。鑽頭形容他感到「絲毫不減的怒火」，蝗蟲想起了他的困惑、憤怒、懊惱及不舒服。「他們欺騙我，告訴我那會是一場討論，事實上卻是一場攻擊，」他寫道。「他們怎能這樣對待我，這一切的意義何在呢？」

其他受試者則是有著驚人的不同回應：他們似乎受到刺激，不得不重新思考他們的信念。「有些人或許會覺得這種經歷令人感到有點不自在，他們珍貴的（就

14 編按：「心理衡鑑」是由專業的臨床心理師，運用標準化的心理測驗工具、晤談、行為觀察等方式，協助受試者了解自己的身心適應、認知功能、人際和情緒的調適狀況，以確立潛在的影響因素和病因。

沙維奇的雞　by Doug Savage

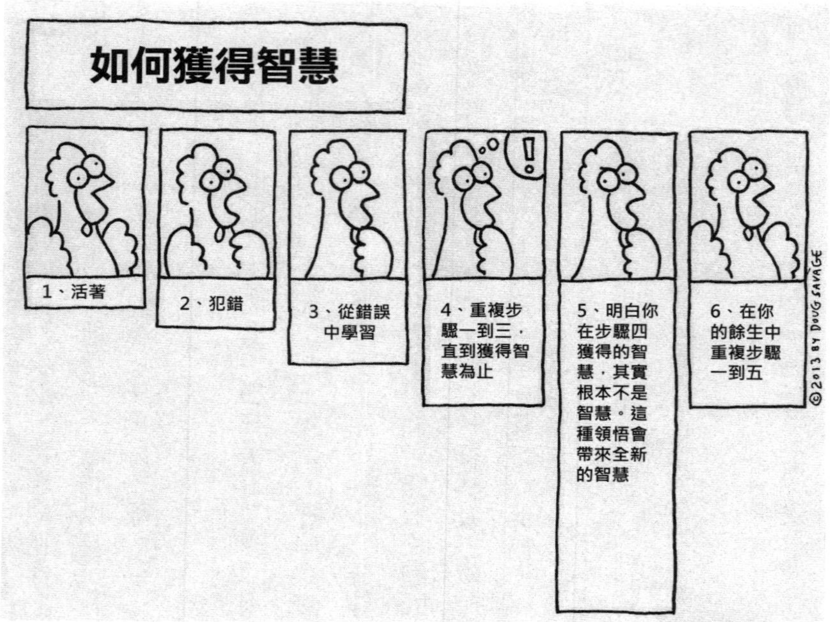

www.savagechickens.com

我的例子來說，至少是一知半解的）哲學受到激烈的挑戰，」一名受試者回憶說。「但是這種經驗頂多讓人感到挫折一個禮拜，更別提一輩子了。」另一位描述這一連串的事件「十分令人愉快」，有三分之一的人甚至說它「很好玩」。

自從我讀到那些反應熱烈的受試者的部分，我就著迷於讓他們這麼做的原因。他們是如何設法享受這種信念遭到掏空的體驗，還有我們其他人要如何學習才能有相同的表現？

因為研究記錄依然封存，大部分的受試者並未揭露身分，我只能這麼做：我去找像他們這樣的人。我找了一位榮獲諾貝爾獎的科學家，還有兩名世界頂尖的選舉預測專家。他們不僅能自在面對犯錯，甚至對此感到刺激。我認為他們能教導我們，在發現自己的信念或許並非真實無誤時，要如何更優雅地接受這些時刻。我們的目標不是更常犯錯，而是要認清我們都比自己願意承認的更常犯錯，而且我們越是否認，給自己挖的洞就越深。

管理你的思想的獨裁者

我兒子五歲那年，他很開心地得知他的叔叔要生小孩了。我太太和我都預測是男生，我們的兒子也是。過了幾週後，我們得知寶寶會是女生。當我們把這個消息告訴兒子時，他嚎啕大哭。「你為什麼在哭？」我問。「是因為你希望你會有一個小堂弟嗎？」

「不是啦！」他大吼，小拳頭敲打地板。「是因為我們猜錯了！」

我解釋犯錯不是一件壞事，這可能是我們學到新知的徵兆，而且那種發現本身就是一種喜悅。

我不是自然而然地明白這件事，在成長的過程中，我決意要保持正確。二年級那年，我糾正我的老師拼錯字，把閃電（lightning）拼成了照明（lightening）。在買賣棒球卡的時候，我會快速背出最近賽事的統計數據，證明參考售價錯估了球員的價值。我的朋友覺得我這樣很討厭，開始叫我事實先生。情況越來越糟，有一天我最要好的朋友宣布，他不要跟我說話，直到我承認自己錯了為止。從此之後，我開始變得更能接受自己容易犯錯的特質。

在一份經典論文中，社會學家墨瑞．戴維斯（Murray Davis）主張，想法和觀點能留存下來，不是因為具有真實性，而是因為它們很有趣。讓某個想法有趣的原因是，它挑戰我們不穩的立論。你是否知道，月球原本可能是在熱氣蒸騰的地球裡，由岩漿雨所形成的？獨角鯨的角其實是一顆牙？當某個概念或假設對我們不太重要，我們經常迫不及待去質疑它。情緒產生的正常順序是驚訝（「真的嗎？」），接著是好奇（「跟我多說一點！」）和驚訝（「哇！」）。我換個方式來闡述以撒．艾西莫夫（Issac Asimov）[15]的一句話：「偉大的發現經常並非始於『我找到了！』，而是『那真有趣……』」

然而，當某個核心信念受到質疑，我們傾向於封閉而非開放。這就像是有個迷你的獨裁者住在我們的腦袋裡，控制通往心智的大量事實，很像是金正恩控制北韓的媒體。這在心理學的專有名詞叫做「極權自我」，它的任務是排除危險的資訊。

不難想像的是，當某人攻擊我們的性格或才智，內在獨裁者便能派上用場

15 編按：美籍猶太人作家與生物化學教授，美國科幻小說黃金時代的代表人物之一，作品以「基地系列」最為人稱道，其他代表作有「銀河帝國三部曲」和「機器人系列」。

了。那種個人冒犯，動搖對我們來說很重要或難以改變的認同。極權自我，就像是我們的心智保鑣般出手干預，藉著提供安慰人的謊言來保護我們的自我形象：**他們只是嫉妒罷了，你真的、真的太酷了，你就要創造出下一個寵物石頭**[16]**了**。正如物理學家理查·費曼（Richard Feynman）的妙語：「你本身一定不是傻瓜，而是最容易『被愚弄』的人。」

當我們深信不疑的看法受到威脅，我們的內在獨裁者也喜歡掌控主導權。在那份攻擊學生世界觀的哈佛研究中，擁有最負面反應的那位受試者代號叫守法。他來自藍領背景，而且不尋常地早熟，十六歲就念大學，十七歲加入了這場研究。他的信念之一是「科技有害文明」，而當他的觀點受到質疑時，他變得深具敵意。守法後來成為學者，當他寫下他的傑作時，他顯然不曾改變心意，他對科技的顧慮更加深了：

> 工業革命及其後果對人類而言是一場災難。它們大量增加我們這些住在「先進」國家者的平均壽命，但是也動搖社會，讓生命變得不滿足，讓人類屈服於羞辱……身體也受苦……並且對大自然造成嚴重傷害。

這種信念是對威脅的常見回應，神經科學家發現，當我們的核心信念受到挑戰，可能會觸發杏仁核，也就是原始的「蜥蜴腦」，輕掠過冷靜的理性，啟動一場激烈的「戰或逃」回應。憤怒及恐懼發自內心，感覺彷彿我們的心頭挨了一記，極權自我便帶著心靈盔甲前來救援。我們成了傳教士或檢察官，努力想改變或譴責無知者。「面對他人的論點時，我們很容易看到缺點，」記者伊莉莎白・寇伯特（Elizabeth Kolbert）寫道，但是「我們視而不見的是自己的立場。」

我覺得這很奇怪，因為我們不是生來就有自己的看法。這不像我們的身高或原始智力，我們對自己信以為真的事物有完全的控制力。我們選擇自己的觀點，而且隨時都能選擇重新思考那些觀點。這應該是一件熟悉的任務，因為我們這輩子都在證明，我們的想法經常出錯。就像我確定我在週五會完成這一章的草稿；我確定盒子上有巨嘴鳥圖案的營養穀片是香果圈口味；我確定我昨晚把牛奶放回了冰箱，不過很奇怪，今天早上它是在流理台上。

16 編按：二十世紀七〇年代中期，美國商人蓋瑞・達爾（Gary Dahl）販賣的寵物石頭（Pet Rock）曾經風靡美國。

內在獨裁者會設法啟動過度自信的循環，爭取勝利。首先，我們的錯誤見解安全地包覆在過濾泡泡裡，於是當我們看到支持自己信念的唯一資訊時，內心便感到驕傲，接著我們的信念就被封存在回音房間內，我們只聽得到強化那些信念的人所發出的聲音。雖然以結果來說，堡壘可能顯得固若金湯，但仍有一群人數越來越多的專家決心攻破它。

依附問題

不久前，我在一場會議上發表演說，內容是關於索取者、給予者及互利者的研究。我研究的是大方、自私或公平的人，是否在銷售及工程方面的工作上，表現得更有成效。出席者之一是諾貝爾獎得主、心理學家丹尼爾·康納曼（Daniel Kahneman），他將大部分的職涯投入在「證明我們的直覺錯得有多離譜」。後來他告訴我，他對我的研究結果大感意外，也就是給予者的失敗率高過於索取者及互利者，但是成功率也更高。

當你讀到一項令你大感意外的研究時，你會作何反應？許多人會變得有防備心，搜尋該項研究設計或統計分析的缺陷。丹尼的做法相反，他的眼睛亮了起來，咧嘴而笑。「這真是太棒了，」他說。「我的想法錯了。」

後來，我和丹尼共進午餐，問起了他當時的反應。那在我看來非常像是「因為想法有誤而開心」，因為他的眼中閃爍著光芒，彷彿他玩得很開心。他說他活到了八十五歲，從來沒人指出這點，但是沒錯，他非常喜歡發現自己的想法有誤，因為這代表著他的錯誤將會比以前更少一些。

我知道那種感覺，念大學時，社會科學一開始吸引我的，是閱讀那些和我的期待有衝突的研究，我迫不及待，想把我重新思考的所有假設都告訴我的室友。在我的第一份獨立研究中，我測試我自己的某些預測，結果我有十幾項的假設都是錯的。[17]這是在「自信的謙遜」的部分上了重要的一課，但是我並未受

17 原註：我研究的是一些因素，說明在我服務的旅遊指南公司裡，為何有些作者和編輯的表現贏過其他人。這些表現和他們的自主、控制、自信、挑戰、連結、合作、衝突、支持、自我價值、壓力、反饋、角色清晰或愉快感都無關。表現最好的人在開始工作時便相信，他們的工作能對他人產生正向影響。我因此預測給予者會比索取者更成功，因為他們會為了自己的行動能改變他人的生活而充滿活力。我進而在許多研究中測試並支持那種假設，不過這時我遇上了其他研究，內容預測慷慨大方會帶來較低的生產力，以及較高的職業倦怠感。我並未設法證明那是錯的，而是意識到我的想法錯了，我並沒有全面了解。我開始去探索給予者成功及失敗的案例，並且因此寫了我的第一本書《給予》（Give and Take）。

到嚴重打擊，我立刻感到興奮。發現自己錯了，感覺很開心，因為這表示我學到了某些東西，正如丹尼對我說的：「想法出錯，是我能確定自己有所學習的唯一方式。」

丹尼對布道、起訴或政治活動都不感興趣，他是一心追求事實真相的科學家。當我問他如何保持在那種模式時，他說他拒絕讓他的信念變成他這個人的一部分。「我改變心意的速度，快到令我的同僚抓狂，」他說明。「我對想法的依附是暫時性的，並未存在著無條件的愛。」

依附，這就是讓我們在個人意見偏離標準時無法判斷並重新思考的原因。為了釋放犯錯的喜悅，我們需要脫離。我學到兩種方式，在脫離時特別有用：將你的現在跟過去分開，以及將你的看法跟認同分開。

我們從「讓現在脫離過去」開始吧。在心理學中，在現在的你和過去的你之間，測量相似度的方法之一是要問：哪兩個圓圈最能形容你是如何看待自己的？

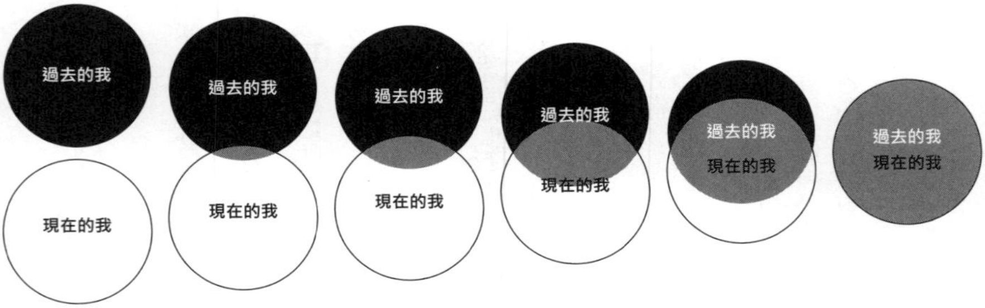

在此刻，把過去的你和現在的你分開，可能會令人感到不安，即便是正向的改變也會帶來負面的情緒，發展自我特性可能會讓人感到脫離正軌又支離破碎。然而，假以時日，「重新思考你是誰」顯然對心理健康有益，只要你能條理分明地敘述：過去的你是如何變成現在的你。在某份研究中，當人們感覺已經脫離了過去的自我時，他們在這一年來變得比較不沮喪。當你覺得你的人生彷彿改變了方向，你就比較容易放棄過去的愚蠢信念。

我的過往自我是「事實先生」，我太執著於知的本身。現在我比較感興趣的是找出我不知道什麼，正如橋水基金的共同創辦人雷·達利歐（Ray Dalio）告訴我：「假如你不自我反省，並且心想：『哇，一年前的我還真蠢。』那麼你這一年來肯定沒學到多少。」

第二種分離，是把你的看法和你的自我認同分開。我猜你不會想去看自栩腦葉切除專業的醫生，或是把小孩送給認同體罰的老師教導，又或者住在一個警長認同攔檢搜身的小鎮，但在很久以前，這些都被視為合理又有效的做法。

我們大多數人都習慣依照信念、理念及意識形態來定義自己，當它阻止我們隨著世界改變及知識演化而改變我們的心意時，這就會成了問題，我們的看法

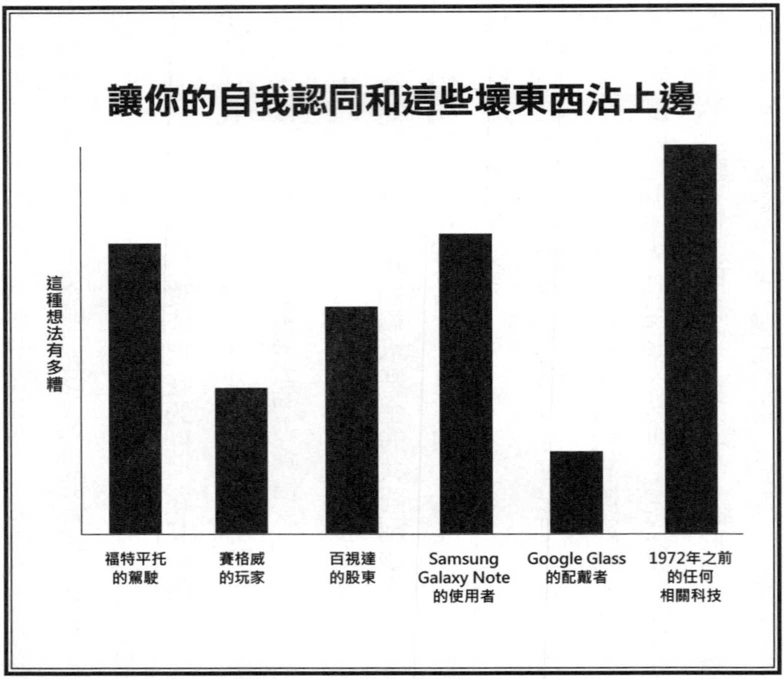
讓你的自我認同和這些壞東西沾上邊
這種想法有多糟
福特平托
的駕駛
賽格威
的玩家
百視達
的股東
Samsung
Galaxy Note
的使用者
Google Glass
的配戴者
1972年之前
的任何
相關科技

會變得如此神聖，以至於光是想到它可能有誤，我們就會滋生敵意了，而且內在獨裁者會跑出來遏阻相反的聲音，壓制對立的證據，並且關上學習的大門。

「我們是誰」應該是你重視什麼，而非你相信什麼的問題。價值是你在生活中的核心原則，可能是傑出和慷慨、自由和公平，或是安全和正直。以這些原則來建立你的自我認同，你便能保持開放的心態，以最佳的方式來提升它們。你想要自認會保護健康的醫生、自認應該幫助學生學習的老師，以及自認要推動安全與正義的警長，當他們以價值而非看法來定義自我時，他們便為自己爭取到彈性，在新證據之下提升他們的專業。

尤達效應：「你必須反學習你學會的東西」

我想找到樂於發現自己的想法有誤的人，因此同事應我的要求，要我一定要去見見尚皮耶·波岡斯（Jean-Pierre Beugoms）[18]。他年近五十，是那種會誠實面對錯誤的人，即便實話傷人，他還是照說不誤。當他的兒子還在蹣跚學步的年紀，他們一

18 編按：美國天普大學歷史學博士，軍事史學家。

起看一部太空紀錄片，尚皮耶隨口說，有天太陽會變成一個紅色的大巨人，吞噬掉地球。他的兒子並不覺得好笑，他淚眼汪汪地說：「可是我愛這個地球啊！」尚皮耶覺得糟透了，以至於他決定保持沉默，而不去提起可能害地球更短命的危險。

在一九九〇年代，尚皮耶有個嗜好，喜歡收集權威專家在電視新聞中所做的預測，然後拿自己的預測來駁倒他們。後來他開始參加預測競賽，這是由「良好判斷」（Good Judgment）[19]舉行的國際賽事，參賽者會設法預測未來。這是令人望之生畏的艱難任務，有句老話說，歷史學家甚至無法預測過去。通常一場比賽會吸引來自世界各地的數千名參賽者，參加盛大的政治、經濟及科技賽事。題目有時間限制，並且有可預見的特定結果。伊朗的現任總統在六個月後是否仍在職？哪支足球隊會贏得下一屆世界盃？明年是否會有個人或公司面臨自駕車意外的刑事訴訟？

參賽者不只要回答是與否，還要提供機率。這是一種系統化的方式，測試他們是否知道他們所不知道的。幾個月後，他們會在準確性及校準度部分接受評分。想要得分不僅需要提供正確答案，還要有適當程度的信念。最佳的預測者對自己提出而日後成真的預測有信心，並且對後來證明錯誤的預測抱持懷疑的態度。

二〇一五年十一月十八日，尚皮耶提出一項令對手震驚的預言。在前一天，某場公開預言競賽提出了一個新問題：二〇一六年七月，誰會贏得美國共和黨的總統初選？選項有傑布・布希[20]、班・卡森[21]、泰德・克魯茲[22]、卡莉・費歐麗娜[23]、馬可・魯比歐[24]、唐諾・川普[25]，以及以上皆非。距離召開共和黨全國大會還有八個月，大家普遍把川普看成是笑話。根據FiveThirtyEight網站的知名統計學家奈特・席維爾（Nate Silver）的預測，他成為共和黨提名人的機率只有6％。然而，當尚皮耶窺視他的水晶球，他判定川普有68％的機率會贏。

尚皮耶不只擅長預測美國事件的結果，他預測英國脫歐的機率高達50％左右，而他的大部分對手則認為公投通過的機會微乎其微。他成功預測塞內加爾的現任總統會輸掉總統大選，雖然連任的機率非常高，而且其他預測者都預期

19 編按：一個致力於「利用群眾智慧來預測世界事件」的組織，由美國的決策學家芭芭拉・梅勒斯（Barbara Mellers），和賓州大學教授菲利普・泰特洛克（Philip E. Tetlock）、唐・摩爾（Don Moore）等人共同創建。

20 編按：John Ellis "Jeb" Bush，美國共和黨政治人物，第四十三任佛羅里達州州長。

21 編按：Benjamin Solomon Carson Sr.，美國共和黨政治人物，同時也是作家與退休神經外科醫生。

22 編按：Rafael Edward "Ted" Cruz，美國共和黨政治人物，現為德州聯邦參議員。

23 編按：Carly Fiorina，美國共和黨政治人物，曾任惠普公司董事長兼CEO。

24 編按：Marco Antonio Rubio，美國共和黨政治人物，現為佛州聯邦參議員。

25 編按：Donald John Trump，美國企業家、共和黨政治人物，第四十五任美國總統。

現任總統穩贏無疑。在專家及民意調查把川普視為可能的角逐人選之前，他其實早就鎖定川普為大熱門。「這實在驚人，」尚皮耶早在二〇一五年便寫出這項預測，但許多預測者「依然否定他獲勝的機率」。

根據他的表現，尚皮耶可能是全世界最厲害的選舉預言家。他的優點是，他以科學家的方式思考，他極度公正客觀。尚皮耶在人生的不同時間點改變了自己的政治意識形態及宗教信仰，[26]他並非來出身自民調或統計背景，他是軍事歷史學家，這表示他和預測向來的進行方式毫無關係。統計學家喜愛自己對於票數統計的觀點，而尚皮耶則把更多的注意力，放在難以測量以及受到忽略的因素。對川普而言，這包括了「擅長操弄媒體、知名度，以及某個獲勝原因（例如移民和『那道牆』[27]）」。

就算預測不是你的嗜好，研究像尚皮耶這樣的預測家如何構成他們的看法，還是可以從中學到很多。我的同事菲爾·泰特拉克（Phil Tetlock）發現，與其說預測能力是關乎我們知道什麼，不如說是在於我們如何思考。當他和他的合作夥伴，研究許多優秀預測形成的因素時，膽識及野心並未名列前茅，才智也僅僅居次，有另一個因素在大腦預測力方面的重要性多出將近三倍。

能「預測成功」唯一最重要的驅動力，是他們有多常「更新自己的信念」，最優秀的預測者會進行更多的重新思考循環。他們擁有自信的謙遜，能懷疑自己的判斷力，也有好奇心去發掘新資訊，引領他們修正自己的預測。

這裡的關鍵問題是，重新思考究竟有多少的必要性。雖然甜蜜點向來會隨著個人及情況而有所不同，但是平均值能給我們一點線索。參賽了幾年之後，一般選手會針對每個問題更新預測兩次。超級預測者則對每個問題更新預測四次以上。

想想看這有多容易處理？較佳的判斷力不見得需要幾十次或幾百次的更新，只要多花點心思去重新思考，就能造成差別了。但值得一提的是，那種重新思考的程度卻十分罕見，我們有多少人會記得自己上次想法有誤而重新思考，

26 原註：改變你根深柢固的信仰，同時完整保有你的價值觀，這是有可能的。心理學家最近將放棄原有宗教的人，和那些原本沒有宗教信仰而現在篤信宗教的人，兩者加以比較。在香港、荷蘭、紐西蘭及美國，他們發現了宗教殘餘效應：去除宗教識別的人和那些從來沒有宗教信仰的人一樣願意擔任志工，並且樂捐更多的錢給慈善團體。

27 編按：川普在競選總統期間曾提出修建「美墨圍籬」的構想，意圖阻擋走私活動和非法移民。

依然矗立在這個角落的是法蘭克長期以來的信念。

Ellis Rosen/The New Nork Collection/The Cartoon Bank

是什麼時候的事？正如記者凱瑟琳．舒茲（Kathryn Schulz）的觀察：「雖然少許證據便足以使我們做出結論，但是卻很難促使我們去修正。」

這就是最佳預測員超越群倫之處：他們渴望再次思考，他們把自己的看法視為直覺，而非事實；當作有趣的可能性，而不是加以擁抱的事實。他們在接受理念之前會先提出質疑。他們會不斷尋找新資訊及更好的證據，尤其是無法證實的證據。

在影集《歡樂單身派對》（Seinfeld）裡，喬治說過一句名言：「假如你相信的話，那就不算謊話。」我可能會衍生說，不會只因為你相信它，它就變成事實。智慧的象徵是，避免相信進入你心中的每個念頭。情緒智商的標記是，避免內化進入你心裡的每種感覺。

另一位全世界頂尖的預測家是克姬兒絲特．莫瑞爾（Kjirste Morrell），她顯然很聰明，擁有麻省理工學院機械工程博士學位，不過她的學歷及專業經驗和預測世界大事關聯不大，她的背景是在人類髖關節力學、設計較好的鞋以及打造機器人輪椅等方面。我問克姬兒絲特，是什麼因素使得她如此擅長預測，她回答：「我想法有誤的時間越長，對我並沒有好處。假如我快點改變心意，那樣會好很多，而且能有發現的感覺和驚喜，是一種很棒的感受，我想大家會樂在其中。」

克姬兒絲特不只發現了如何抹去想法出錯的痛苦，她還把它轉化成樂趣的來源。她透過一種古典制約的形式做到了這點，就像是當巴夫洛夫（Pavlov）那條「被制約」的狗學會聽到鈴聲便分泌唾液，假如重複犯錯會引導我們走向正確的答案，那麼犯錯的經驗本身就會變得饒富樂趣。

但這不表示我們因此就會享受過程中的每一步，克姬兒絲特最嚴重的一次失誤，是二〇一六年美國總統大選的預測，她認為希拉蕊．柯林頓[28]會贏過川普，因為她不是川普的支持者，因此預測出錯是很痛苦的，這對她的自我認同來說太重要了。她知道川普是有可能當上總統，但是她不想去想像這很有可能發生，所以她無法讓自己去作出預測。

這是二〇一六年的常見錯誤，無數的專家、民調專家以及專業權威都低估了川普，還有英國脫歐，因為他們在過去的預測及認同上都投入了太多情緒。假如你今天想當一個更好的預測者，決心放棄守住舊有的看法，這樣會有幫助。**只要在早上醒來時，彈個手指，決定你不在乎，誰當總統或是你的國家會發生什麼事都不重要。這世界不公不義，而且你花了幾十年培養的專業已經過時了！**

這易如反掌，對吧？幾乎和你憑意志力不去愛誰一樣簡單。然而，尚皮耶．波岡斯設法做到了。

當川普在二〇一五年春天首度宣布參選，尚皮耶只給他2％的機會獲得提名。當川普在八月的民調開始攀升，尚皮耶因此質疑自己，他把現在和過去分開，承認就他當時所有的資料而言，他原本的預測是可理解的。

把他的看法和自我認同分開來就比較難了，尚皮耶不想要川普勝選，因此要落入期許偏誤的圈套是很容易的，他藉著聚焦在不同目標上來克服這點。「我並未太過依附我的原始預測，」他說明，原因是「贏的渴望，成為最佳預測者的渴望。」他依然在意他偏好的結果，但是他更在意的是不要犯錯，他的價值觀將真相置於同溫層之上：「假如證據強烈顯示我的同溫層在某個議題上是錯的，那麼就這樣吧。我把我所有的看法都視為暫定的，當事實出現變化，我就改變我的看法。」

根據研究顯示，即使是辨識出一個「我們為何可能錯誤」的理由，都足以遏阻過度自信。尚皮耶更進一步，他把權威人士提出川普不可能勝選的所有論點一一條列，然後去找他們（以及他自己）可能有誤的證據。他在民調裡找到證據：

28 編按：Hillary Diane Rodham Clinton，第六十七任美國國務卿，二〇一六年曾與川普角逐第四十五任美國總統。

普遍的說法是，川普是低人氣的派系候選人。然而正好相反，尚皮耶看到川普在主要的共和黨人族群之間大受歡迎。到了九月中，尚皮耶成了偏離主流者，他把川普獲得提名的機率提高到50％以上。「接受你會落入錯誤下場的事實，」尚皮耶提議。「試著反駁自己，當你的想法有誤，這不是什麼令人難過的事，你不妨說：『嘿，我有了新發現！』」

有人犯了錯……八成是我

雖然尚皮耶有先見之明，認定川普會贏，他在感情面依然無法面對這件事。二〇一六年春天，他將媒體對希拉蕊．

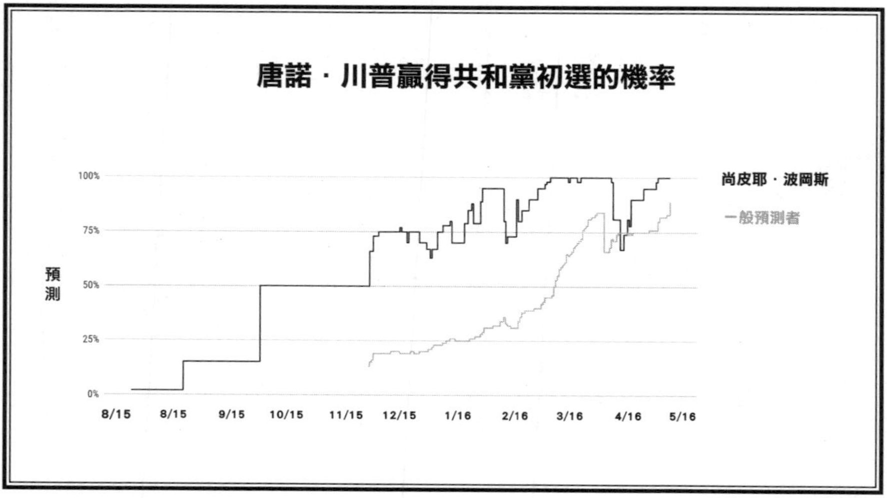

柯林頓的 email 報導[29]視為一個警訊，在接下來的兩個多月，不斷預測川普勝選。然而到了夏天，即便他預期川普的總統任期即將到來的可能性，他發現自己夜不成眠，他把他的預測改放在柯林頓身上。

在回顧時，尚皮耶並不曾對自己的決定辯解。他坦承儘管身為資深預測家，他還是犯了新手的錯誤，掉進了期許的偏誤，讓自己的偏好蒙蔽了判斷力。他把焦點放在讓他預測柯林頓勝選的力量上，因為他迫切希望川普落敗。「面對我所公布的這種令人不快的預測，這只是我設法應付的方式之一。」他說。然後他

29 編按：希拉蕊於二〇一六年競選總統期間，遭披露擔任美國國務卿時曾使用私人 email 進行官方通信，其中包含有上千封被美國國務院歸類為國家機密的電子郵件。

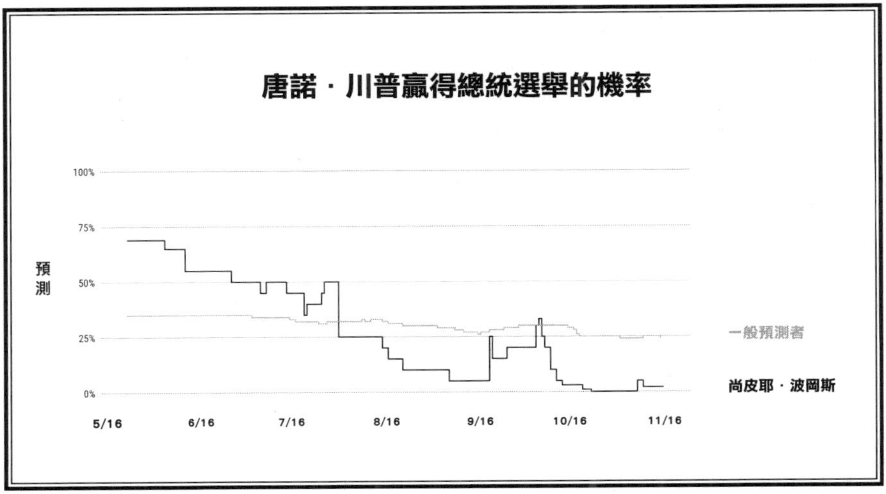

做了令人意想不到的事：他嘲笑自己。

假如我們沒有安全感，我們會嘲笑別人，要是我們坦然面對自己出了錯，我們就不怕取笑自己。自我解嘲提醒我們的是，我們或許認真對待自己的決定，但是不必把**我們自己**看得太認真。研究顯示，我們越常嘲笑自己，就可能會越快樂。[30]我們不必拿自己犯的錯來鞭打自己，反而可以把過去的一些誤解變成是現在的樂趣來源。

想法有誤並非總是一件樂事，擁抱錯誤之路充滿了痛苦的時刻，當我們謹記那些錯誤對進步來說是不可或缺的，我們就比較能承受那些時刻了。不過要是我們無法學會在發現自己失誤時，從中找到一些笑點，這樣就很難改正錯誤了。

我在偉大的科學家及超級預測家身上，注意到某種悖論：他們能如此自在地面對自己的想法有誤，原因是他們很害怕犯錯，讓他們有別於其他人的是「時間層」，他們決心在最後獲得正確的答案，也知道這代表了開放接受障礙、回溯，以及短期內重訂路線。他們避免抱持過於樂觀的態度，贊成忠實反映事實。「害怕錯失未來的目標」是有力的動機，讓你能清楚檢視過去一年的錯誤。「經常正確的人常常聆聽，也常常改變心意，」傑夫．貝佐斯（Jeff Bezos）[31]說。「假如你不頻繁改變心意，你的想法就會常常出錯。」

尚皮耶．波岡斯有一個最喜歡的技巧，能夠揪出自己出錯。當他作出預測時，他也會列出應該包含事實的條件清單，以及他可能改變心意的情況。他說明這使得他保持誠實，防止自己太過依附某個不佳的預測。

預測者在競賽中所做的，也是在生活中很好的練習。當你構成某種看法，你要自問「要發生什麼狀況」才能證明那是錯的，然後記錄自己的觀點，你才能看到你什麼時候是對的、什麼時候是錯的，以及你的想法是如何逐步形成的。「我一開始只是想證明自己，」尚皮耶說。「現在我想提升自己，看我能做得多好。」

要向自己承認我們一直以來都錯了，這是一回事；要向他人坦承那點，那又是另一回事了。即便我們設法推翻我們內在的獨裁者，也會碰上被外人嘲笑

30 原註：假如你選擇大肆取笑自己，有證據顯示別人的反應會視你的性別而定。當男性開了自嘲的玩笑，他們會被看成是更有能力的領導人。不過當女性這麼做，她們會被評斷為能力較差。很顯然地，許多人搞不清楚狀況，假如女性自嘲的話，那並非反映出無法勝任或能力不足，那是自信的謙遜與機智的象徵。

31 編按：美國網際網路巨頭亞馬遜（Amazon）公司創始人。

的風險。在某些案例中，我們會怕萬一別人發現我們錯了，我們的名聲就毀了。那接受自己錯誤的人，是如何處理這種狀況呢？

在一九九〇年代早期，英國物理學家安德魯．林恩（Andrew Lyne）在全世界聲譽最高的科學期刊發表了一份重大發現，他提出有個行星可能繞行某個中子星、一顆爆炸成超新星的恆星。幾個月後，當他正在準備於天文學會議上發表的簡報時，他注意到自己並未就地球是以橢圓形、而非圓形軌道運轉的狀況進行調整。他感到難為情，錯得太離譜了，他發現的行星並不存在。

安德魯在數百位同僚的面前走進了大廳，承認他的錯誤。當他結束招認之後，整個大廳爆發一陣起立鼓掌，某位天文學家稱之為「我所見過最值得尊敬的事。」

安德魯．林恩並不孤單，心理學家發現，承認失誤並不會讓自己看起來比較不稱職，那是誠實以及具有學習意願的展現。雖然科學家相信，承認研究有誤會有損自己的聲譽，但事實正好相反：假如他們承認有新數據，而非一味地否認，他們會獲得較多有利的評價。畢竟，「假如你的責任是要把東西修好，那麼是誰弄壞的也就不重要了」，演員威爾．史密斯這麼說過。「負起責任，

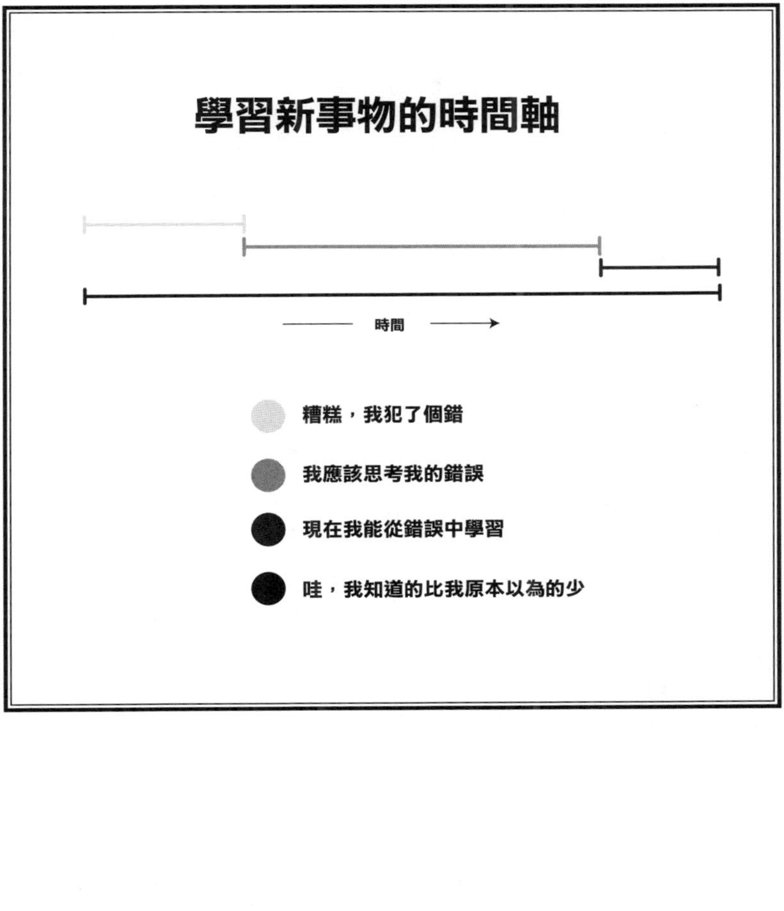
學習新事物的時間軸
時間
糟糕，我犯了個錯
我應該思考我的錯誤
現在我能從錯誤中學習
哇，我知道的比我原本以為的少

就是拿回你的力量。」

當我們發現自己可能錯了，標準的防衛是「我有資格發表我的看法」。我想把它修正為：沒錯，我們有資格在自己的腦袋裡持有看法，然而假如我們選擇把它表達出來，我認為我們有責任把它建立在邏輯及事實的基礎上，和他人分享我們的論據，並且在出現更好的證據時，改變我們的想法。

這種哲學帶我們回到亨利．莫瑞的那場不道德研究中，世界觀遭受攻擊的那群哈佛學生身上。假如我非猜不可，我會說享受那場經驗的學生，擁有與偉大科學家和超級預測家的心態，他們把對自己看法的挑戰視為刺激，能發展及逐步形成他們的思想。而覺得這樣很有壓力的學生不知道如何分離，他們的看法就等於他們的自我認同，攻擊他們的世界觀，等於威脅了他們的自我意識，他們的內在獨裁者便會趕忙過來保護它。

拿代號為守法的學生來舉例吧，他覺得這份研究傷害了他的情感。「那場辯論的對手讓我們遭受各式各樣的侮辱，」守法在數十年後回憶說。「那是非常不愉快的經驗。」

現在，守法有一個不同的代號，一個大多數美國人都熟悉的名稱——大家稱他為「大學炸彈客」。

泰德．卡辛斯基（Ted Kaczynski）從數學教授搖身一變，成了無政府主義者及國內恐怖分子。他郵寄炸彈，奪走三條人命，並且害二十三人受傷。聯邦調查局歷經十八年的調查，在《紐約時報》及《華盛頓郵報》刊登他的聲明，而他的兄弟認出了他的筆跡之後，終於將他逮捕歸案。現在他正在牢裡服刑，終生監禁，不得假釋。

我先前引用的摘錄是出自卡辛斯基的聲明，假如你看過整份文件，它的內容或結構不太可能會令你心緒不寧，最令人感到不安的是那種確信的程度，卡辛斯基顯得不太關心替代觀點，更沒有一絲他可能想法有誤的跡象，來看一下開場白：

> 工業革命及其後果是人類的一大災難……它們令社會動盪不安，讓生命無法獲得滿足……科技的不斷發展將會讓情況更加惡化。它絕對會使得人類遭受更嚴重的屈辱，給大自然帶來更多的傷害……假如這套系統存活下來，後果將無可避免：要改革或修改這套系統絕對沒可能……

卡辛斯基一案留下許多關於他的精神狀態方面尚待解答的問題，不過我仍忍不住要想：假如他能學會質疑自己的看法，他是否依然會辯解，自己訴諸暴力是正當手段呢？假如他培養出能力去發掘自己的想法有誤，他最後是否依然會做出這種錯得離譜的事呢？

每次遇到新資訊，我們都有選擇。我們可以將我們的看法依附在自我認同上，堅持傳教士和檢察官的頑固立場，或者我們能更像科學家似地運作，把自己定義成一心追求真相的人，即使這意味著證明我們自己的觀點有誤。

04 正向吵架俱樂部：建設性衝突的心理學

爭論俗不可耐，因為在道德社會裡，每個人都抱持完全相同的觀點。

——愛爾蘭詩人、劇作家／王爾德（Oscar Wilde）

身為大家庭裡頭最小的兩個男孩，主教的兩個兒子做每件事都是一起的，他們一起發行報紙，打造他們自己的印刷機；他們一起開了一家腳踏車行，然後開始生產自己的腳踏車；經過多年辛苦解決一個似乎不可能有解的問題，他們一起發明了第一架成功的飛機。

威爾伯及奧維爾．萊特在父親第一次帶回家一個玩具直升機之後，對飛行著了迷。那個玩具壞了，他們便打造出一架自己的直升機。在他們從一起玩、一起工作，一路進展到一起重新思考人類飛行的過程中，兩人之間從來沒有任何手足競爭的跡象。威爾伯甚至說，他們「一起思考」。就算展開這個計畫的人是威爾伯，兩兄弟分享成就的同等功勞。就算是要決定由誰在基蒂霍克進行他們的歷史性飛行，他們也只是擲銅板決定。

思考的新方式通常從舊有的連結浮現，蒂娜・菲（Tina Fey）[32]和艾米・波勒（Amy Poehler）[33]的化學反應要回溯到她們在二十出頭時，兩人在即興表演班上一拍即合。披頭四對於音樂的一拍即合則來得更早，從他們的高中時期便開始了。在一位共同朋友的介紹之下，不到幾分鐘，保羅・麥卡尼便教起了約翰・藍儂如何給吉他調音。Ben&Jerry 冰淇淋的起源是來自兩位共同創辦人，在七年級一起上體育課時開始的友誼。看來要一起發展進步，我們需要能夠彼此同步。但是不管到哪裡都一樣，事實真相其實更複雜。

澳洲的組織心理學家凱倫・「艾蒂」・傑恩（Karen "Etty" Jehn）是世界頂尖的一位衝突專家。想到衝突時，你可能會想像艾蒂把人際關係稱為衝突，也就是在個人及感情方面發生衝撞，不只充滿摩擦，還富有敵意。**像是我恨死你了。我會用簡單的字眼，確保你一定聽得懂，你這個疣豬臉的小丑。你在馬桶裡頭咬蘋果……而且你喜歡得咧。**

不過艾蒂找出另一種風格，叫作「任務衝突」，也就是關於理念及意見的撞擊。當我們在爭論要雇用誰、挑哪家餐廳吃晚餐，或是小孩的名字要取葛楚或夸薩時，就會出現任務衝突。問題是，這兩型態的衝突是否會帶來不同的後果。

幾年前，我針對矽谷的數百個新團隊，在合作的頭六個月期間發生的數次衝突進行了調查。即便不斷爭執，沒有達成任何協議，他們清楚他們發生的是哪種衝突。當他們的企劃案結束時，我要求他們的經理評估每個團隊的效率。

表現較差的團隊一開始的人際衝突

32 編按：美國劇作家，喜劇演員。曾獲得八次「艾美獎」、兩次「金球獎」、五次「美國演員工會獎」和四次「美國編劇工會獎」。

33 編按：美國女演員，與喜劇演員蒂娜・菲多次合作演出喜劇電影，代表作是《辣妹過招》（二〇〇四）。

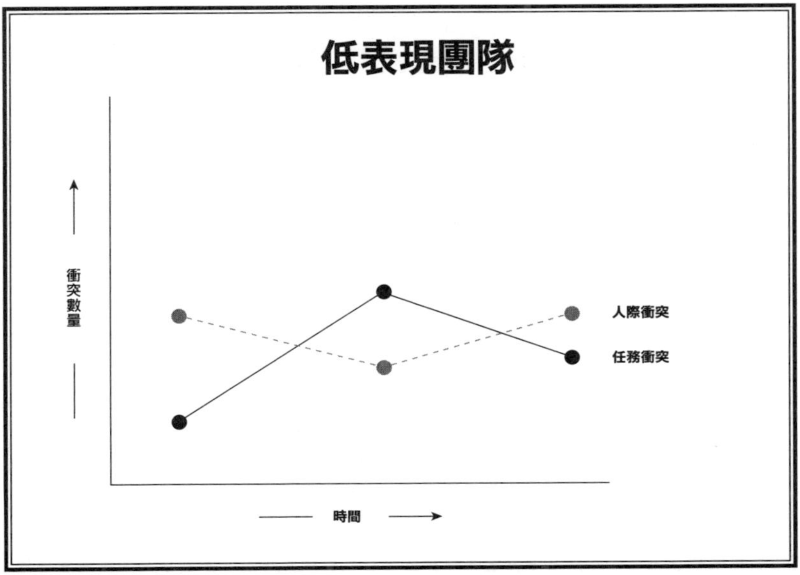

多過於任務衝突。他們在早期便進入私人恩怨，專注在不喜歡彼此，以至於他們對於挑戰彼此感到不自在。許多團隊在幾個月之後，才能在人際問題方面有了真正的進展，而等到他們設法討論重大決策時，經常已經來不及重新思考方向了。

高表現的團隊狀況又是如何呢？正如你可能預期的，他們從低人際衝突開始，然後在整個合作過程都保持如此。這並未阻止他們一開始就發生任務衝突：他們毫不遲疑展現競爭的觀點。他們解決某些意見分歧之後，能夠保持同一個方向，執行任務，直到他們遇上了新的討論議題。

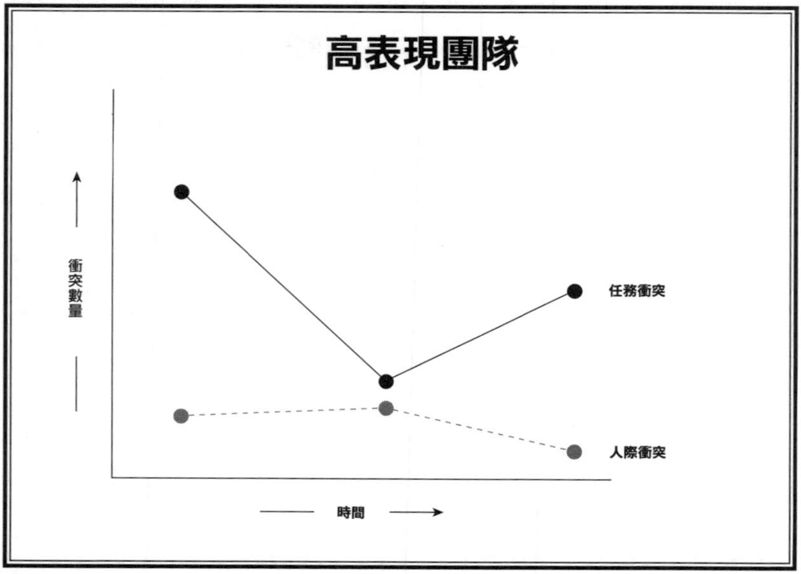

總而言之，有一百多項研究檢視了超過八千個團隊的衝突型態。這些研究的整合分析顯示，人際衝突通常不利於表現，不過一些任務衝突倒是有好處：人們把它連結到更高的創意及更聰明的選擇。比方說，根據證據顯示，當團隊在早期經歷了中等任務衝突時，在中國的科技公司會產生更具創意的想法，在荷蘭的快遞公司會帶來更多革新，而在美國的醫院會產生更好的決策。正如某個研究團隊所做的結論：「缺乏衝突不等於和諧，而是漠不關心。」

人際衝突在某方面來說具有破壞性，因為它阻礙了重新思考。當衝突涉及個人及情緒，我們會變成宣揚自我觀點又自以為是的傳教士、對另一方心懷惡意的檢察官，或是一心一意想排除不是來自我方意見的政治人物。當任務衝突帶來不同的想法，阻止我們陷入過度自信的循環時，它可以是具有建設性的。它能幫助我們保持謙卑、呈現疑慮，並且讓我們對於「自己錯失了什麼」心生好奇。這能夠引導我們再次思考，讓我們更貼近事實而不至於破壞人際關係。

雖然有效的爭論是重要的人生技能，但是我們之中有許多人都不曾培養出這種能力。問題很早就開始了：父母親關起門吵架，生怕衝突會讓孩子感到焦慮不安，或是在某種程度上對他們的人格造成傷害。然而研究顯示，父母親有多常爭吵，並不會影響孩子的學業、社交或情緒發展。重點是父母親爭吵的態度有多和善，而不是有多頻繁。若是父母親發生具有建設性的衝突，孩子在小學階段的情緒方面會比較具有安全感，而且在接下來的幾年，他們會表現得更樂於幫助同學，也更具有同理心。

吵一場好架，不只讓我們更文明，也能培養我們的創意。在一項經典研究中，具高度創意的建築師比他們技術純熟但創意較弱的同儕，更有可能來自經常產生摩擦的家庭。他們經常在「緊繃但安全」的家庭成長，正如心理學家羅伯特・亞伯特（Robert Albert）所說：「長大後具有創意的人是來自一個絕非和諧，而是帶著『動盪』的家庭。」父母親並未展現肢體或口頭暴力，但是他們也不害怕衝突。他們不會告訴孩子乖乖聽話，少出聲，而是鼓勵他們為自己挺身而出。孩子學會己所欲也施於人。這就是威爾伯及奧維爾・萊特的狀況。

當萊特兄弟說他們一起思考，他們真正的意思是他們一起奮鬥，吵架是家庭生活的日常。雖然他們的父親是當地教堂的主教，但他的藏書也包括無神論者的著作，而且鼓勵小孩去閱讀及討論內容。他們培養出勇氣去捍衛自己的想法，以及吵架吵輸卻不會失去決心的復原力。當他們在解決問題時，他們的爭論不只持續幾個小時，有時是幾週，有一次甚至是數月之久。他們不是因為生氣才有這種持續的爭執。他們不斷爭吵是因為他們樂在其中，而且從中學得經驗。「我喜歡和奧維吵。」威爾伯表示。正如你將會看到，他們最熱烈及長期的一場爭吵，引導他們去重新思考某項阻止人類飛上天的重要假設。

濫好人的困境

就我記憶所及，我便決心要保持和平；或許這是因為我的那群朋友在中學時棄我而去；或許是和基因有關；或許是因為我的父母離異。不管是什麼原因，我的苦惱在心理學有個名詞，叫作「親和性」。這是全世界最主要的個人特質之一，親和的人傾向於表現和氣、友善、加拿大人。[34]

甚至是最小的衝突，我的第一個念頭都是避免，當我搭乘 Uber，車上的冷氣猛吹時，我很難要自己請司機把它關小一點。我只是坐在那裡，安靜地發抖，

34 原註：在一份超過四千萬條推文的分析中，美國人比加拿大人更可能使用像是「鬼扯」、「賤人」、「痛恨」及「該死」等字眼，而加拿大人喜好比較親和的字眼，像是「謝謝」、「太好了」、「很棒」及「當然」。

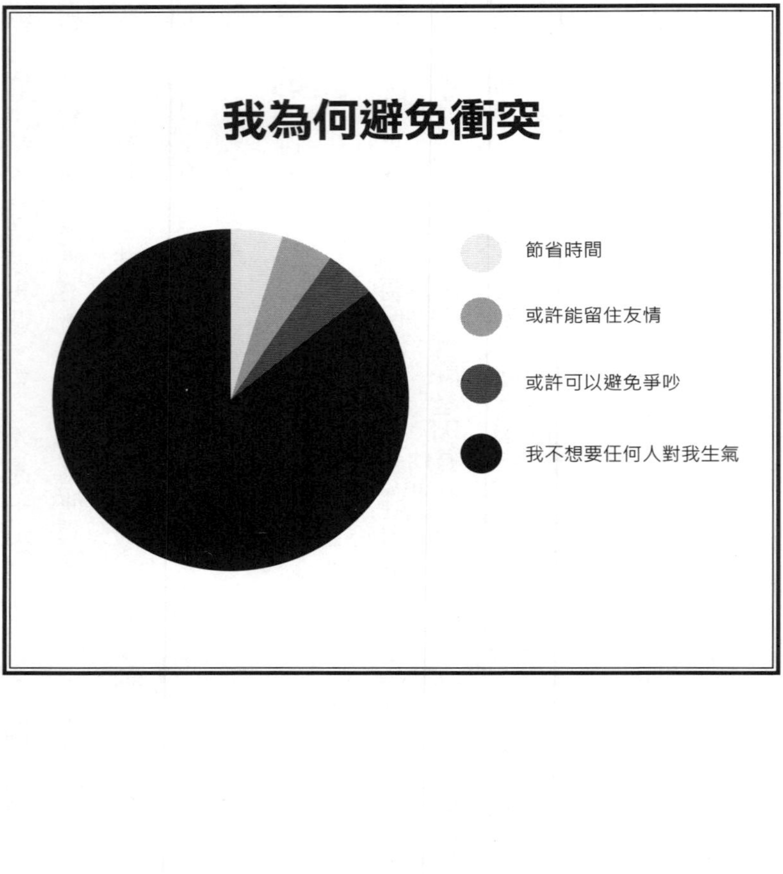
我為何避免衝突
節省時間
或許能留住友情
或許可以避免爭吵
我不想要任何人對我生氣

直到我的牙齒開始打顫；有人踩到我的鞋子時，我會為了自己的腳擋到對方的路，造成不便而道歉；當學生填寫科目評鑑時，最常見的抱怨之一，是我「太支持愚蠢的看法了」。

不尋求他人認同的人傾向於比較愛批判、多疑，以及難相處。他們也比同儕更可能成為工程師和律師。衝突不僅令他們感到自在，甚至受到激勵。假如你極度不想尋求他人認同，爭論可能比友善的對話更令你開心。那種特質經常伴隨著莫須有的罪名：不尋求他人認同的人，被賦予的刻板印象往往是總是抱怨的乖戾之人，或是把每場會議的歡樂吸光的催狂魔。然而，當我研究皮克斯（Pixar）時，最後得到一個極為不同的觀點。

二〇〇〇年，皮克斯如日中天。他們的團隊使用電腦重新思考動畫的製作方式，完成他們的第一部賣座影片《玩具總動員》，而且他們剛推出另外兩部賣座大片。然而公司的創辦人並不滿足於已有的成就。他們找了一名外來的導演，布萊德．柏德（Brad Bird），要做出一番改變。布萊德此時剛推出他的首部電影，但是卻叫好不叫座，因此他迫切想做些盛大又大膽的事。當他提出他的願景，皮克斯的技術領導階層說不可能：他們會需要十年的時間以及五百萬美元來製作這部影片。

但布萊德並不準備放棄，他去找了那些最不適合待在皮克斯的人來參與他的企劃案：那些難相處、不開心又心懷不滿的人。有些人會稱他們是害群之馬，其他人則把他們叫做「海盜」[35]。當布萊德把他們找過來時，他警告他們說，沒人相信他們能完成這項企劃。但在短短的四年後，他的團隊不僅成功推出皮克斯有史以來最複雜的電影，也設法降低每分鐘的製作成本。最後《超人特攻隊》（The Incredibles）的全球票房高達六億三千一百萬美元，並且贏得奧斯卡最佳動畫片獎。

請注意布萊德「沒做」哪些事，他沒有找親和的人加入團隊，親和的人會形成一個很棒的支持網絡：他們樂於鼓勵我們，為我們歡呼加油。但重新思考需要不同類型的網絡：一個「異議網絡」，一群我們相信會指出我們的盲點，並且協助我們克服弱點的人。他們的角色可以督促我們對自己的專業謙遜以待、懷疑我們的知識，並且對新觀點產生好奇，進而啟動重新思考的循環。

理想的異議網絡成員是不尋求他人認同的人，因為他們不怕質疑既定的做事方法，並且要我們為重新思考負起責任。有證據顯示，不尋求他人同意的人更常發表看法，尤其是當領導者無法從善如流時。他們也會造成更多任務衝突。

他們就像是《怪醫豪斯》（House）裡的醫生，或是《穿著 Prada 的惡魔》（The Devil Wears Prada）裡的主管。在我們可能不想聽、但是需要聽取意見時，他們會給予不可或缺的反饋。

要駕馭不尋求他人認同的人可不容易，但假如某些條件到位的話將會有所幫助。鑽油及科技公司的研究結果顯示，只有在人們感到全心投入以及受到支持時，不滿才會促進創意；並且當他們和同事之間產生強烈連結時，文化的格格不入才最有可能增加價值。[36]

在布萊德·柏德來到之前，皮克斯已經擁有鼓勵才華洋溢的人突破界線的紀錄。不過公司先前的電影主角是玩具、昆蟲和怪獸，要打造動畫並不難。由於以逼真的人類超級英雄打造一整部影片，超出了當時的電腦動畫能力，技術團隊對布萊德的《超人特攻隊》構想遲疑不決。這時他便組成了自己的異議網

35 編按：另有「侵犯版權者」、「剽竊者」的意思。

36 原註：打造團隊時，就某些面向來說，適合很重要，而在其他面向，格格不入會增加價值。研究結果顯示，我們想要擁有不同特質及背景，但是原則相同的人。個性及經驗多樣化會替重新思考帶來新鮮的想法也為全新的做事方法帶來互補的技能，共同價值能促進忠誠與合作。

絡。他支持他的「海盜團」助長任務衝突，重新思考整個過程。

布萊德在皮克斯的劇場召集這群海盜，對他們說，雖然許多公司會計和主管可能不相信他們，但是他相信。在集合大家之後，他努力尋求他們的看法：「我想要心懷不滿的人，因為他們會有更好的做事方式，但是卻找不到管道，」布萊德告訴我。「就像在車庫就發動賽車，而不是等上了跑道的才發動。你打開車庫大門，天哪，那些人會帶你到某個地方。」那群海盜臨危不亂，為昂貴的技術找出經濟的替代方案，替困難的問題找出簡單的變通辦法。等到要繪製超人家族時，

沙維奇的雞 by Doug Savage

我討厭你。
萬一你只是在投射呢？或許我讓你想到你不喜歡自己的地方。
現在我更討厭你了。
©2006 BY DOUG SAVAGE

www.savagechickens.com

他們並沒有費盡千辛萬苦去描繪肌肉交錯的複雜輪廓，而是想出辦法，把一片片簡單的橢圓形彼此堆疊，組成了複雜的肌肉群。

我問布萊德，他是如何看出海盜的價值，他對我說，那是因為他**也是**其中的一分子。他小時候去朋友家吃晚餐，對方的父母客氣地詢問他們在學校的一天過得如何時，著實令他吃了一驚。布萊德家的晚餐比較像是食物大戰，大家都盡情發洩，爭辯不休，有話就說。布萊德發現交換看法可能引發爭議，但是很有趣，他把那種心態帶進了他在迪士尼的第一份夢想工作。從早期開始，他便受到一群迪士尼老師傅的指導及訓練，要把品質擺第一位，但是他們的接替者卻令他感到挫折。這群人現在管理公司的新世代，但是並未維持相同的標準。在迪士尼發展動畫事業的短短幾個月之後，布萊德批評資深領導人固守傳統企劃，製作不合格的作品。他們要他閉嘴，做好自己的事。當他拒絕時，他們便解雇他。

我看過太多領導者自我保護，避開任務衝突。當他們取得權力，他們對於動搖現況的話語充耳不聞，只聽拍馬奉承，他們變成政治人物，身旁圍繞著親和的應聲蟲，更加容易受到諂媚者的誘惑。研究顯示，當公司表現差，喜歡奉承及順從的執行長會變得過度自信，他們會堅守現有的策略，而不是改變路線，這使得他們走上充滿失敗的衝突方向。

從那些挑戰我們的思考過程，而非證實我們結論的人身上，我們學到更多。強大的領導者和他們的批評者交手，讓自己變得更強大；軟弱的領導者將批評者消音，讓自己變得更微弱。這種反應不限於擁有權力的人。雖然我們可能同意這項原則，但實際上，我們經常錯失異議網絡的價值。

在某場實驗中，當人們受到夥伴的批評而非讚美時，他們可能要求換新夥伴的機率要多出四倍。在某個範圍的工作場合中，當員工得到同事的嚴厲反饋，他們的預設反應是避開那些同事，或是把對方踢出他們的工作網絡，然後他們接下來這一年的表現就會受到損害。

有些組織和職業為了反制那些傾向，刻意在自己的文化裡打造異議網絡。五角大廈及白宮，有時會使用命名恰如其分的「謀殺委員會」（murder boards）[37]來挑起任務衝突，召集務實的委員會來否決計畫及候選人。在谷歌的登月工廠——X實驗室裡，有一支快速評估團隊負責評估重新思考的提案：工作人員主持獨立的評估，只推動那些展現大膽且可完成的特色的案子。在科學方面，異議網絡經常是同儕評閱過程的基石。我們匿名提交文章，然後由獨立專家盲審。我永遠不會忘記我曾接到一封退稿信，審稿者之一在信中鼓勵我回去閱讀亞當．格蘭特的作品。**老兄，我就是亞當．格蘭特啊。**

我在寫書時，喜歡召集我的異議網絡。我找來一群考慮最周全的批評者，請他們嚴厲抨擊每一章。他們的價值觀和個性都是重要的考慮，我在找不尋求他人認同的人，一群給予者而非索取者。不尋求他人認同的給予者經常能做出最佳的批評：他們的用意在於提升那個作品，而不是滿足自己的自尊。他們不是因為自己感到不安而批評，他們是因為在乎才提出異議，他們給的是嚴厲的愛。[38]

37 編按：一個由提問者組成的委員會，旨在嚴格審查提案或幫助某人為艱難的口試做準備。該術語起源於美國軍方，特別是五角大樓，現已擴展到學術機關和政府相關單位。

38 原註：我們能接受批評到什麼程度，不只要看訊息本身，我們和傳遞訊息者的關係也一樣重要。在某項實驗中，人們在被告知「我給你這些意見，是因為我有很高的期待，而且我知道你能辦到」之後，他們對批評的接受度至少多出40％。當那些殘酷的事實出自某個相信你的潛力以及在乎你的成功的人之口，它就令人驚訝地容易聽進去了。

作家海明威說過：「對一個好作家來說，最重要的禮物是一個內建且防震的該死偵測器。」我的異議網絡是我該死的偵測器，我把它想成是一個正向吵架俱樂部。第一條守則是：避免態度不佳的爭論。沉默是不尊重你觀點的價值，還有你進行一場文明爭執的能力。

布萊德．柏德遵循這個原則處世。他和他長期以來的製作人，約翰．沃克（John Walker）有過著名的爭論。在製作《超人特攻隊》時，他們爭執每個人物細節，甚至是頭髮，從超人爸爸的髮際線應該多後退，到青春期女兒的頭髮是否應該又長又飄逸。布萊德一度希望寶寶能變形成黏性物質，外表像是果凍形狀，但是約翰堅決不准。這樣太難畫了，而他們進度已經落後太多。「我只是想要把你趕向終點線，」約翰笑著說。「我只是設法讓我們跨越那條線，老弟。」布萊德將拳頭重重一敲，反駁道：「我是試圖讓我們以第一名之姿衝破那條線。」

最後約翰說服布萊德放棄這個主意，所以黏性物質就沒了。「我熱愛和約翰工作，因為他會正面告知我壞消息，」布萊德說。「我們意見不合是好事，我們爭辯到底也是好事，這使得成果更強大。」

那些爭吵幫助布萊德贏得兩座奧斯卡，也使他成為更好的學習者和領導者。就約翰來說，他並未直截了當地拒絕繪製黏性寶寶，他只是告訴布萊德，他要再多等一下子。當然了，當他們在十四年後推出《超人特攻隊》續集時，寶寶和浣熊打了一架，結果變身成黏性物質了。那一幕可能是我見過我的小孩笑得最誇張的時候了。

不要求同存異

「想辦法解決競爭」的觀點潛藏著不利，那是一些需要管理的風險。在《超人特攻隊》第一集，一位名叫妮可．葛林多（Nicole Grindle）的新起之秀負責頭髮的模擬，她看到約翰及布萊德在遠處的互動。當妮可過來和約翰一起製作續集時，這兩位成就卓越的領導者之間的爭執是她的顧慮之一，這可能會淹沒了其他比較不能自在表達看法者的聲音，例如新加入者、內向的人、女性及弱勢族群。缺少權力或身分地位的人經常轉換成政治人物模式，壓抑自己的異議觀點，以便遵從位高權重的人士看法。有時他們為求生存，別無選擇。

為了確保他們獲得認可的渴望，不會妨礙他們為團隊帶來任務衝突，妮可鼓勵新來的人提供他們的不同想法。有些人直接向團隊提出想法，有些去找她尋求回饋及支持。雖然妮可不是海盜，她發現自己擁護不同觀點時，變得能更自在地在人物及對話方面向布萊德提出異議。「布萊德依然是當初來皮克斯時的那個頑固傢伙，所以在提出對立的觀點時，你必須準備面對一場熱烈的辯論。」

「一場熱烈的辯論，重點在於好的爭辯「如何」及「為何」發生。假如你看布萊德和他的同僚爭辯，或是海盜們彼此爭執，你很快會看到那是一種智力方面，而非情緒方面的緊繃情勢。他們的語氣強而有力又精力充沛，但不是好鬥或挑釁。他們不是為了反對而反對，而是因為在乎才提出異議。「無論你是大聲提出異議，或是輕聲但堅持提出不同的觀點，」妮可說明：「我們會團結追求卓越的共同目標，製造偉大的電影。」

在近距離看過他們的互動之後，我終於明白在我的個性裡，長久以來的矛盾是什麼了：我怎能既表現得親和，又依然珍惜好的爭論？親和是追求社會和諧，不是認知共識，你無須當個不尋求他人認同的人，才能提出異議。雖然我很怕傷害他人的感情，但在我要對他們的想法提出異議時，我毫不畏懼。事實上，當我和某人爭論時，那並非不尊重的展現，而是尊重的象徵。這表示我對他們的觀點重視到足以提出質疑。假如他們的看法對我來說不重要，我不會費事這麼做，當我和某人發現證明彼此的想法有誤是一件樂事時，我知道我和對方擁有默契。

親和的人不會總是避開衝突，他們會高度迎合周遭的人，經常去適應環境的規範。我最喜歡的例子是由我的同事珍妮佛・切特曼（Jennifer Chatman）及西格・巴薩德（Sigal Barsade）進行的一項實驗。親和的人很明顯比不尋求他人認同的人更善於適應新環境，前提是他們處在一個合作的團隊。當他們被分派到競爭的團隊，他們的表現會和那些不尋求他人認同的隊友一樣難搞。

約翰・沃克和布萊德・柏德合作時，就是受到這種影響。約翰的天性是避免衝突：在餐廳時，假如服務生上錯了菜，他會默默地把它吃掉。「但是當我參與比我自身更重大的事件時，」他說：「我覺得我有機會，應該說是責任，要大聲地說、坦率地說、爭論到底。當晨哨吹響，我便死命地搏鬥，但是五點的哨音響起之後，那就出去喝杯啤酒吧。」

那種適應力在萊特兄弟的關係之中也看得到。在威爾伯看來，奧維爾擁有內建的異議網絡。大家都知道威爾伯是極度不願尋求他人認同的人：面對他人的看法，他絲毫不為所動。他也習慣在任何人提出看法的那一刻便用力抨擊。奧維爾則是眾所周知的溫和、快活，而且對批評很敏感。不過和他的兄弟合作時，他的那些特質似乎都消失了。「他真的很會吵，」威爾伯說。有天晚上睡不著，奧維爾想到一個主意，要打造能移動而非固定的舵。隔天早上吃早餐時，在準備對威爾伯提起這個想法時，奧維爾朝他們的一位同事眨眼示意，期待威爾伯會進入異議模式，駁斥這個念頭。他沒料到的是，威爾伯立刻看到這個主意的潛力，它因此成了他們最重大的發現之一。

不尋求他人認同的人不只是挑戰我們再次思考，他們也會讓親和的人能夠自在地爭論。我們的壞脾氣同事不會逃離摩擦，而是正面迎戰。我要先說明，他們應付得了爭執，會建立規範讓我們其他人遵守。然而，如果我們不小心，一開始的小衝突可能會變成大打出手，我們要如何避免那種滑坡呢？

任務衝突如何轉變成人際衝突

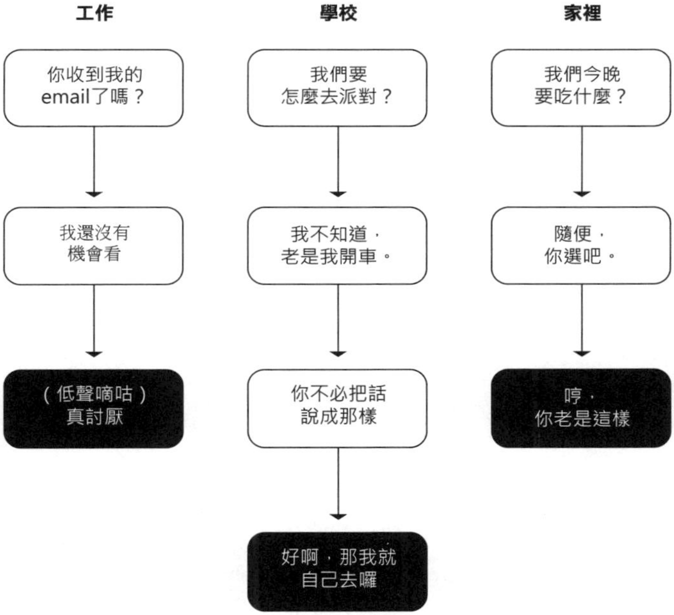

吵得兇卻不動怒

任務衝突的一個大問題是，它經常擴展成人際衝突。前一分鐘，你對於感恩節火雞要放多少調味料有異議，下一分鐘，你發現自己大吼著：「你最討厭啦！」

雖然萊特兄弟有一輩子發掘對方地雷的經驗，但不表示他們總是能保持冷靜。他們在成功起飛之前的最後一次意見嚴重分歧，也是他們最大的難題：設計螺旋槳。他們知道少了這個，他們的飛機就無法起飛，但是現有的方案都不適合。他們努力嘗試各種方法，每次都來來回回吵好幾個小時，而且經常嗓門不小。這番爭吵持續了幾個月，兩人輪流宣揚各自解決方案的優點，檢討對方的觀點。最後，他們的妹妹凱薩琳威脅說，如果他們不停止爭吵，她就要離開家裡。他們還是依然故我，直到有天晚上，整件事以可能是他們這輩子最大聲的激烈爭吵告終。

奇怪的是，隔天早上，他們進了店裡，表現得彷彿沒發生過什麼事。他們繼續先前沒吵完的螺旋槳爭執，只不過現在少了吼叫。他們倆很快便重新思考自己的假設，並且無意間碰上了他們最大的突破之一。

萊特兄弟擅長處理無涉人際衝突的激烈任務衝突。當他們提高音量，反映出的是激烈程度，而非敵意。他們的技師驚訝地說：「我不認為他們真的生了氣，但是他們肯定吵得夠激烈。」

實驗結果顯示，單純把爭執視為討論而非意見分歧，這表示你願意考慮不同的意見，改變你的心意，結果激發他人和你分享更多資訊。異議感覺是針對個人又具潛在敵意，我們期待討論的是想法，而非情緒。提出異議時，以「我們可以討論嗎？」為開場，傳遞的訊息是你想要像科學家那樣思考，而不是傳教士和檢察官，並且鼓勵對方也以那種方式去思考。

萊特兄弟有幸在那樣的家庭成長，他們把異議視為富成效又有樂趣的事。然而，和他人爭論時，他們經常必須重新界定自己的行為。「誠實的爭論只是一個過程，雙方一起挑出對方眼中的錯誤，讓彼此都能看得清楚。」威爾伯有一次在給同事的信上這麼說，因為對方經過一場關於航空學的激烈爭吵後，自尊受了傷。威爾伯強調說，這無關乎個人：他把爭論視為考驗及琢磨思考的機會。「我明白你回到了舊有的習慣，在根本還沒吵出個結果之前便放棄了。我對自己的立場相當堅定，不過我期待在事情獲得解決之前，享受正向爭辯的樂趣，討論會帶來看待事情的新方法。」

在爭論螺旋槳的事情時，萊特兄弟犯了共同的錯誤。兩個人都宣揚自己**為何**是對的，還有對方**為何**是錯的。當我們在爭論為什麼時，我們會遇到對自己的立場產生情感依附，同時輕蔑另一方立場的風險。假如我們爭論的是**如何**，我們就比較可能擁有正向的爭論。

當社會科學家問人們，他們為何支持特定的稅務、醫療照護或盒子制裁的政策時，他們經常更加堅信自己的信念。要求人們解釋那些政策如何實際運作，或是他們如何對專家做出說明，這會啟動重新思考循環。他們注意到自己的知識缺口，懷疑自己的結論，然後變得比較不極端。他們現在會對替代選項更加好奇。

心理學家發現，我們有許多人都無法抗拒說明深度的假象，就拿日常的物品，例如腳踏車、鋼琴或耳塞式耳機來說：你對這些東西的了解程度有多少？人們似乎對自己的知識過度自信：關於這些東西如何運作，他們相信自己知道的比實際了解的還多。藉由要求他們拆解結構，我們能幫助他們看清自己的理解限制。腳踏車的齒輪是如何運作？鋼琴的琴鍵如何彈奏出樂聲？耳塞式耳機如何將音樂從手機傳輸到耳中？人們驚訝於自己有多難以回答那些問題，並且很快意識到他們其實所知不多。這就是萊特兄弟在那場大吵之後所發生的情況。

隔天早上，萊特兄弟以不同方式來著手處理螺旋槳的問題。奧維爾首先來到店裡，告訴技師說他一直以來都錯了：他們應該依照威爾伯的方式來設計螺旋槳。然後威爾伯抵達了，開始檢討自己的想法，認為奧維爾可能是對的。

當他們轉換到科學家模式，他們就比較少聚焦在為何不同的解決方案會成功或失敗，而是專注於那些解決辦法如何能成功。最後，他們找出雙方的方法裡頭的問題，並且明白兩人**都**錯了。「我們在這個主題上整理出我們自己的理論，而且隨即發現，」奧維爾寫道：「在這之前打造的所有螺旋槳**全都錯了**。」他興奮地高喊他們的新設計「**沒問題**」（直到我們有機會在基蒂霍克進行測試後，發現結果不然）。

即使打造了更好的解決方案，他們依然願意去重新思考。在基蒂霍克，他們發現那確實是對的螺旋槳。萊特兄弟明白他們的飛機不需要一具螺旋槳。它需要兩具螺旋槳，往不同的方向旋轉，像旋轉翼一樣運作。

這就是任務衝突的好處。在一場出色的爭論中，我們的對手不是陪襯物，而是螺旋槳。在兩具相同的螺旋槳朝不同方向旋轉之餘，我們的思考不會困在地面上，它會起飛。

PART 2

人際的重新思考

開啟他人的思維

05

與敵人共舞：如何贏得辯論並影響他人

讓某人在爭論時精疲力盡，這和說服對方並不相同。

——美國插畫家／提姆．克里德（Tim Kreider）

三十一歲時，哈里許．納塔拉真（Harish Natarajan）贏過三十幾場國際辯論錦標賽。有人告訴他，這是世界紀錄，但是他今天的對手提出了一項獨特的挑戰。

黛博拉．裘．普萊克特（Debra Jo Prectet）從以色列海法遠道而來。她年僅八歲，雖然去年夏天才初次嘗試公開辯論，但她已經為這一刻準備好多年了。黛博拉吸收無數的文章以累積知識，密切研究講稿撰寫，鍛鍊自己清晰的思路，甚至練習她的演說風格，以便傳達幽默感。她準備好要挑戰冠軍選手，她的父母希望她能締造歷史。

哈里許也是神童。八歲那年，在晚餐桌上辯論印度種姓制度時，他運用計謀贏過他的父母。接下來他成為歐洲辯論冠軍，以及世界辯論冠軍賽的總決賽參賽者，並且在世界冠軍賽指導菲律賓全國學校辯論隊。我有一位聰明異常的舊學生介紹我認識哈里許；這位學生曾經和他辯論，而且記得輸了「許多次（可以說是全部）」的比賽。

二〇〇九年二月，哈里許和黛博拉在舊金山的廣大群眾面前展開激辯，辯論題目先前一直都沒有向他們揭曉。當他們上台時，主持人宣布了題目：政府是否該補助幼兒園？

在十五分鐘的準備之後，黛博拉會提出她最強而有力的論點來支持補助，而哈里許會提出他的最佳論點加以反駁。他們的目標是在幼兒園補助的議題上爭取觀眾的支持，但是他們對我的影響會更大：他們最後改變了我對於贏得辯論的看法。

黛博拉以一個笑話開場，讓觀眾哄堂大笑。她告訴哈里許說，雖然他可能是辯論賽優勝者的世界紀錄保持人，但是他從來不曾和像她這樣的對手辯論。接著她開始針對幼兒園計畫的學術、社會及專業效益，概述數量驚人的研究，引用她的出處。此外，她引述了某位前首相提及幼兒園是一項聰明投資的論點。

哈里許知道黛博拉提出的事實，但是他為自己辯護，表示補助幼兒園對於貧窮造成的傷害並非適當的補救做法。他主張這個議題應該從兩種基礎來評估：幼兒園目前是否供不應求及投資不足？還有這是否對弱勢族群有幫助？他主張在一個充滿權衡的世界，補助幼兒園並非對納稅金所做的最佳運用。

辯論展開後，92％的觀眾已經有答案了。我就是其中之一：我要不了多久便弄清楚自己支持幼兒園補助。在美國，公立教育從幼稚園到中學都是免費的。我對這方面的證據很熟悉，在孩童的幼年時期及早接觸教育，比起日後的任何學習都更能幫助他們脫離貧窮。我相信教育是基本人權，如同取得水、食物、棲身之處以及醫療照護，這使得我加入黛博拉小組。在我觀看辯論時，她的最初論點引起我的共鳴，以下是部分重點：

黛博拉：研究清楚顯示，好的幼兒園能幫助孩童克服與貧窮有關的劣勢。

數據得分！但是我的心依然怦怦跳。

黛博拉：各位可能會聽到，我的對手在今天提及不同的優先順序……他可能會說，補助是需要的，但不是給幼兒園。我想請教你，納塔拉真先生……我們何不檢視證據及數據，然後據此做出決定？

我的前學生告訴我，要是哈里許有弱點，那會是他的聰明論證並非總是根據事實。

哈里許：讓我從檢視主要主張開始……假如我們相信幼兒園在原則上來說是好的，那當然值得把錢拿去補助，但是我不認為這足以構成補助的正當理由。

黛博拉顯然做足了功課。她不僅逮到哈里許的數據小辮子，她更預料到他的反駁論點。

黛博拉：國家財政預算不少，有餘裕能補助幼兒園以及花費在其他領域。因此，這與有更重要的事要花錢的觀點並不相關，因為不同的補助並非互相排斥。

完美揭穿哈里許的權衡說法。太棒了。

哈里許：或許國家擁有預算去做所有的好事；或許國家擁有預算去金援醫療照護；或許它有預算去發放福利金；或許它有預算去補助自來水和幼兒園；我樂於生活在那樣的世界，但是我不認為那**就是**我們生活的這個世界，我認為在我們居住的世界裡，對於政府能花錢有實際的限制，而且就算那些不是實際限制，依然與政治有關。

喔，有效觀點。即使某個計畫有潛力自我支付，還是需要很多政治資金去進行，而那些資金大可以花費在其他地方。

黛博拉：為弱勢者提供機會應該是任何人類的道德義務，對國家來說也扮演著重要的角色。讓我把話說清楚，我們應該替幼兒園找到資金，而不是依賴運氣和市場力量。這個議題太重要，不能沒有安全網。

好耶！這不只是政治或經濟問題，更是道德問題。

哈里許：我想要先提及（我們）同意的部分。我們同意貧窮很可怕，當人們沒有自來水，的確很可怕；當……他們餵不飽家人，的確很可怕；當他們無法取得醫療照護，的確很可怕……這一切都很可怕，而且那些都是我們需要設法解決的事，然而卻沒有一件有辦法解決，只因為你要補助幼兒園，為什麼會這樣呢？

嗯。黛博拉能反駁嗎？

黛博拉：一般的全天幼兒園在醫療照護以及減少犯罪、福利依賴以及兒虐事件方面，都能創造出驚人的經濟節約。

哈里許：高品質的幼兒園能減少犯罪。或許吧，但是其他的犯罪預防方法也可以。

黛博拉：高品質幼兒園提升高中畢業率。

哈里許：高品質幼兒園能為個人生活帶來大幅改善。或許吧，但是我不確定假如你大幅增加上幼兒園的人數，他們都會去上高品質幼兒園。

嗯哼。哈里許說得沒錯：貧窮家庭出身的孩子是有風險，最後落得去念最糟糕的幼兒園，我開始重新思考我的立場了。

哈里許：即便你補助幼兒園，這不代表所有人都會去念⋯⋯問題是，你幫助的是誰？你沒有幫助到的是那些最貧窮的人。你把不公平又過多的利益給了那些中產階級的人。

言之有理。既然幼兒園不會是免費入學，弱勢族群依然可能念不起，現在我真難以抉擇我的立場。

你看到了來自雙方的論點。在我告訴你誰贏之前，想一想你自己的立場：你對於辯論幼兒園補助有什麼看法？以及你最後有多少次重新思考那種看法？

假如你像我一樣，你會重新思考你的觀點許多次。改變心意不會讓你成為善變者或偽君子，這表示你願意學習。

現在回想起來，我對自己感到失望，因為我在辯論還沒開始前就設定了看法。當然了，我看過一些關於幼童發展的研究，但是我根本不懂補助經濟和那些資金可以如何運用的替代方案。**自我提醒：我下一趟前往愚蠢山的山頂時，記得來一張自拍照。**

在辯論會過後的觀眾投票，尚未決定的人數依然相同，但是多數贊同票從黛博拉轉移到哈里許那一方了。支持幼兒園補助的比例從79％掉到62％，反對比例不只翻倍，從13％提升到30％。黛博拉不僅有更多數據、更好的證據，還有更具引發性的意象，在進行辯論時，她贏得觀眾的支持，然而，哈里許說服我們許多人去重新思考自己的立場。他是怎麼辦到的？我們又能從他的辯論技巧中學到什麼呢？

本書的這一部分，是關於說服他人去重新思考他們的看法，當我們試圖說服別人，經常會採取敵對的策略，我們並未使對方敞開心房，而是用力關上他們的心門，或是激怒他們。他們心生防衛、豎立盔甲、採取攻擊姿態、宣揚自己的觀點並且檢討我們的觀點，或是採取政治行動，對我們說出我們想聽的話，但是絲毫不改他們內心的想法。我想探索一種加強合作的方法，讓我們能展現更多謙遜及好奇心，邀請對方能以更像科學家的方式去思考。

交易的科學

幾年前，我有一位名叫潔咪的舊學生來電，要我建議她該上哪所商學院。因為她已經在打造成功事業的路上表現得不錯，我告訴她那是在浪費時間和金錢。我跟她詳細說明，沒有證據顯示研究所的學位能對她的未來造成實際差異，而且會替她帶來資歷過高但經驗不足的風險。當她堅持說她的雇主期望升遷要有企業管理碩士學位，我告訴她說我了解期望的意思，並且指出她反正可能不會在那家公司待上一輩子。最後，她反擊了：「你真是個邏輯惡霸！」

一個什麼？

「邏輯惡霸，」潔咪又說了一遍。「你只是用理性論點壓垮我，我雖然不贊同，但是無法反駁。」

我起先對這個標籤感到很開心，這感覺像是對我擔任社會科學家的角色之一做出實在的描述：以最佳數據贏得辯論。然後潔咪解釋，我的方法

「我可以回你電話嗎？我們正在進行我們最愛的爭吵。」

其實沒幫助，我爭辯得越激烈，她就越堅持己見。忽然間，我領悟到我曾經多次挑起過同樣的反抗。

小時候，我的空手道老師教我，永遠不要挑起戰端，除非我做好準備，成為最後一個沒被擊倒的人。這就是我在工作場合及面對朋友時，處理辯論的方式：我以為勝利的關鍵，是帶著無懈可擊的邏輯和精確的數據，全副武裝上戰場。然而，我攻擊得越猛烈，對手的反擊便更激烈，我精準聚焦在說服他們接受我的觀點，重新思考他們的觀點，但是自己卻表現得像傳教士和檢察官。雖然那些心態有時會刺激我堅持提出自己的看法，但我經常落得讓對方疏遠我的下場。我並未獲勝。

幾世紀以來，辯論被珍視為一種藝術型態，但是現在有一種日漸增長的科學，說明如何辯論得更出色。在正式的辯論會上，你的目標是改變觀眾的心意。在非正式的辯論時，你要設法改變交談夥伴的想法。這是一種協商，你試圖在事實層面達到某種一致的看法。為了增進關於如何贏得辯論的知識和技能，我研究談判心理學，後來運用我的所學，去教導商界及政府領導人談判技巧。最後，我確信我的直覺以及空手道課所學的，全都錯得離譜。

一場好的辯論不是戰爭，甚至不是拔河，如果把繩索拉得夠用力，就能把對手拉到你這邊。它比較像是一支尚未編排的舞蹈，要和心中有一套不同舞步的夥伴協商。假如你太努力嘗試帶舞，你的夥伴會抗拒；假如你調整配合對方的舞步，讓她也能同樣這麼做，最後你們就比較可能跟上旋律。

在一份經典的研究中，尼爾・瑞克門（Neil Rackham）[39]帶領了一支研究小組，檢視談判專家的做法有何差異。他們召募一群普通的談判代表，以及另一組技巧精湛、成功紀錄輝煌、對手留下印象深刻的評價的談判專家。為了比較受試者的技巧，他們記錄兩組進行勞工及合約談判。

在戰爭中，我們的目標是步步逼近而非節節敗退，因此我們經常害怕在幾場戰役中投降。在談判時，同意他人的論點是解除武裝。專家知道在共舞時，他們不能站著不動，期待對方去做所有的動作。為了取得和諧，他們需要不時後退。

在任何人抵達談判桌前，有一項差異很明顯。在談判之前，研究者訪談兩組人員，詢問關於他們的計畫。普通的談判代表為了戰鬥全副武裝，幾乎不曾提及協議的任何預期區塊。相較之下，談判專家安排了他們可能和對方採取的一套舞步，有超過三分之一的規劃都放在找出共同點。

當談判者開始討論選項，做出提議時，第二種差異出現了。大部分的人把爭論想成天平：我們在自己這邊堆疊越多理由，天平就越有可能傾向我們這一方。然而專家的做法正好相反：他們實際上提出較少的理由來支持他們的論點。他們不想淡化他們的最佳觀點。正如瑞克門所言：「一個較弱的論點通常會削弱一個較強的論點。」

我們提出越多理由，人們就越容易拋棄最不可靠的那個。他們一旦否定了我們的其中一個辯護理由，他們便越容易排除我們的整個論點。這種情況經常發生在普通的協商代表身上：他們帶了太多武器上戰場。他們節節敗退的原因，不是出在他們最令人信服的觀點的強度，而是他們最不令人信服的觀點的脆弱。

這些習慣帶來第三種對比：普通的協商者比較可能進入防禦—攻擊的惡性循環。他們輕蔑地反駁對手的提議，著重強調自己的立場，阻礙了雙方開放思維。有技巧的談判專家很少採取攻擊或防禦，他們反而以提問表達好奇，例如「所以你們看不到這項提議的任何優點？」

這兩組的第四種差異在於問題。專家每提出五項意見，至少有一項是以問號

39 編按：全球權威銷售諮詢與研究機構荷士衛（Huthwaite）公司的總裁兼創辦人，著有《銷售巨人》一書。

結尾。他們顯得比較不武斷，更像在跳舞，帶舞的方式是讓夥伴跨步向前。

最近的實驗顯示，即使只有一位談判者抱持科學家程度的謙遜及好奇心，都能為雙方帶來更好的結果。因為她會尋找更多資訊，找出方法讓雙方都能更好。他不會告訴對手該思考些什麼，他會邀請對方共舞。哈里許．納塔拉真在辯論會上就是這麼做。

以相同的節奏跳舞

由於觀眾開始支持幼兒園補助，哈里許有了更多的空間去改變方向，不過他也有了更艱難的任務，要為人

有技巧的談判專家的做法有哪些差異

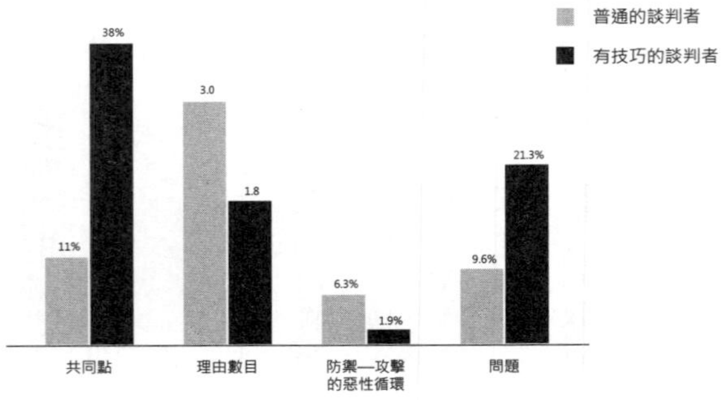

氣不高的立場辯護。他採用談判專家的手法，開啟觀眾的思維。

哈里許首先強調共同點。當他展開駁論時，立刻讓觀眾注意到他和黛博拉的協議區。「所以呢，」他開始說：「我想我們的意見分歧比看起來的似乎少很多。」他提出兩人擁有的一致看法，包括在貧窮問題以及某些研究的有效性方面，然後才反對以補助當作解決方案。

假如我們拒絕改變自己的心意，也不會有多少機會去改變他人的心意。我們可以承認贊同自己的批評者，甚至是從對方身上學到什麼，藉此展現開放的心胸。然後，當我們詢問他們可能願意修改哪些觀點時，我們就不是偽君子了。

說服他人重新思考不只關乎提出好的論點，而是在於證實我們擁有正確的動機去這麼做。當我們承認某人提出一個好的觀點，我們傳達的是自己並非傳教士、檢察官或政治人物，想要推進某項議程。我們是科學家，設法獲取真相。「論述通常遠比實際需要的更具戰鬥力及敵對性，」哈里許告訴我。「你應該願意聆聽別人在說什麼，並且為此給予肯定。這讓你聽起來像個理性的人，把所有的事都考慮進去。」

理性意味著可以和我們講道理，我們樂於根據邏輯和數據來改進觀點。因此和哈里許的辯論中，黛博拉為何忘了這麼做？她為何忽略了共同點？

這不是因為黛博拉今年八歲，而是因為她並非人類。

黛博拉．裘．普里克特是我發明的迴文構詞，她的正式名稱是辯論者計畫（Project Debater），是一個機器人。更明確地說，是由ＩＢＭ研發的人工智慧機器人，像機器人華森下西洋棋那樣來進行辯論。

二〇一一年，他們最初有了這個構想，然後於二〇一四年開始緊鑼密鼓地進行。沒幾年之後，辯論者計畫開發出驚人的能力，公開進行一場智能辯論，以事實、連貫句子，甚至是反論來完成任務。她的知識與資料庫有四億篇文章，大部分來自可靠的報章雜誌，而她的主張偵測引擎的設計目的是找到關鍵論述，辨別其範圍，以及權衡證據。對於任何辯論主題，她都能立刻搜尋她的知識圖表，找出相關數據點，塑造成合邏輯的論點，然後以女性的聲音在時間限制內，清楚而甚至是有趣地表達。在幼兒園補助辯論會上，她開場說的幾句話是：「歡迎，哈里許。聽說你是人類辯論比賽獲勝的世界紀錄保持人，但是我懷疑你是否有機會打敗機器人，歡迎來到未來。」

當然了，哈里許有可能獲勝，因為觀眾對於電腦懷有偏見，而且支持人類。

不過值得一提的是，哈里許在那場辯論的策略，和他用來在國際舞台上打敗無數對手的策略相同。令我感到驚奇的是，電腦有辦法掌控多重複雜能力，但是卻完全漏掉這個重要的關鍵。

研究過一百億個句子之後，電腦能說些有趣的事，而這種技能通常被認為是具有高社交及情緒智商的存在體。電腦學會提出合邏輯的論述，甚至預期另一方的反論述。然而它尚未學會贊同另一方論述的元素，顯然是因為在人類撰寫的四億篇文章中，那種行為十分罕見，人們通常忙於宣揚他們的論點，控訴他們的敵人，或是進行政治活動來爭取觀眾支持，接受對方的有效觀點。

當我詢問哈里許如何加強找出共同點，他提出一個出人意表的實用訣竅。大部分的人會立刻從稻草人開始，在另一方最薄弱的論點上戳洞。他的做法相反：他考慮他們最有力的論點，通常稱之為鋼鐵人。政治人物可能偶爾會採用那種策略去慫恿或勸說，不過就像個好的科學家，哈里許採用這種方式來學習。他並未試圖破除幼兒園對兒童有益的論述，而是接受這種觀點是有根據的，這使得他能和對手以及觀眾的觀點產生連結。接下來，他能在完全公平及平衡的情況下，表達他擔心補助金是否能讓最弱勢的孩童有機會上幼兒園。

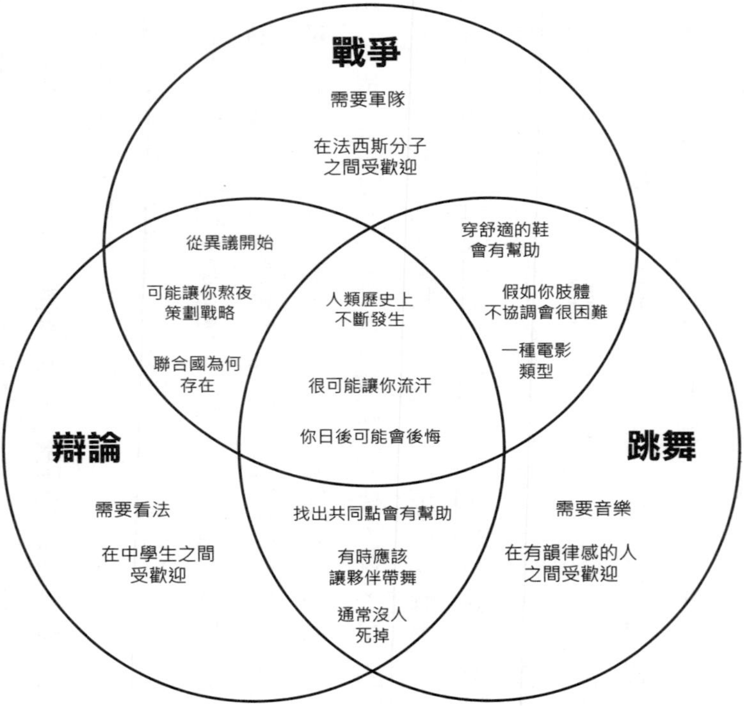
戰爭
需要軍隊
在法西斯分子之間受歡迎
從異議開始
可能讓你熬夜策劃戰略
聯合國為何存在
穿舒適的鞋會有幫助
假如你肢體不協調會很困難
一種電影類型
人類歷史上不斷發生
很可能讓你流汗
你日後可能會後悔
辯論
需要看法
在中學生之間受歡迎
跳舞
需要音樂
在有韻律感的人之間受歡迎
找出共同點會有幫助
有時應該讓夥伴帶舞
通常沒人死掉

讓哈里許表現得像談判專家的方式，不光是把注意力吸引到共同點上，以及避免防禦—攻擊的惡性循環，他也謹慎地避免言詞太過激烈。

不要踩到對方的腳趾

哈里許的下一個優勢來自於他的一項不利處境，他絕對沒有機會像電腦一樣取得那麼多論據。觀眾在會後投票選出誰讓他們學到更多時，絕大部分的人都說，他們從電腦學到的比哈里許還要多，不過卻是哈里許成功動搖了他們的看法，為什麼呢？

電腦提出一個又一個研究，來支持一長串贊成幼兒園補助的理由。哈里許就像個有技巧的談判者，只聚焦在兩個反駁點，他知道提出太多的論點，可能要付出開展、闡述及強化最佳觀點的代價。「假如你有太多論述，你會淡化每一個論述的力量，」他告訴我。「有些會比較無法完善說明，而我不知道其中是否有哪個會有足夠的效果，我不認為觀眾會相信它們具有足夠的重要性，大多數的頂尖辯論者不會引用一大堆資料。」

這向來都是處理辯論的最佳之道嗎？答案是，就像社會科學的其他所有部分一樣，這要視情況而定，理想的理由數量依據狀況而各有不同。

有時宣揚及指控能讓我們更具說服力。研究顯示，這些方法的效力取決於三個關鍵因素：人們有多在乎這項議題、他們對我們的特定論點有多少接受度，以及他們的意志通常有多堅定。假如他們不曾投入這項議題，或是樂於接受我們的觀點，那麼提出較多的理由可能有幫助：人們傾向於把數量視為質量的象徵，主題對他們來說越重要，理由的質量也更重要。當觀眾對我們的觀點心生懷疑，和議題有利害關係，並且有頑固

執拗的傾向時，提出一堆正當理由最有可能造成反效果，假如他們抗拒重新思考，更多的理由只會給他們更多彈藥去打擊我們的觀點。

然而，這不只關乎理由的數量，還有它們如何結合在一起。有一所大學曾經來找我，看我是否能讓從來不曾掏出一毛錢的校友捐款。我的同事和我進行一項實驗，測試兩種不同的訊息，打算說服數千名抗拒掏腰包的校友捐款，其中一個訊息強調做善事的機會：捐款能為學生、教職員及工作人員謀福利。另一則訊息強調這是一次感覺良好的機會：捐款者會感到付出的溫暖光輝。

兩種訊息都同樣有效：在這兩種案例中，有6.5%的小氣校友最後捐款了。接下來，我們把兩則訊息做結合，因為一加一大於二。

只不過結果不然。當我們把兩種理由結合起來，捐款率掉到3%。單一理由的成效是兩種結合的兩倍以上。

因為觀眾已經心存懷疑，當我們給他們各種不同理由去捐款，會引發他們意識到，有人想要說服他們捐錢，然後他們便起了防備之心。單一論述感覺像對話，多重論述會變成猛烈攻擊。觀眾對傳教士充耳不聞，並且找來他們最厲害的辯護律師來反駁檢察官。

理由的質量與數量或許很重要，資料來源也是如此，最令人信服的來源經常是和你的觀眾最貼近的那一個。

我的班上有位學生，瑞秋・布魯豪斯（Rachel Breuhaus）注意到，雖然頂尖大學籃球隊擁有瘋狂球迷，球場通常還是有空位。為了研究如何刺激更多球迷入場，我們針對一場即將在當週開打的球賽進行一項實驗，目標是數百位季票持有人，在任其自行作主的情況下，這些據稱死忠的球迷有77%實際上出席觀賽。我們認為最具說服力的訊息是來自球隊本身，因此我們寄發email給球迷，內容引述球員及教練表示，部分主場優勢是如何來自整場爆滿的歡呼球迷散發的活力。這並未產生任何效力：那個群組的出席率是76%。

產生影響的是一封採取不同手法的email。我們只是問球迷一個問題：你打算出席嗎？出席率攀升到85%。這個問題給了球迷自由，提出自己要前往參加的論點。

心理學家長久以來發現，最可能說服你改變心意的人是**你自己**。你能挑選你覺得最令人信服的理由，然後帶著立足在那些理由上的真實感受離開。

哈里許就是在這裡補上最後一刀。在每一回合，他提出更多需要思考的問題。電腦以直述句表達，在開場陳述提出一個問題，並且是針對哈里許提出，而非觀眾。哈里許在開場陳述提出了六個問題，供觀眾思考。在第一分鐘之內，他聲稱就算幼兒園有益，不表示它們應該由政府資助，然後他提問：「為什麼是如此呢？」他繼續提問，幼兒園是否資金不足？它們是否幫助了最弱勢的族群，以及為何並非如此？它們為何如此昂貴？還有它們實際上應該幫助的是誰。

總合來說，在意見分歧時，這些技巧能提高其他人放棄過度自信循環，而投入重新思考循環的機率。當我們指出對方在某些我們贊同及了解的領域擁有有效觀點時，我們示範了自信的謙遜，並鼓勵對方起而效法。當我們以少許具有凝聚力及令人信服的理由來支持我們的論述，我們鼓勵對方開始懷疑他們自己的看法。當我們提出真誠的問題，我們讓對方激起了想得知更多的好奇心。我們不必說服對方我們是對的，我們只需要開啟他們的思維，讓他們看到自己或許想法有誤的可能性，他們的天生好奇心會完成剩下的一切。

也就是說，這些步驟並非總是足夠，無論我們有多客氣地提問，對方並不會總是想共舞。有時他們執著依附自己的信念，就算只是提議保持同步，感覺也像偷襲，這時我們又該如何是好？

化身博士與敵意先生

多年前，某家華爾街公司找我過去，就一項吸引並留住新進分析師及工作夥伴的企劃案提出建議。經過兩個月的研究，我提交一份有二十六點數據導向建議的報告。在我向領導團隊進行簡報時，某位成員打斷了我，並且問：「我們何不多付他們一些錢就好？」

我告訴他，光是金錢可能不會造成差異，許多產業範疇的研究顯示，人們一旦賺取了足以滿足基本需求的收入，給他們更多的錢並不能阻止他們離開差勁的工作及雇主。那位主管開始和我爭論：「就**我的**經驗來看並非如此。」我以檢察官模式反駁：「沒錯，所以我才帶給你附有縱向數據的隨機對照實驗，從許多他人經驗縝密地學習，而不是從你的自身經驗做特定學習。」

那名主管產生反彈，堅持說他的公司不一樣，因此我不假思索地說出他自己員工的一些基本統計數字。在調查及訪談中，提及報酬的總人數是零，他們已經收入優渥（意即薪資過高），而且假如這樣能解決問題的話，問題早就解決了。[40]不過那位主管依然拒絕讓步。最後我在異常惱火之餘，做了一件不恰當的事。我回擊：「我從沒看過一群聰明的人表現得這麼蠢。」

在電腦科學家保羅．葛蘭姆（Paul Graham）提出的反駁金字塔中，最高的反駁型態是反駁中心點，最低的則是辱罵。在短短的幾秒鐘，我從邏輯惡霸降格成操場惡霸了。

假如我能讓那場會議重新來過，我會以共同點及較少的數據觀點開場。我不會用我的研究去攻擊他們的信念，而是問他們要如何才能讓他們願意接受我的數據。

幾年後，我有機會測試這個方法，在一場以創意為題的主題演講上，我引用證據，提出貝多芬及莫札特並不比他們的同儕擁有更高的命中率；他們產出較大量的作品，讓他們有更多機會成就偉大志業。有一名觀眾打斷我的話：「鬼扯！」他大喊。「你不尊重偉大的音樂大師。你根本無知，不知道自己

40 原註：報酬不是我們要吊掛來激發人們的胡蘿蔔，那是我們有多看重對方價值的象徵。管理者要激發人們，可以藉由設計有意義的工作，讓人們擁有自由、精湛技藝、歸屬感及影響力。

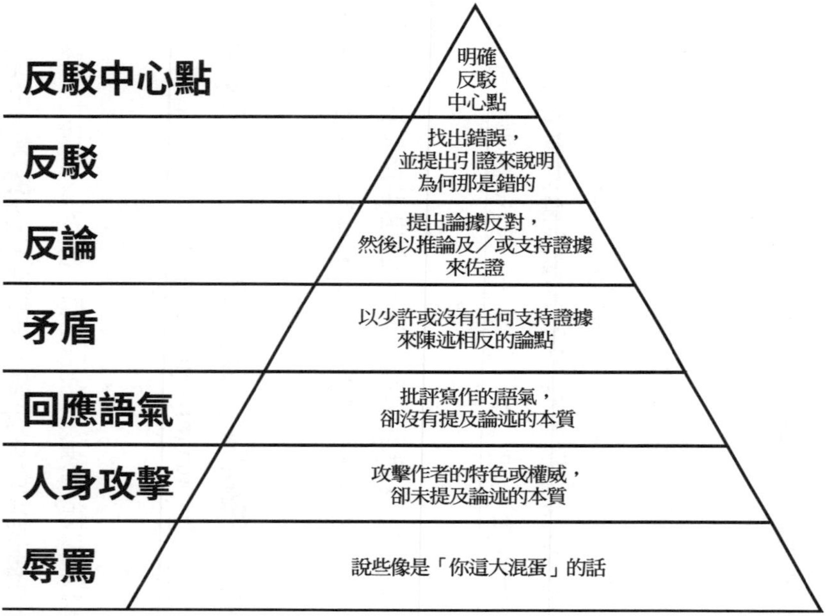
反駁中心點
明確反駁中心點
反駁
找出錯誤，並提出引證來說明為何那是錯的
反論
提出論據反對，然後以推論及／或支持證據來佐證
矛盾
以少許或沒有任何支持證據來陳述相反的論點
回應語氣
批評寫作的語氣，卻沒有提及論述的本質
人身攻擊
攻擊作者的特色或權威，卻未提及論述的本質
辱罵
說些像是「你這大混蛋」的話

在講什麼。」

我當時沒回應，等了幾分鐘，直到預訂的休息時間到了，我才走向那位起鬨的觀眾。

我：我很歡迎你對數據提出異議，但是我不認為那是一種尊重人的表達意見方式。我接受的智識辯論訓練不是這樣的，你的是嗎？

音樂人：嗯，不是……我只是認為你錯了。

我：那不是我的看法，那是兩位社會科學家的獨立研究結果，那麼要怎樣的證據才能改變你的看法？

音樂人：我不相信你能量化音樂家的偉大程度，但是我想看看這份研究。

我把那份研究寄給他，之後他回信致歉。我不知道我是否成功改變了他的思維，但是我在開啟它的部分做得比較好了。

當有人出現敵意，假如你的回應是把爭論看成戰爭，你能做的要不是攻擊就是撤退。假如你把它當成是一支舞，你就另有選擇，你可以往側邊跨步讓開，針對對話進行一場對話，注意力會從意義的本質轉移到進行對談的過程。對方表達得越生氣及具有敵意，你就表現出越好奇跟有興趣。當某人失去控制，你的平靜是力量的象徵。這會使得他們的情緒冷靜下來。很少有人做出的回應會是：**「大吼大叫是我偏好的溝通模式！」**

談判專家會採取以下做法，這也是他們與普通談判者的第五種差異，他們比較會去評論自己對於過程的感受，並且測試自己對另一方感受的了解：我很失望這次討論的展開方式，你對此感到挫折嗎？我原本希望你認為這項提案很公平，不知道我的理解是否正確，你在這個方法之中看不到任何優點？老實說，你對我的數據的反應令我感到有些困惑，假如你不重視我做的這種工作，那麼你為何雇用我？

在一場激烈爭執中，你總是可以停下來提問：「什麼樣的證據會改變你的心意？」假如答案是「什麼都不行」，那麼就沒必要繼續這場辯論了。你可以把一匹馬牽到水邊，但是你不能逼牠思考。

薄弱意見的力量

當我們在辯論中陷入僵局，我們沒有必要完全停止談話。我們不應該用「我們就各自保留不同的意見吧」來結束一場討論。我們應該展開一場新對話，聚焦在了解及學習上，而不是爭執與說服。這就是我們在科學家模式的做法：把眼光放遠，詢問我們能如何更有效率地處理爭論。這麼做可能會讓我們處於一個較好的位置，向不同的人提出相同的論點，或是在不同的日子向同樣的人提出不同的論點。

當我請華爾街的主管之一提出建議，未來能如何以不同的方式進行辯論時，他提議表達較少的信念。我大可以反駁說，我不確定我的二十六項建議之中的哪一項可能有關。我也可以承認，雖然金錢通常無法解決問題，但我從沒見過有任何人考驗過百萬留任獎金的影響力，**進行那樣的實驗會很有趣，你不認為嗎？**

幾年前，我在我的著作《反叛，改變世界的力量》中主張，假如我們想對抗團體迷思，「避免堅持保有強烈的看法」會有幫助。在那之後，我改變了心意。

誠實的面試

面試官	求職者
你在五年後會有什麼發展？	接手你的工作，而且提出比較好的面試問題
用一個句子形容自己	簡潔
你最大的弱點是什麼？	我的三頭肌
你為何想要離開目前的工作？	我不想離開目前的工作，是他們要我離開目前的工作
你最大的工作成就是什麼？	我是最長時間沒有回過一封email的辦公室紀錄保持人
你為何想要這份工作？	賺錢給自己買食物，這樣我才不會死掉
你如何處理壓力？	同時怒氣大爆發又完全不跟人溝通
你擅長什麼？	賺錢給自己買食物，這樣我才不會死掉
我們保持聯絡！	我再也不會接到你的消息了，對吧？

現在我相信那是一個錯誤。假如我們並不堅持己見，強烈地表達它可能會造成反效果。以某種程度的不確定溝通觀點，能傳達出自信的謙遜，激發好奇心，並且引發更加微妙的討論。研究顯示在法庭上，當專家證人及審議陪審員表達中等自信，而不是高或低自信時，他們會更可信也更有說服力。[41]這些原則並不僅限於辯論，也適用在各種情況下，當我們要支持自己的信念，甚至是自己。

二〇一四年，一位名叫蜜雪兒．韓森（Michele Hansen）的年輕女子找到一家投資公司的產品經理職缺。她對這個職位很感興趣，但是資格不符：她沒有金融背景，也缺少需要的經驗年限。假如你遇到她的狀況，決定放手一試，你的求職信會怎麼寫呢？

正常的起始點是強調你的強項，掩飾你的缺點。正如麥可．史考特（Michael Scott）[42]在《辦公室瘋雲》（The Office）裡說：「我太努力工作，太用心了，

41 原註：在一項嘗試說服的整合分析中，雙面訊息比單面訊息更具說服力，只要人們反駁另一方的主要觀點。假如他們只是說服雙方而並未舉例，他們就會比只是宣揚自己這一方的觀點更無法令人信服。

42 編按：影集《辦公室瘋雲》中的虛構人物，由史提夫．卡爾（Steve Carell）飾演。

有時候我會太過專注在我的工作上。」不過蜜雪兒．韓森做了相反的事，她取材自《歡樂單身派對》裡的喬治：「我叫喬治，目前無業，而且和我父母住在一起。」她沒有設法隱藏自己的短處，而是大方面對。「我可能不是你們想要的那種候選人，」她在求職信中寫著：「我沒有擔任產品經理十年的資歷，也不是認證理財規劃師。」在敘述了自己的缺點之後，她強調幾個錄取她的理由：

不過我擁有的是金錢買不到的能力，我負責的企劃案遠超出我的薪資等級，以及我所定義的責任範圍。我不會等別人告訴我去做什麼，而是自行尋找有什麼是該做的。我十分投入我的計畫，並展現在我所做的每一件事情上，從我的工作計畫，到我在晚上自己花時間從事的計畫都是如此。我擁有企業家精神，我會完成任務，而且我知道對於領導這項企劃案的共同負責人來說，我會是絕佳的幫手。我熱愛開創新領域，展開新的一頁（過去我每一任老闆都是這些特徵的證明）。

一週後，一位招聘人員和她連絡，安排電話面試，然後她又和工作團隊進行了一次電話面試。在電話中，她問及他們最近所執行過而出乎他們意料的實驗，這個問題令團隊大感驚訝，結果他們談到有幾次他們確定自己是對的，後來卻證明是錯的。蜜雪兒成功得到這份工作，而且獲得拔擢去帶領產品部門。這次的成功對她來說並非獨一無二：證據顯示，人們比較有興趣聘僱的應徵者，是清楚自己合理的缺點，而非自吹自擂或以退為進的自誇。

蜜雪兒即便看清自己在打一場硬仗，仍然沒有採取進攻或防守。她並未宣揚自己的資格和能力，或是糾舉工作內容描述的問題。她對於自己求職信裡不利的論述表示贊同，先發制人地做出反射性駁回，展現她有足夠的自覺能分辨出自己的短處，並且有足夠的安全感能承認這些缺點。

有見識的觀眾遲早會在我們的論點裡找出漏洞，我們不如自己來，謙虛地去尋找它們，搶先看到它們，並且能完全地了解它們。蜜雪兒藉由強調一小部分的核心優點，避開了論述淡化，聚焦在她的最強項。她對團隊的犯錯經歷展現好奇心，或許激發他們去重新思考他們的準則。讓他們領悟到自己不是在尋找某些技能與資格，而是想僱用有動機和能力學習的人。蜜雪兒知道她不知道什麼，也有自信去承認這點，因此傳達出清晰的信號，說明她肯學習她需要知道的事。

藉著向觀眾提出問題，而不是替他們思考，我們邀請他們加入我們，成為夥伴，為自己思考。假如我們把爭論處理得像戰爭，就會出現贏家和輸家。假如我們把它當成比較像舞蹈，我們就能開始編出前進的舞步，透過思考對手最強大的觀點，並且將我們的回應限制為少數幾個最佳舞步，我們就會更有機會找出律動的模式。

06

棒球場上的仇恨：動搖刻板印象以消弭偏見

我討厭死洋基隊了，甚至嚴重到我在第一次告解時懺悔，我希望別人受傷，也就是我希望很多紐約洋基隊球員會摔斷手、腿和腳踝……

——美國傳記作家／多麗絲．克恩斯．古德曼（Doris Kearns Goodman）

一九八三年的某個午後，在馬里蘭州，達洛．戴維斯（Daryl Davis）抵達一家酒吧，在一場鄉村音樂表演上彈奏鋼琴。這不是他第一次成為全場唯一的黑人，在當天晚上結束之前，他第一次和一名白人至上主義者展開一場交談。

表演結束後，觀眾裡面有一位較年長的白人男性走向達洛，對他說他很驚訝看到有黑人樂手能彈奏得像傑瑞．李．路易斯（Jerry Lee Lewis）[43]。達洛回

43 編按：美國唱作人、音樂人、鋼琴手。

答說，其實他和路易斯是朋友，而路易斯自己知道他的風格受到黑人音樂的影響。雖然那人心存懷疑，還是邀請達洛坐下來喝一杯。

不久後，那人承認他從來不曾和黑人一起喝過酒。最後他向達洛說明原因。他是三 K 黨成員。這個白人至上主義者仇恨團體曾有超過一世紀的時間不斷殺害非裔美國人，而且就在兩年前才以私刑處死一名男子。

假如你發現某個在座者痛恨你以及所有和你膚色相同的人，你的直覺選擇可能是戰鬥、逃跑，或是動彈不得，而且理應如此。達洛的反應不同：他捧腹大笑。當那名男子掏出他的三 K 黨黨證，表示他不是在開玩笑時，達洛重提從十歲起就在他心上揮之不去的一個問題。在一九六〇年代晚期，他參加一場幼童軍遊行，當時有白人觀眾開始朝他丟擲瓶罐和石頭，這是他記憶中第一次面對公開的種族歧視。雖然他大可以感到憤怒，但是他被搞糊塗了：「你根本不認識我，怎麼會討厭我？」

在交談結束時，那名三 K 黨成員給了達洛他的電話號碼，並且問說假如他來本地演出，是否能打電話通知他。達洛照他的話去做，到了下一個月，那名男子出現了，帶了一群朋友來看達洛的演出。

經過一段時間，兩人的友誼滋長，最後那名男子離開了三K黨，那也是達洛生命中的轉捩點。過了不久後，達洛和三K黨的最高層級領導人大巫師和巨龍坐下來，向他提出問題。從那時起，達洛說服了許多白人至上主義者離開三K黨，摒棄他們的仇恨。

我想知道那種改變如何發生，要如何打破對整個族群充滿刻板印象及偏見的過度自信循環。奇怪的是，我的旅程是從一場棒球賽事開始。

在球賽討厭我

「洋基隊爛透了！洋基隊爛透了！」在芬威球場的某個夏日夜晚，我第一次、也是唯一一次來看波士頓紅襪隊棒球賽。打到第七局時，在毫無預警之下，三萬七千人忽然喊起了口號，整座球場都以完美的和聲攻擊紐約洋基隊。

我知道這兩支球隊有百年世仇，幾乎被視為美國職業運動最激烈的例子。我把波士頓球迷唱衰洋基隊視為理所當然，我只是沒料到那天會發生，因為洋基隊根本不在現場。

紅襪隊是和奧克蘭運動家隊對打，波士頓球迷對一支遠在數百哩之外的球隊喝倒采。這就像是漢堡王支持者在口味評比大賽中迎戰溫蒂漢堡，然後開始大呼口號：「麥當勞爛透了！」

我開始疑惑，紅襪隊球迷對洋基隊的痛恨，是否多過他們對自己球隊的喜愛。大家都知道，波士頓的家長會教他們的小孩對洋基隊比中指，厭惡任何帶有細條紋的東西，以及在波士頓的歷史上，印有**洋基隊爛透了**字樣的 T 恤顯然是最受歡迎的款式之一。當紅襪隊球迷被問及要多少錢才能讓他們辱罵自己的

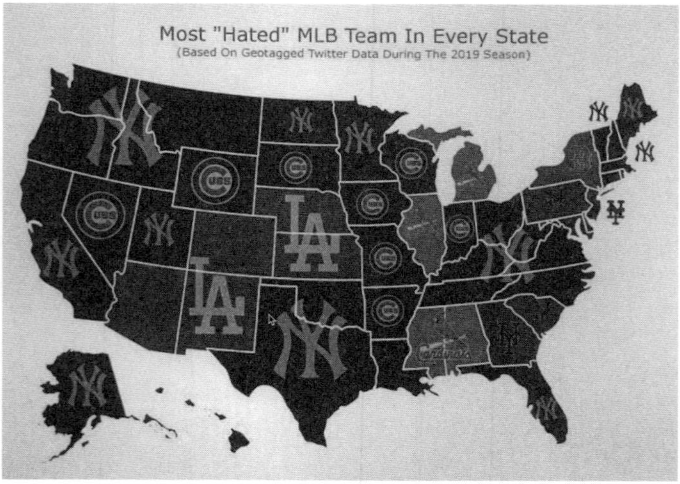

每一州最「討厭」的美國職棒大聯盟球隊。

球隊，他們的要求平均為五百零三美元。要支持洋基隊的話，他們要的甚至更多，五百六十美元。這些情感深植人心，以至於神經科學家能看著它們點亮人們的內心：當紅襪隊球迷看到洋基隊輸了比賽，他們在大腦連結獎勵及愉悅的區域會立即啟動。那些情感的延伸遠超過波士頓：一份二〇一九年的推文分析顯示，洋基隊是美國五十州之中，二十八州最討厭的棒球隊，這說明了這件T恤為何廣受歡迎。

「媽咪告訴我，絕對不要和陌生人或洋基隊球迷說話。」

最近，我打電話給一位朋友，他是紅襪隊的死忠球迷。我只問他一個問題：他要怎樣才會支持洋基隊？他毫不遲疑地回答：「假如他們和蓋達組織對打的話……或許吧。」

熱愛你的球隊是一回事，對敵隊仇視到你會考慮支持恐怖分子來擊垮他們，那又是另一回事了。假如你鄙視某支特定的運動隊伍，或是它的支持者，你是對一群人懷抱強烈的看法。那些信念是刻板印象，而且經常衍生成偏見。你的態度變得越激烈，你就越不可能去重新思考那些理念。

敵對心態不只存在於體育界，只要對於我們認為和我們競爭資源，或是威脅我們的認同的那群人，心存特別的敵意，這時便存在著敵對心態。在商場上，運動鞋公司 Puma 及 Adidas 之間的敵對狀態是如此激烈，以至於幾個世代以來，家庭基於他們對品牌的忠誠度而自我隔離。他們會去不同的烘焙坊、酒吧和商店，甚至拒絕和在競爭對手公司上班的人約會。在政治圈，你可能認識一些民主黨人把共和黨人視為貪婪、無知及無情的蠢貨；而有些共和黨人把民主黨人看成是懶惰、不誠實又超級敏感的玻璃心傢伙。刻板印象揮之不去，偏見不斷加深，我們不只認同自己的族群，更誤認我們的敵人，結果以不屬於我們的身分來定義自己。我們不光是宣揚自己這一邊的優點，也在控訴對手的惡行之中找到自我價值。

當人們對敵對族群心懷偏見，他們經常願意盡一切所能去提升自己的族群，並且暗中破壞他們的對手，即便這意味著造成傷害或錯誤，正如同我們把在運動場上經常跨越那些界線的人視為敵方。[44]敵對情緒遠超過運動場：從巴塞隆納到巴西，足球迷之間經常爆發鬥毆事件。作弊的醜聞也時有所聞，而且不僅限於運動員或教練。當俄亥俄州立大學的學生收取酬勞參加一項研究時，他們得知如果他們願意欺騙一名他校的學生，他們的酬勞便會加倍，而另一位學生的報酬就會減半。假如那位學生就讀他們最大的敵校，密西根大學，而不是柏克萊或維吉尼亞，這時他們騙人的機率就會成為四倍。

人們為何一開始會對敵對的團體形成刻板印象呢？他們又要如何才會去重新思考這些想法？

44 原註：一九九三年，莫妮卡．賽勒斯（Monica Seles）[45]在網球場上遇刺時，我知道起碼有一位史黛菲．葛拉芙（Steffi Graf）的球迷開心慶祝。二〇一九年NBA總決賽時，凱文．杜蘭特（Kevin Durant）受傷倒下，有些多倫多暴龍隊球迷開始歡呼，證明了即使是加拿大人也會有殘忍之舉。有位體育廣播主持人說：「在職業運動場上，當敵隊的重要球員受傷時，沒有一位球迷會不開心，理論上，這會讓你的球隊的成功之路走得更輕鬆。」我無意不敬，假如你對於你的球隊是否獲勝的關心程度大過於某個人類在真實生活中是否受傷，那麼你可能是社會病態者。

45 編按：已退役的南斯拉夫匈牙利裔美國籍女子網球選手，國際網球名人堂成員。一九九三年四月三十日，她在一場比賽的休息時間遭一位瘋狂粉絲持刀刺傷，因此停賽了兩年多，直到一九九五年八月十五日才再次復出。

融入與突出

幾十年以來，心理學家發現人們會對其他的族群感到敵意，即使他們之間的界線根本微不足道。以一個似乎無害的問題為例：熱狗算是三明治嗎？學生在回答這個問題時，大多數人的感覺強烈到願意為那些贊同他們的人損失一塊錢，以便確保那些不贊同的人得到的更少。

在每個人類社會中，人們積極尋求歸屬感及身分地位。「群體認同」同時達到這兩種目的：當我們成為某個族群的一分子，而且在我們的族群獲勝時，我們感到驕傲。在大學校園的經典研究中，心理學家發現當橄欖球校隊獲勝時，

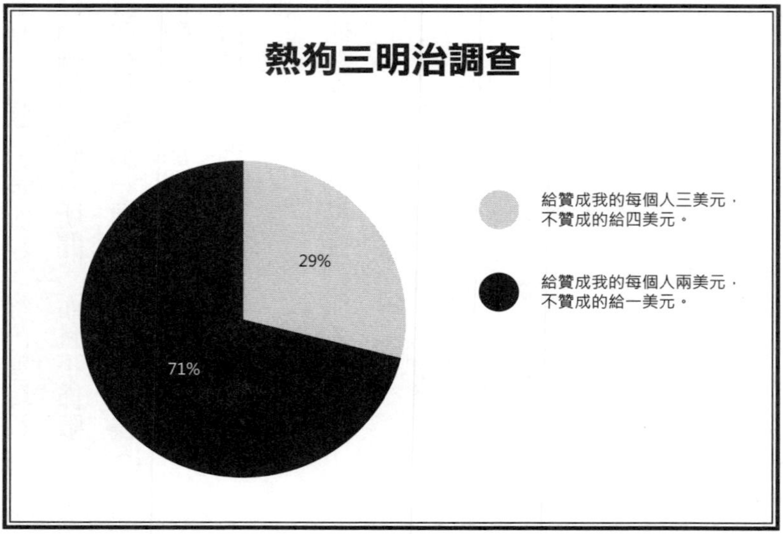
熱狗三明治調查
29%
71%
給贊成我的每個人三美元，不贊成的給四美元。
給贊成我的每個人兩美元，不贊成的給一美元。

學生比較可能穿戴有學校標誌的打扮到處走動。從亞利桑那州立大學、聖母大學到南加大，學生對週六的勝利感到與有榮焉，在週日穿上球隊的運動服、帽子和夾克。假如球隊輸了，他們會避開校服，並且說「他們輸了」而不是「我們輸了」，和球隊保持距離。有些經濟學家及金融專家甚至發現，假如某個國家的足球隊贏得世界盃，他們的股市就會上揚，輸球的話，股市就會下跌。[46]

敵對狀態最有可能在地理位置接近、經常競爭，以及實力相當的球隊之間產生。洋基隊和紅襪隊便符合這種模式：他們都是在東岸，每季對打十八或十九場，兩者都有成功的歷史，而且自二〇一九年起，它們對打超過兩千兩百次，而且各自贏了超過一千次。這兩支球隊也都擁有比任何其他球團更多的球迷。

我決定進行測試，要怎樣才能讓球迷重新思考他們對於痛恨的對手的看法。

46 原註：足球賽事失利的股市影響是許多辯論的主題：雖然大量研究顯示其影響，其他研究則無法支持這種結果。我的直覺是，這在運動最受歡迎、大家指望球隊贏球、賽事的賭注極高，以及只差一點就輸球的國家，比較可能發生。無論運動賽事如何影響市場，我們知道它們會影響心情。有一份歐洲軍官的研究顯示，當他們最愛的足球隊在週日輸了球，他們在週一就比較提不起勁工作，結果表現也可能受影響。

我和一名博士學生提姆．康卓（Tim Kundro）合作，針對熱情的洋基隊及紅襪隊支持者進行一系列的實驗。他們大多用同樣的字眼來形容彼此，抱怨他們各自的口音，他們的鬍鬚，以及他們有「聞起來像陳年玉米片」傾向。

那些類型的刻板印象成形之後，由於心理及社會因素，我們都很難加以打消。根據心理學家喬治．凱利（George Kelly）的觀察，我們的信念就像一副現實護目鏡。我們用它來看清這個世界，探索我們的環境。對我們的想法造成威脅的事物會砸裂這副眼鏡，讓我們的視線模糊。我們自然會心生提防做為回應，而且凱利注意到，當我們企圖辯護我們在內心深處明知是錯誤的想法時，我們會變得分外具有敵意。我們並未嘗試戴上不同的護目鏡，而是變成心

紅襪隊球迷為何討厭洋基隊球迷

理柔術表演者，不斷扭曲轉動，直到我們找出一個視角，讓我們目前的視線保持完整。

在社交方面，刻板印象會如此揮之不去，還有另一個原因。我們傾向和擁有同樣看法的人互動，那些看法因此變得更極端了。這種現象叫做「群體極化」，在數百次的實驗裡都體現過。具有極權主義信念的陪審團在共同審議之後，會提議較嚴厲的懲罰；公司董事會在集體討論之後，比較可能支持為公司支付超額保費；一開始對平權運動及同性婚姻有清楚理念的人，和其他幾個分享個人案例的人談過之後，對這些議題會有更極端的觀點，他們的宣揚和控訴會轉向政治行動的方向，極化受到從眾行為而增強：外圍分子融入，並且透過追隨團體中最典型的成員，通常也是抱持最強烈觀點的那些人，藉此取得身分地位。

洋基隊球迷為何討厭紅襪隊球迷

在紅襪迷的家庭中長大，你勢必會聽到一些關於洋基隊球迷的壞話。當你開始定期去某個球場，裡面滿是和你有相同厭惡的人，你的鄙視遲早會變得強化及硬化。這種情況一旦發生，你會積極去看你的球隊最好的一面，以及對手最差的一面。有證據顯示，當球隊試圖淡化敵對狀態，提醒球迷這不過是一場比賽而已，最後會引起反效果。球迷覺得他們的認同受到貶抑，因此變得更加挑釁。對於打破這種模式，我的第一個概念來自外太空。

假設一：並非高人一等

假如你有機會離開地球，最後你可能會重新思考你對其他人類的某些情感。有一組心理學家曾研究外太空對內在空間的影響，透過訪談、調查以及自傳分析，評估上百位太空人的變化。從太空回來之後，太空人比較不會把焦點放在個體成就及個人幸福，而是更關切集體利益。「你培養出一種迫切的全球意識……對世界狀況的深切不滿，以及想為這點做些什麼的衝動，」阿波羅14號的太空人艾德加·米契爾（Edgar Mitchell）思索著說。「在月球上，國際政治看起來如此不重要，你會想要抓住某個政治人物的頸背，把他拖到二十五萬哩之外說：『好好地看一下吧，你這大混蛋。』」

這種反應就是所謂的「概觀效應」。最生動地將它形容給我聽的太空人是太空梭指揮官，傑夫．艾胥畢（Jeff Ashby），他回想起第一次從外太空回頭看地球的經驗，他因此永遠改觀：

在地球上，太空人仰望星星，我們大部分都是星球狂熱者。不過在太空中，星星看起來和在地球上看的一樣，差異很大的是地球，以及它帶給你的視野。我從太空中第一次瞥見地球，是在我首次飛行約十五分鐘之後。當時我從我的檢查清單抬起頭來，忽然間，我們身處地球被照亮的部分上方，而我們的窗戶面對下方。在我下方的是非洲大陸，它在移動，就像是從飛機座位上看到城市移動的模樣。在環繞整個地球的九十分鐘，你看到大氣層的淡藍色弧形，看到那個所有人類生存其中的單薄氣層有多脆弱，你從太空中可以輕易看見在地球一端的某個人和另一端的某個人之間的連結，而且其中沒有明顯的界線，所以看起來就像是我們大家都生存在這一個共同的氣層裡。

當你能從外太空看到地球的概觀，你領悟到，你和所有人類都分享「共識認同」，在此我想為棒球迷打造一個概觀效應的版本。

有些證據顯示，「共識認同」能在競爭者之間建立橋樑。在一項實驗裡，心理學家隨機分派曼聯球迷一份簡短的寫作任務。接下來他們安排演出一場緊急狀況，有一名傳球跑者滑了一跤跌倒了，抱住腳踝痛苦地大叫。他穿著他們最大的競爭對手的T恤，問題是他們是否會停下來去幫助他。假如足球迷剛寫下他們為何熱愛他們的球隊，只有30%會去幫忙。假如他們是寫出他們和其他足球迷有何共通之處，有70%會去幫忙。

提姆和我曾試圖讓紅襪及洋基隊的球迷，去思考他們身為棒球迷的「共識認同」，結果行不通。他們最後並沒有對彼此產生更正向的觀點，或是在緊急狀況之外，更有意願去幫助彼此。共享認同並不適用於每種情況。假如敵隊的球迷剛發生意外，「共識認同」可能會刺激我們出手幫忙。然而，假如他沒有危險或迫切需求，我們很容易把他當作另一個渾球，或者不是我們的責任。「我們都熱愛棒球，」一名紅襪隊記者說。「洋基球迷只是喜歡錯了球隊。」另一位說，他們對棒球的共同熱愛毫不影響他的看法：「洋基隊爛透了，而且他們的球迷很討人厭。」

假設二：同情我們的敵人

我接下來轉而求助「和平哲學」。多年前，創新的心理學家及大屠殺倖存者賀伯．凱爾曼（Herb Kelman）著手挑戰一些以巴衝突背後的刻板印象，教導雙方了解彼此並且產生同理心。他設計互動的問題解決研習營，邀請具影響力的以色列及巴勒斯坦領導人非正式地談論和平的路徑。多年來，他們聚在一起分享自身的經驗及觀點，解決彼此的需求及恐懼，並且探索解決衝突的新方法。長期以來，研習營不僅打破了刻板印象，有些參與者最後還締結了一生的友誼。

「將對方賦予人性」在體育界應該比較容易，因為風險較低，而且競爭比較公平。我從體育界另一組最大的競爭對手開始實驗：北卡羅來納大學及杜克大學。肖恩．貝提爾（Shane Battier）在二〇〇一年領軍杜克大學，贏得全美大學體育聯盟籃球賽冠軍；我問他要怎樣才能讓他替北卡羅來納大學加油助陣。他立刻回答：「假如他們和塔利班對打。」**我不知道有這麼多人會幻想以他們**

最愛的運動擊垮恐怖分子。我不禁要想，把一名杜克的學生賦予人性，是否會改變北卡羅來納學生的團體刻板印象。

在我和我的同事，艾莉森．法拉蓋爾（Alison Fragale）及凱倫．諾爾頓（Karren Knowlton）進行的一項實驗中，我們請北卡羅來納大學的學生協助加強一名同儕的求職資料表。假如我們提到他就讀杜克大學，而非北卡羅來納大學，只要他面臨重大的財務需求，受試者會多花時間協助他。他們一旦同理他的困境，就會將他視為值得協助的獨特個體，而且更加喜歡他。然而，當我們觀察他們對杜克學生的一般觀點，北卡羅來納學生一樣可能把他們視為敵人，說假如他們聽到有人批評杜克，感覺像是聽到讚美，而如果聽到杜克學生受到稱讚，感覺像是聽到羞辱。我們成功地改變他們對那名學生的態度，但是無法改變他們的團體刻板印象。

當提姆和我試圖替一名洋基隊球迷賦予人性時，也遇到類似的狀況。我們讓紅襪隊球迷閱讀一篇故事，作者是一位棒球愛好者，小時候跟著他的祖父認識球賽，也擁有和他的母親一起玩傳接球的美好回憶。在故事的最後，他提到他是洋基隊的死忠球迷。「我認為這個人十分真誠，是罕見的洋基球迷，」有一位紅襪支持者評論說。「這個人很上道，不是那種典型的洋基球迷，」第二位說。「唉，我真的很喜歡這篇文章，直到我讀到他們是洋基球迷的部分，」第三位球迷惋惜地說，不過「我認為我和這個人的共同點，比我和那些刻板的洋基球迷還要多。這人還不賴。」

賀伯．凱爾曼在以色列及巴基斯坦人身上，也遇到相同的問題。在問題解決研習營，他們變得信任坐在桌子對面的人，但是依然抱持他們的團體刻板印象。

在一個理想的世界中，認識個別團體成員會賦予團體人性，不過進一步了解一個人經常會使得這個人有別於她的團體。當我們遇見違抗某種刻板印象的團體成員時，我們的第一直覺不是把他們看成範例，重新思考刻板印象，而是把他們看成例外，堅守我們既有的信念，因此這種嘗試也失敗了，現在又要重新來過。

假設三：習慣的野獸

有個廣告是我一直以來的最愛，開場是一男一女接吻的特寫。當鏡頭拉開，你看到他穿著俄亥俄州立大學七葉樹隊的運動衫，而她穿著密西根大學狼獾隊的T恤，上面寫著：「沒了體育運動，這就不會令人作嘔了。」

我這輩子都是狼獾隊球迷，從小就學會給七葉樹隊喝倒采。我的叔叔在他的地下室放滿了密西根球隊的所有行頭，在週六凌晨三點起床，開始為車尾趴做準備，而且他開了一台廂型車，車身裝飾了密西根標誌。當我回到家鄉密西根念研究所時，我的大學室友開始就讀俄亥俄州立大學醫學院。我理所當然地在電話上宣揚我的學校優勢，並且傳簡訊控訴他的智商。

幾年前，我認識了一名七十多歲的婦人，她異常善心，與大屠殺的倖存者共事。去年夏天，她提到她曾經就讀俄亥俄州立大學，我的第一個回應是「啐」，但我的下一個反應，就是對自己感到厭惡，**誰在乎她在半個世紀之前念過哪所學校？我怎麼會變得如此制式化呢？**忽然間，有任何人會討厭某支球隊這件事，似乎變得很奇怪。

在古希臘，蒲魯塔克寫到忒修斯從克里特航行到雅典的一艘木船。為了保存這艘船，當它的舊木板腐壞時，雅典人會替換成新木材。最後所有的木板都換掉了。它看起來是同一艘船，但是所有的部分都不是原狀了，它還是同一艘船嗎？後來，哲學家添加了一道難題：如果把所有的原有木板收集起來，打造成一艘船，那會是同一艘船嗎？[47]

賽修斯的船和體育球隊有很多共同點。假如你來自波士頓，你可能會討厭一九二〇年的洋基隊挖走貝比．魯斯（Babe Ruth）[48]，或是一九七八年的洋基隊打破你的世界大賽希望。雖然目前的球隊有著相同的名稱，然而組合的成員不同了。那些球員早就不在了，經理和教練也是。球場也換過了。「你其實是在支持衣服，」傑瑞．史菲德（Jerry Seinfeld，《歡樂單身派對》主角）說。「球迷會深深愛上某位球員，不過要是他去不同的球隊，他們會噓爆他。這是同一個人穿上不同的球衣，現在他們討厭他了。噓！不同的球衣！噓！」

我認為這是一種儀式，好玩卻武斷的儀式，我們出自習慣所進行的典禮。在我們年輕又易受影響，或是剛到一座新城市，尋求團隊精神時，它便烙印在我們的內心。當然了，有時候團隊忠誠對我們的生活的確很重要：它讓我們在酒吧和熟人擊掌，在勝利遊行上和陌生人擁抱。它帶給我們團結感。然而，假如

47 編按：羅馬時代的希臘作家蒲魯塔克（Plutarchus）所提出形上學領域內關於同一性的一種悖論，亦稱「忒修斯悖論」。

48 編按：美國棒球運動員，曾帶領波士頓紅襪取得三次世界大賽冠軍，帶領紐約洋基隊取得四次世界大賽冠軍，被譽為「棒球之神」。

你認真想，討厭對手球隊是天生的。假如你在紐約而非波士頓出生，你真的會討厭洋基隊嗎？

我們的第三個方法是，提姆和我找了紅襪隊和洋基隊的球迷。為了證明他們的忠誠，他們必須正確說出在某張照片上，他們那一隊裡頭的一位球員姓名，還有他的球隊上次贏得世界大賽的年份，然後我們採取了幾個步驟來開啟他們的思維。首先，為了幫助他們認清自我信念的複雜性，我們請他們就對手球隊的球迷列出三項正面評語及三項負面評語。我們先前看過最常見的負面評語，但是他們也能想出一些正面評語（如下圖）：

接著我們隨機分配一半的人更進一步，反省他們憎惡的武斷性。

紅襪隊球迷喜歡洋基隊球迷的哪些特點

思考並寫下洋基球迷及紅襪球迷是如何為了頗為武斷的理由，因此不喜歡彼此。舉例來說，假如你出生在對手球隊的球迷家庭，你現在也很可能會是他們的球迷。

為了評估他們對敵隊的憎惡，我們給了他們一個機會，決定在敵隊球場販售的辣醬應該要多辣。背景故事是消費者產品研究員打算進行棒球場的辣醬口味測試。接受隨機分派去反省自己的刻板印象武斷性的人，替敵隊球場選擇的是辣度較低的辣醬。我們也給他們機會，在一場指定較難題目便能得高分的計時且有酬的數學測驗中，去破壞敵隊球迷的表現。那些被認為具有刻板印象武斷性的人，替敵隊球迷

洋基隊球迷喜歡紅襪隊球迷的哪些特點

挑選了較簡單的問題。

人們不只對單一球迷比較有同情心，也會改變他們對敵隊的整體觀點。他們比較不可能把敵隊的失敗看成是自己的成功，把敵隊的成功視為個人羞辱，並且把對敵隊的批評視為個人的讚美。他們比較可能以平常無法想像的方式支持敵隊：穿敵隊的球衣，比賽時坐在它的球員休息區，在全明星賽投票支持它的球員，以及甚至在社群媒體替該球隊背書。對有些球迷來說，這幾乎像是破壞某種教規，但是他們的評語清楚顯示，他們在重新思考自己的立場：

我認為只是基於個人喜歡支持的球隊而討厭某人，真的很愚蠢。想到這點，我會想要重新考慮對於某些不喜歡的球隊支持者，我要抱持什麼樣的態度。

假如有人只因為我喜歡的球隊而討厭我，感覺很不公平。這幾乎像是某種偏見，因為他們是根據我的某件事來批判我，並為了那個原因而討厭我。想過這些之後，我可能會改變我和紅襪球迷的互動方式。

刻板印象時間表

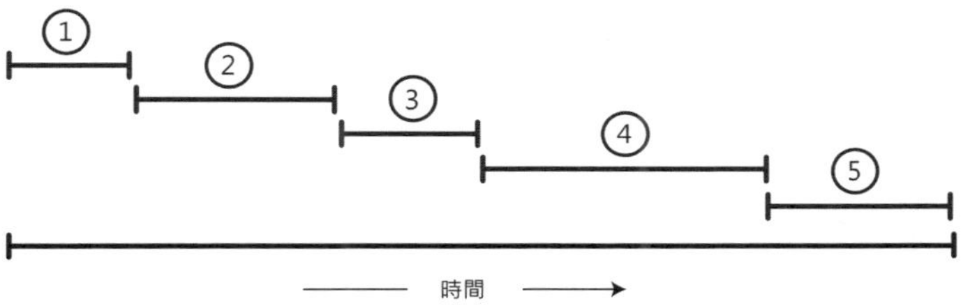

① 擁有一種經驗：有個龐克頭小鬼偷了我的腳踏車

② 形成一個刻板印象：龐克頭的小鬼都是賊

③ 擁有一種新經驗：有個龐克頭小孩對我很好

④ 質疑那個刻板印象：或許龐克頭的小孩沒有那麼壞？

⑤ 質疑一般的刻板印象：你不能憑外表來判斷一個小孩

他們支持的球隊不見得代表他們是怎樣的人，即使他們是錯的。

我們終於有了某些進展，我們的下一步，是檢視球迷觀點轉變的背後，有哪些重要因素。我們發現關鍵在於思考他們的憎惡武斷性，而非敵隊的正向特質。無論那些球迷是否產生理由去喜歡對手，當他們反省那種敵對態度有多愚蠢時，他們便展現較少的敵意。他們知道為了荒謬的理由而不被喜歡的感覺如何，有助於他們看清那種衝突具有真正的暗示性，痛恨敵隊球迷不是隨便鬧著玩的事。

進入平行宇宙

在實驗室之外，要解除刻板印象及減少偏見，很少能一蹴可幾。即使人們在一開始不設防，當他們的態度受到挑戰時，很快就會採取防衛的姿態。想讓他們能夠理解，需要的不只是告訴他們說，他們的觀點很武斷。關鍵步驟是讓他們做一些「反事實思考」：協助他們思考，假如他們活在一個替代時空，他們會相信什麼？

在心理學中，反事實思考意味著，想像我們的生活環境如何能不同地展開。當我們理解我們能多輕易抱持不同的刻板印象，我們可能會更願意更新我們的觀點。[49]為了啟動反事實思考，你可能要問別人一些問題，像是：假如你生來是黑人、西班牙裔、亞洲人，或是美國原住民，你的刻板印象會有何不同？假如你是在農村或城市長大，或是在世界另一端的文化中成長，你會有什麼看法？假如你活在一七〇〇年代，你會堅守哪些信念？

從辯論冠軍及談判專家的例子，你已經得知「對人們提出問題」能帶給他們動機去重新思考他們的結論。這類反事實思考的不同之處在於，它引導人們去探索自身信念的根源，並且重新思考他們對其他族群的態度。

49 原註：這並不是說，刻板印象在現實之中毫無基礎。心理學家發現，在比較群體時，許多刻板印象和一個群體裡的平均值相符，但這並不意味著對於理解群體的個別成員有用。幾千年以前，不同的群體之間鮮有互動，對於不同族群傾向的信念或許能幫助我們的先人保護自己的族群。然而在現代，群體之間的互動是如此尋常，對某個群體的假設便不再具有相同用處了：它比較能幫助了解個體的部分。同樣的這些心理學家顯示，當我們和另一個群體發生衝突，以及當我們批判和我們的意識形態大不相同的群體時，我們的刻板印象會變得持續且更加不正確。當刻板印象變成了偏見時，這是在暗示重新思考的時候可能到了。

當人們省思不同的環境能如何帶來不同的信念時，他們就變得謙遜了。他們可能推斷出，自己過去的信念有部分是太過簡單化了，並且開始質疑自己的部分負面觀點。那種懷疑會令他們對於被自己刻板化的群體產生好奇心，最後可能會發現某些意想不到的共通性。

最近，我碰巧有機會激發一些反事實思考。一位新創企業創辦人請我出席一場全員會議，在如何更了解他人及自我性格的方面，分享我的看法。在我們的虛擬爐邊談話期間，她提到自己是星座迷，公司裡有很多人也是。我疑惑自己是否能讓其中的一些人明白，他們依據某人剛好出生的月份而對對方懷有不正確的刻板印象。以下是過程摘錄：

我：你知道我們沒有任何證據顯示星座影響性格，對吧？

創辦人：這真是摩羯座會說的話。

我：我想我是獅子座，我想找出什麼證據會改變你的想法。

創辦人：我的另一半和我交往以來就一直試圖這麼做。他已經放棄了，沒有任何事能說服我改變想法。

我：那麼你就不是以科學家的方式思考，這對你來說像是宗教。

創辦人：是吧，嗯，或許有一點。

我：要是你在中國出生，而不是美國呢？最近出現的一些證據顯示，在中國，假如你是處女座，無論在求職或約會方面都會受到歧視。那些可憐的處女座被刻板地歸類為難相處又壞脾氣。[50]

創辦人：在西方也是，亞當，同樣的歧視發生在天蠍座身上。

雖然創辦人一開始抗拒我的論述，但是考慮到假如她住在中國，自己可能會抱持怎樣不同的刻板印象之後，她覺察到自己熟悉的模式，她把一整群人的本質誤當成在他們剛好來到這世上的那一天，太陽及月亮的方位所造成的結果。

50 原註：心理學家最近做過這方面的研究，發現星座的武斷名稱會引發刻板印象及歧視。處女座（Virgo）翻譯成中文是「處女」的意思，讓人想起對老處女的歧視字眼，例如嚴厲、怕細菌、難以取悅及挑剔。

創辦人後來領悟到，根據星座造成歧視有多麼不公平，最後挺身而出，協助我建立我的論點。當我們結束對話時，我提議在性格科學方面進行後續討論。公司裡有超過四分之一的人登記參加。後來，其中有一位參與者寫道：「從這場談話得到的最大收穫是『反學習』事情以避免無知的重要性。」在領會到自己的刻板印象有多武斷之後，大家現在更敞開心胸去重新思考自己的觀點。

心理學家發現，我們的許多信念都是文化的老生常談：廣為流傳，但難得遭到質疑。假如我們仔細探究，經常會發現它們坐落在動搖的基礎上，刻板印象沒有像精心打造的船隻一般，擁有結構完整性，它們比較像是疊疊樂遊戲的一座高塔，在幾塊積木上搖晃，少了某些重要的支撐，有時我們只要戳一下就能推倒它。我們的希望是大家會盡力克服難關，在更堅固的基礎上建立起新信念。

但這個方法是否能沿用到人群中更大的分歧呢？我壓根兒不信這會解決以巴衝突或停止種族歧視。然而，我確實相信，這是朝某種比重新思考刻板印象更重要的目標跨出一步，我們可能會開始質疑自己把「對群體偏見」合理化的潛在信念。

假如你讓人們暫停下來，省思一番，他們可能會決定，把群體刻板印象套用在個人身上的觀念荒謬至極。研究顯示，在群體之內的相似處比我們發現的還要多，在群體之內的多樣性通常多過於群體之間。

有時，揮別刻板印象意味著你領悟到許多仇恨團體的成員其實沒有那麼糟，當我們能和他們面對面時，就更有可能發生這種情況。有超過半個世紀的時間，社會科學家測試群際接觸效應。在一項包含五百多份研究及超過二十五萬名受試者的整合分析中，有94%的案例顯示，和另一個群組的成員互動能減少成見，就算群際溝通並非萬能神丹，那還是一個驚人的統計數值。要幫助人們從刻板印象的高塔抽出那些不穩定的疊疊樂積木，最有效的方式是和他們當面談。達洛．戴維斯就是這麼做。

一名黑人樂手如何對抗白人至上主義者

有一天，達洛開車載著某個三K黨地方分會的首領，對方的正式頭銜為「高尊獨眼人」。過了沒多久，獨眼人說出他對黑人的刻板印象，他們是低等人種，他說，他們有較小的腦袋，所以不聰明，還有暴力傾向的基因。當達洛指出他是黑人，但是從沒槍擊過任何人或是偷車，獨眼人告訴他，他的犯罪基因肯定潛伏著，只是還沒顯露而已。

達洛決定以其人之道還治其人之身，他挑戰獨眼人，要他說出三名黑人連環殺手的姓名。獨眼人一個也說不出來，於是達洛不假思索地說出一長串眾所周知的白人連環殺手，並且告訴獨眼人說，**他**肯定是其中之一。當獨眼人抗議他從沒殺害過任何人，達洛拿他自己的論述來攻擊他，並且說他的連環殺人兇手基因想必是潛伏著。

「嗯，這很蠢。」慌張的獨眼人回答。「嗯，你看吧！」達洛贊同。「你說得對。我所說關於你的話很愚蠢，但是不比你說我的那些話還要蠢。」獨眼人變得非常安靜，改變了話題。幾個月之後，他告訴達洛，他還在思考那番對話。達洛種下了一顆懷疑的種子，讓他對自己的信念感到好奇，最後獨眼人離開三K黨，把他的帽兜和長袍送給了達洛。

達洛顯然很驚人，不僅是他有能力展開一場打破偏見的單人戰爭，也因為他有意願這麼做。這是一項通則，那些擁有更強大力量的人需要進行更多的重新思考，不只因為他們更有可能給予自己的觀點特權，也因為他們的觀點更可能會無人質疑。在大部分的情況下，那些遭受壓迫及邊緣化的人已經盡力扭曲自己以便融入了。

達洛從小就成為種族歧視的目標，擁有一輩子的合理理由去仇恨白人，但他依然願意帶著開放的態度接近白人至上主義者，給他們機會去重新思考自己的觀點。去挑戰白人至上主義者並且讓自己置身險境，原本不該是達洛的責任。在一個理想的世界裡，獨眼人會自己挑起這份責任，教育他的同儕。一些其他的前三K黨成員挺身而出，自行或與達洛一起合作，為受壓迫者代言，改革最初製造壓迫的結構。

當我們朝系統化的改變努力，達洛力勸我們不要忽略對話的力量。當我們因為人們的刻板印象或偏見，選擇不要和他們互動，我們放棄了開啟他們思維的機會。「我們活在太空時代，然而還是有很多人以石器時代的思維在思考，」他思索著說。「我們的意識形態需要追上我們的科技。」他估計他協助超過兩百名白人至上主義者重新思考他們的信念，並且離開三K黨及其他新納粹團體，他們有許多人繼續教育他們的家人及朋友。達洛隨即指出，他並未直接規勸這些人改變他們的想法。「我沒有改變任何人的信念，」他說。「我給了他們理由去思考人生方向，他們思考這件事，然後心想：我需要一條更好的道路，這麼做就對了。」

達洛不是靠宣揚或控訴來做這件事。當他和白人至上主義者展開對話時，許多人最初對他的深思熟慮都大感驚訝。當他們開始把他視為獨立個體，和他相處久了之後，他們經常在共同興趣的話題上，例如音樂，找出共同的認同。隨著時間過去，他幫助他們看清，他們加入這些仇恨團體，為的不是他們自己的原因，那是好幾個世代之前的家族傳統，或是有人告訴他們說，他們的工作被黑人搶走了。當他們領悟到自己對其他團體的真正認識有多麼少，以及那些刻板印象有多膚淺時，他們開始重新思考。

而再深入了解達洛之後，大巫師不只是離開三 K 黨，他還關閉了地方分會。多年後，他請達洛當他女兒的教父。

07

疫苗溝通者及溫和的質問者：正確的聆聽方式如何帶給人們動機去改變

這是難得一見的人物，想要聽他不想聽的話。

——向迪克・卡維特（Dick Cavett）[51]致敬

當瑪莉海倫・艾提安盧梭（Marie-Helene Etienne-Rousseau）分娩時，她哭了出來。當時是二〇一八年九月，要到十二月才是她的寶寶預產期。托比出生了，體重僅兩磅。他的身體是這麼小，以至於他的頭可以托在她的手掌心，瑪莉海倫生怕他活不了。托比在她的臂彎只待了幾秒鐘，然後就被急忙送往新生兒加護病房，他需要戴上氧氣罩呼吸，而且不久後就因為內出血而送去開刀，過了好幾個月，他們才允許他回家。

當托比還在醫院裡，瑪莉海倫去買尿布時，看到報紙標題寫著：她居住的

51 編按：美國電視名人，知名脫口秀主持人。

魁北克省發生了麻疹大流行，她還沒讓托比接種疫苗。但這甚至不算是最大的問題，他似乎太脆弱了，她也沒讓她的其他三個孩子接種疫苗，這不是她社區的常態。她的朋友和鄰居理所當然地認為疫苗很危險，而且散布關於副作用的可怕故事。然而，事實依然存在：這十年以來，魁北克已經有過兩次嚴重的麻疹大流行。

目前在已開發世界裡，麻疹在過去半世紀以來首次有增加的趨勢，死亡率約為千分之一。在開發中國家，死亡率則接近1%。根據估算顯示，從二〇一六到二〇一八年，全世界的麻疹死亡率激增58%，傷亡人數超過十萬人。這些死亡原本可以透過疫苗預防，在過去二十年期間大約可以拯救兩千萬條性命。雖然流行病學專家的建議是兩劑麻疹疫苗，以及95%最低免疫率，但全球只有85%的人接種第一劑，繼續施打第二劑的只有67%。那些未施打第二劑的人，有許多單純是不相信科學。

政府機關試圖追究這個問題，有些提出警告說，未接種者可能遭處罰鍰一千美元，以及最高六個月的刑期，許多學校拒收未接種疫苗的孩子，某個郡甚至禁止他們進入密閉的公共場所。當這些手段無法解決問題，公家機關改採宣導策略。因為人們對於疫苗懷著捕風捉影的恐懼，現在是該拿出事實真相來教育他們的時候了。

結果經常令人失望。在德國的兩場實驗中，「讓人們認識疫苗安全」的研究帶來反效果：他們最後將疫苗視為高風險。同樣地，當美國人讀到麻疹的危險說明、看見孩子罹病的圖片，或是得知嬰兒差點因此送命，他們對疫苗的興趣一點也沒有提高。當他們得知沒有證據顯示麻疹疫苗會造成自閉症，那些原本就懷有顧慮的人變得對接種疫苗更加提不起興趣了，看來似乎沒有任何邏輯論述或數據導向說明能動搖他們對於疫苗不安全的信念。

這是勸說的常見問題：那些無法動搖我們的說法，只會使得我們的信念更堅定。就像疫苗接種到我們身體的免疫系統以抵抗病毒，抵抗的行為增強我們的心理免疫系統。駁斥某個觀點的論述產生抗體，對抗未來影響我們的企圖。我們變得更加確信自己的看法，對替代觀點的好奇心變低。反論述不再令我們感到驚訝或困惑，因為我們已經準備好反駁了。

瑪莉海倫．艾提安盧梭就體驗過那種經歷，她帶年紀較大的孩子去看醫生之後，發生了類似的情況。醫生讚揚疫苗的好處，警告她拒絕接種的風險，並且強烈訴求一般通則，而不是對她的特定問題產生興趣。這整段過程充斥著優越感。瑪莉海倫感到彷彿遭受攻擊：「她好像在指控我想要讓自己的小孩生病，彷彿我是個壞母親。」

小托比在醫院待了五個月之後，終於能出院了，但是他依然十分脆弱。護士知道這是他們讓他接種疫苗的最後一次機會，於是他們找來一位疫苗溝通師。那是一名本地的醫生，採取基本的方式去協助家長重新思考他們對於疫苗的抗拒，他不會對那些家長說教或指控他們，他也不會採取政治家的手法，他戴上他的科學家帽子和他們對談。

透過對談引發動機

一九八〇年代早期，一位名叫比爾・米勒（Bill Miller）的臨床心理學家，為了他的學科領域對於成癮者的態度感到苦惱。有個常見的情況是，心理治療師及諮商師，會指控他們藥物濫用的患者是活在

否認中的病態騙子，然而在近距離治療有酗酒問題的人，研究說教和指控通常會產生的迴力鏢效應時，米勒並未發現有那種情況。「酗酒的人通常自己也知道，」米勒告訴我。「假如你企圖勸說，讓他們相信自己確實喝得太多，或是需要做出改變的話，你會產生抗拒，他們就比較不可能改變。」

米勒並未攻擊或貶低他的患者，而是開始問他們問題，並且傾聽他們的回答。過了不久，他發表了一篇有關他的哲學的論文，而一名在成癮治療領域實習的年輕護士羅爾尼克輾轉看到了這篇論文。幾年後，這兩個人碰巧在澳洲相遇，並且領悟到他們在探索的遠不只於一個全新的治療方法，而是以一種完全不同的方式去協助人們改變。

兩人合作研究出一種實務的核心原則，叫做「動機式晤談」。它的中心前提是：我們很少能激發他人改變。我們比較有機會協助他們找出自己的動機去做改變。

假設你是霍格華茲的學生，而你擔心你的叔叔是佛地魔的支持者[52]。一場動機式晤談可能像這樣展開：

你：我想進一步了解你對「那個不能說出名字的人」的看法。

叔叔：這個嘛，他是現存最強大的巫師。還有，他的追隨者答應給我一個厲害的頭銜。

你：有意思。你有任何不喜歡他的地方嗎？

叔叔：嗯，我不是太喜歡那些殺人事件。

你：這個嘛，沒有誰是完美的。

叔叔：是沒錯，不過殺人真的不好。

你：聽起來你對佛地魔有些疑慮，是什麼原因阻止你背棄他呢？

叔叔：我怕他可能會對我不利。

你：這種害怕很合理，我能感同身受。我很好奇：是否有哪些原則對你來說萬分重要，以至於你會願意冒這個險呢？

動機式晤談是以一種謙遜又好奇的態度展開，我們不知道有什麼可能帶給他人動機去做出改變，但是我們迫切想找出來。我們的目的不是告訴別人要做什麼，而是去協助他們打破過度自信的循環，並且看見新的可能性。我們的角色是拿起一面鏡子，讓他們能更清楚看見自己，然後賦予他們力量去檢視自己的信念及舉止，這一來能啟動重新思考的循環，人們能在其中以更加科學的態度檢視自己的觀點。他們會更加謙遜地看待自己的知識，更懷疑自己的信念，並且對於替代觀點更好奇。

動機式晤談的過程有三個關鍵技巧：

- 提出開放式問句
- 反應式傾聽
- 確認對方改變的欲望及能力

當瑪莉海倫準備帶托比回家時，護士找來一位疫苗溝通師。他是新生兒科學專家及研究者，名叫亞諾・加尼厄（Arnaud Gagneur）。他的專長是將動機式晤談的技巧應用在疫苗接種的討論上。當亞諾和瑪莉海倫坐下來時，他並沒有為了她不肯給孩子接種疫苗而批判她，也沒有要求她改變，他就像是科學家，

52 編按：佛地魔是《哈利・波特》中的角色，被稱為「史上最危險的黑巫師」，佛地魔的支持者被稱為「食死人」。在佛地魔法力消失的十四年間，真正在為佛地魔做事的食死人雖然不多，但他們的內心卻都因為恐懼而自願服從於佛地魔。

或是「比較不嚴厲的蘇格拉底」，記者艾瑞克・布德曼（Eric Boodman）在報導他們的會面時，如此描述著。

亞諾告訴瑪莉海倫，他害怕萬一托比得了痲疹的話，可能會有什麼狀況，不過他接受她的決定，而且想進一步了解。接下來的一個多小時，他對於她如何做出不接種疫苗的決定，提出開放式問句。他仔細聆聽她的回答，承認這世界充滿了關於疫苗安全性的令人困惑的資訊。在討論的尾聲，亞諾提醒瑪莉海倫，她能自由選擇是否接種疫苗，而且相信她的能力及用意。

在離開醫院之前，瑪莉海倫讓托比接種了疫苗，她回想起有個關鍵的轉捩點是，當亞諾告訴我「無論我是否選擇接種疫苗，他都認為我是為了孩子好，尊重我的決定。就是那句話，對我來說，那勝過千言萬語。」

瑪莉海倫不只讓托比接種疫苗，她還讓一名公共衛生護士到家裡來，替她的手足施打疫苗，她甚至問亞諾能否和她的大嫂談談，讓她的孩子注射疫苗，瑪莉海倫提到她不尋常的決定，就連在反疫苗社團當中也形同投下一顆震撼彈。

瑪莉海倫是許多經歷這項轉變的家長之一，疫苗溝通師不只協助人們改變信念，也幫助他們改變行為。在亞諾的第一份研究中，生產後住進產科病房的母親之中，有72%說她們打算讓孩子接種疫苗；和疫苗諮商師進行動機式晤談之後，有87%加入這個行列。在亞諾的下一項實驗中，假如母親參加了動機式晤談，她們的孩子在兩年後接受完整接種的比例增加了9%。假如這聽起來似乎作用不大，別忘了這只是在產科病房的一次對話帶來的成果，而這便足以在二十四個月之後改變行為了。不久後，政府衛生部贊助亞諾的動機式晤談專案數百萬美元，計畫派出疫苗溝通師前進魁北克每家醫院的產科病房。

現在，世界各地有幾萬名從業人員採用動機式晤談，在美國各地及歐洲許多地區都有註冊培訓師，而培養必須技能的課程開設更遍及阿根廷、馬來西亞及南非。動機式晤談成為一千多項對照試驗的主題，而光是列出這些的一份參考書目便長達六十七頁。醫事人員有效地運用這種方式，協助人們戒除抽菸、濫用藥物及酒精、賭博、進行不安全性行為，以及協助改善飲食及運動習慣、克服飲食失調，以及減重。這種風潮也成功地運用在教練打造職業足球員的毅力、老師提醒學生不要熬夜、顧問替團隊做好組織改變的準備、尚比亞的公共衛生工作人員鼓勵人們消毒用水，以及環保激進分子協助人們為氣候變遷盡一份心力。類似的技巧為心存偏見的選民開啟思維，以及當衝突調解員協助分手的父母解決關於孩子的紛爭，動機式晤談有可能達成全面協議的機率，是標準協調法的兩倍。

總的來說，大約每四份研究中就有三份的結果顯示，動機式晤談在行為改變上具有統計及臨床的有意義成效，而心理學家及醫師使用這種方式的成功率則達到80％。在行為科學方面，沒有太多實務理論具有這麼多有力證據。

動機式晤談並不限於專業背景，它和日常決定及互動都息息相關。有天一位朋友打電話尋求我的建議，看她是否該和前任復合。我很喜歡這個主意，但是我不認為我有資格告訴她該怎麼做，所以我沒有提供我的看法，而是請她一一說明優缺點，告訴我這些是否接近她想要的伴侶特質，她最後說服自己重新開始這段關係。這場對話感覺像魔法，因為我並沒有企圖說服她，或者給出任何建議。[53]

當人們忽視建議，那並非總是因為他們不贊同，有時他們是抗拒那種壓力感，以及別人在控制他們決定的那種感受。為了保護他們的自由，動機式晤談者不會給予命令或提出建議，而是可能說些什麼，再加上像是「這裡有幾點曾經幫助過我，你認為其中有任何可能對你有用處嗎？」

你看到了，「提出問題」能如何幫助自我說服，動機式晤談更進一步地引

壞動機賓果

B	I	N	G	O

嚇人的策略	拒絕 給予愛	告訴我 這是 為我好	企圖讓它 看起來 好像那是 我的主意
大吼大叫	貶抑	拒絕 給予支持	說教
操縱	不聽 我要說 的話	不理會 我的感受	不理會 我的想法
輕視我	拒絕 給予尊重	被動攻擊	羞辱

53 原註：幾千年以來，人們似乎已經了解說服自己改變的魔法了。我最近得知，阿布拉卡達布拉（abracadabra）這個字是源自希伯來語，意思是我說什麼便創造出什麼。

導他人自我發現。在達洛・戴維斯問三K黨成員，他們根本不認識他，怎麼會恨他時，你已經短暫窺見它的運作了，現在我想深入呈現相關的技巧。當我們嘗試說服他人重新思考，我們的第一直覺通常是開始說話。然而要幫助他人開啟思維，最有效的方式經常是傾聽。

在醫療中心之外

多年前，我接到一通生物科技新創公司的來電，要找我幫忙。執行長傑夫是一位專業的科學家，他喜歡在做決定之前拿到所有的必要數據。在掌管公司超過一年半之後，他依然無法為公司展開一幅願景，處於失敗的危險之中。三名顧問企圖說服他提出一些方向，他把三人都解僱了。在人資主管認輸放棄之前，她死馬當活馬醫，聯絡一名學者。這是動機式晤談的完美時機：傑夫似乎不願改變，而我完全不知道原因。當我們碰面時，我決定看我是否能協助他找到改變的動機。以下是我們談話的關鍵時刻：

我：在三名顧問遭到解聘之後，我真的很開心接手這個顧問職位，我好想聽他們是怎麼搞砸的。

傑夫：第一個顧問給我答案，而不是提問。那樣很自大：他甚至沒花時間去了解問題，這怎麼有辦法解決？接下來兩個比較懂得向我學習，不過他們最後還是試圖告訴我該怎麼做我的工作。

我：所以你為何還要費事再找個局外人進來？

傑夫：我在尋找一些領導力的新鮮想法。

我：我無權告訴你該如何領導，領導力對你來說代表著什麼？

傑夫：做出系統化決策，有思慮周全的策略。

我：有任何領導人擁有你欽佩的那些特質嗎？

傑夫：亞伯拉罕．林肯、馬丁．路德．金恩、史蒂夫．賈伯斯。

那是一個轉捩點。在動機式晤談中，維持談話和改變談話之間有所區別，維持談話是對現況做出評論，改變談話則是提及某種欲望、能力、需求或承諾以做出調整。在思考做出改變時，許多人會感到矛盾。他們有某些理由要考慮這麼做，但是也有部分理由要保持現狀。心理學家米勒和護士羅爾尼克的建議是：詢問及留神傾聽提及改變的話，然後提出一些關於他們為何及可能如何改變的問題。

比方說，你有一位朋友提到想戒菸。你的可能回應是問她為何考慮戒菸。假如她說是醫生建議，你可以繼續詢問她自己的動機：妳對這個主意有什麼看法？假如她提出為何決心戒菸的理由，你可以問她，她想採取的第一個戒菸步驟是什麼。「改變談話是一條金線，」臨床心理學家泰瑞莎・莫耶斯（Theresa Moyers）說。「你要做的是挑出那根線，然後拉它。」所以我就對傑夫這麼做了。

我：在你提到的那些領導人之中，你最欣賞的是什麼？

傑夫：他們都有鮮明的願景。他們激勵人們去達成偉大的事情。

我：有意思。假如史蒂夫・賈伯斯現在置身你的處境，你認為他會怎麼做？

傑夫：他可能會讓他的領導團隊提出一個大膽的主意，然後打造一個現實扭曲力場，讓它變得似乎可行，或許我也應該那麼做。

過了幾週，傑夫出席一場異地會議，發表了他的第一場願景演說。當我聽說這件事，我散發著驕傲的光芒：我打敗了我的內在邏輯惡霸，引導他找到他自己的動機。

不幸的是，董事會最後還是決定關閉這家公司。

傑夫的演說並未達到預期效果。他結結巴巴地唸著寫在餐巾紙上的小抄，沒有激起關於公司方向的熱情。我忽略了一個重要步驟：幫助他思考如何有效地執行改變。

動機式晤談有第四個技巧：總結。這經常受到建議用在對話以及轉變點的結尾。這是為了說明你對他人改變的理由有何了解，檢視你是否遺漏或曲解任何事，以及詢問他們的計畫和接下來的可能步驟。

你的目的不是要當領導者或跟隨者，而是引導者。心理學家米勒和護士羅爾尼克把它比擬為在異國雇用一名導遊：我們不想要她任意差遣我們，但是也不想要她跟著我們到處跑。我很開心傑夫決定分享他的願景，雖然我並沒有提出關於它的任何問題，或是他要如何呈現它。我和他一起合作，重新思考是否與何時要發表演說，但不是它的內容是什麼。

假如我能重來，我會問傑夫他考慮如何傳達他的訊息，以及他認為他的團隊會如何接受它。一名好的引導者不會在幫助人們改變信念或行為之後便撒手不管，我們的工作還沒完，直到我們幫助他們完成目標為止。

動機式晤談的部分優點是，它在兩個方向都產生更多開放思維。聆聽能鼓勵他人重新考慮他們對我們的態度，但是也給予我們資訊，引導我們去質疑我們對他們的觀點。假如我們能認真看待動機式晤談的實踐，我們或許能成為重新思考的那些人。

你不難領會動機式晤談對諮商師、醫生、心理治療師、教師及教練有多少功效。當人們尋求我們的協助，或是接受我們的工作是伸出援手時，我們便能贏得他們的信任。然而我們都會面臨的狀況是，我們想把人們引導到我們偏好的方向，家長和導師經常相信，他們最清楚什麼對他們的孩子及學生是最好的。而這樣的好處，銷售人員、募款者及企業家肯定也希望掌握。

動機式晤談創始者，米勒及羅爾尼克很早便提出警告，這種技巧不應該採取操縱性的用法。心理學家發現，當人們察覺有人意圖影響自己，他們擁有精

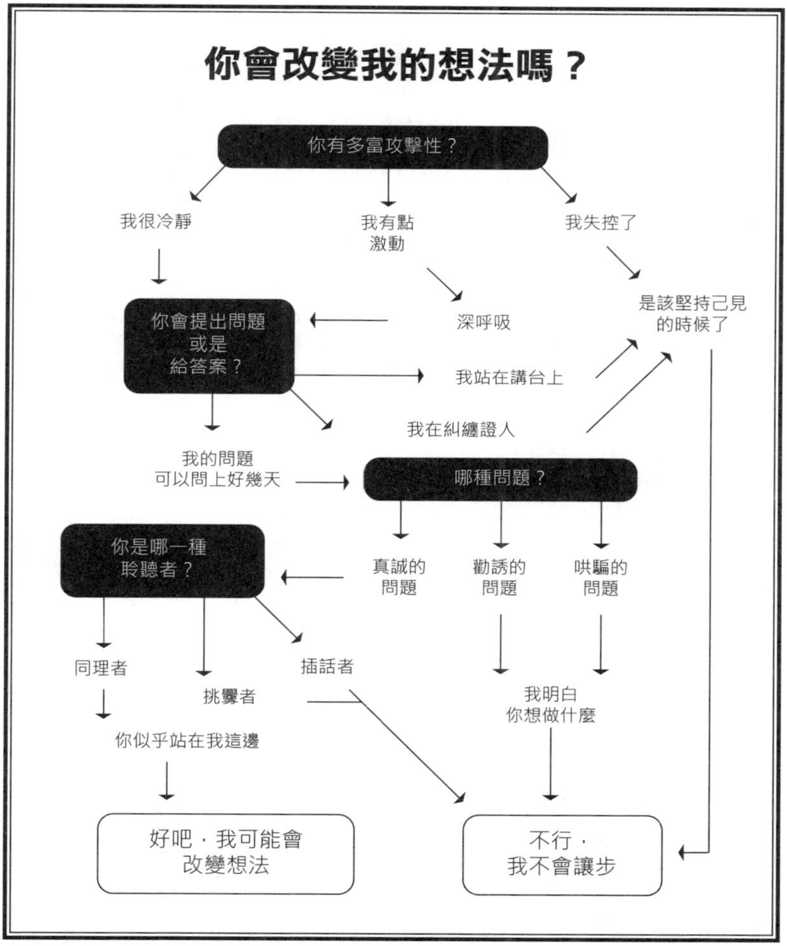
你會改變我的想法嗎？
你有多富攻擊性？
我很冷靜
我有點激動
我失控了
你會提出問題或是給答案？
深呼吸
是該堅持己見的時候了
我站在講台上
我在糾纏證人
我的問題可以問上好幾天
哪種問題？
你是哪一種聆聽者？
真誠的問題
勸誘的問題
哄騙的問題
同理者
挑釁者
插話者
我明白你想做什麼
你似乎站在我這邊
好吧，我可能會改變想法
不行，我不會讓步

密的防衛機制，人們一感覺到我們在設法說服他們，我們的行為便有了不同的意義。一個直截了當的問題會被視為是政治手段，深思的聆聽狀態變成是檢察官的謀略，當我們肯定他們有能力改變，聽起來變得像是傳教士在宣教。

動機式晤談需要你真心渴望能協助人們完成目標，就像傑夫和我都希望他的公司能成功。瑪莉海倫和亞諾都希望托比身體健康。假如你們的目標似乎不一致，你如何能幫助人們改變他們的想法呢？

有影響力的聆聽技巧

貝蒂．畢甘比（Betty Bigombe）已經在叢林中跋涉八英里，但是卻依然沒有看到任何生命的跡象。她對長途步行不陌生：她在北烏干達長大，上下學要各走四哩路，她每天吃一餐過活，和她叔叔以及他的八位妻子同住在一起。經過了長期努力，她現在進入烏干達國會，而且正在進行一個她的同僚沒人敢接受的挑戰：嘗試和叛軍首領協調停戰。

約瑟夫．康尼（Joseph Kony）是聖主抵抗軍的首領。他和他的叛軍最終要為殺害數十萬人、綁架三萬多名孩童，以及使得兩百多萬人流離失所而負責。在一九九〇年代早期，貝蒂說服烏干達總統，派她去嘗試阻止這些暴力事件。

努力了幾個月之後，貝蒂終於和叛軍連絡上，但要和一名女子談判，卻令他們覺得受到侮辱。然而貝蒂不斷協商，直到她獲得許可和康尼本人會面。不久後，他便稱她為媽媽，而且甚至同意離開叢林，展開和平對談。雖然追求和平的努力並未成功，讓康尼願意接受對談已經是一項了不起的成就了。[54]由於貝蒂對於終結暴力的努力，她獲得烏干達年度女性的名號。我最近和她交談時，問她當初是如何成功和康尼及他的手下溝通，她說明關鍵在於不要說服，或者甚至勸誘，而是去聆聽。

善於聆聽不只是少說話而已。那是一套問答的技巧。一開始要對對方的喜

54 原註：和平對談破局，因為烏干達總統漠視貝蒂要求為和平對談訂定基本規範，並且堅持公開威脅康尼，於是後者便進行報復行動，在阿提亞克屠殺了數百人。貝蒂在身心交瘁之餘離開了，她前往世界銀行服務。十年後，她和叛軍展開另一回合的和平對談。她以首席調停者的身分回到烏干達，自掏腰包而不是接受政府的資助，這一來她才能獨立工作。她差一點兒就成功，因為康尼在最後一分鐘退出了。現在，他的叛軍縮減成原來規模的一小部分，而且不再被視為嚴重的威脅。

好展現更多興趣，而不只是批判他們的狀況，或是證明我們自己。我們都能改善詢問的技巧，提出「真正好奇的問題，沒有任何隱藏的待辦事項，例如修正、挽救、建議、說服或修正」，記者凱特．墨菲（Kate Murphy）寫道，協助「促進另一個人清楚表達想法」。[55]

當我們試圖讓他人改變，那可能是一項艱難任務。即便我們有最佳的意圖，也很容易落入模式之中，成為在講壇上布道的傳教士、進行結辯的檢察官，或是發表競選演說的政治人物。我們都容易受到「翻正反射」[56]的影響，正如米勒及羅爾尼克所描述，那是修正問題並提供答案的欲望。一場技巧純熟的動機式晤談能抵抗翻正反射。雖然人們希望醫生能治好他們的骨折，然而，說到他們腦子裡的問題時，他們要的經常是同情多過解決方法。

這就是貝蒂．畢甘比打算在烏干達所做的準備。她開始前往鄉村地區，造訪安置國內流離失所者的營地，她認為有些人可能有親友在約瑟夫．康尼的軍隊裡，或許知道他的下落。雖然她沒有受過動機式晤談的訓練，她直覺地了解這種哲學。在每個營地，她都對人們說，她不是去那裡跟他們說教，而是去聆聽他們的想法。

她的好奇心及自信的謙遜讓烏干達人大感意外，其他的和平使者過來要求他們停戰時，他們會宣揚自己解決衝突的計畫，並控訴過去失敗的努力。現在這位專業政治人物貝蒂，卻沒有告訴他們該怎麼做，她只是在篝火前安靜地坐上幾個小時，寫著筆記，不時插話提出問題。「假如你們想罵我，那就請便吧，」她說。「如果你們要我離開，我會照做。」

為了展現她對和平的承諾，貝蒂留在營地，即便他們缺乏足夠的食物及適當的衛生條件。她邀請人們抒發他們的悲慟，提出可以採用的療癒方法。他們告訴她，有外人給他們機會分享他們的觀點，實在罕見又令人耳目一新。她賦予他們權力去提出自己的解決方案，給了他們某種擁有感。他們最後叫她秘古（Megu），直譯為「母親」的意思，同時也是對長者的親愛稱呼，給予這個尊稱尤其引人注目，因為貝蒂代表政府，而許多營地都將其視為迫害者。不久後，

55 原註：貴格會避靜院有專為這個目的設立的「澄心委員會」，提出問題來幫助人們具體化他們的思維，解決他們的困境。

56 編按：righting reflex，亦稱「復位反射」，一般指動物體處於異常體位時所產生的恢復正常體位的反射。

人們提議要把她引見給約瑟夫．康尼游擊隊裡的協調官及指揮官。貝蒂若有所思地說：「就算是魔鬼也喜歡有人聽他說。」

在一系列的實驗中，和一位富同理心、不做道德批判並且專注的聆聽者互動，人們會降低焦慮及防衛心，他們會感覺比較沒有壓力要避開思緒裡的矛盾之處，這鼓勵他們更深入地探索自己的看法，辨別內心更多的細微差異，並且更公開地和他人分享。聆聽的好處不限於一對一的互動，在團體之中也會發生。在跨政府機構、科技公司及學校的實驗中，當人們圍坐成一個聆聽圈，每次由一個人拿著發言棒，其他人專注聆聽之後，人們的態度變得更複雜卻比較不極端。心理學家建議練習這種技能，方法是：和那些我們有時難以理解的人坐下來。這個構想是要告訴他們，我們努力當個更好的聆聽者，我們願意聽取他們的想法，而且我們會先聽幾分鐘之後才回應。

許多溝通者試圖讓自己看起來很聰明，但厲害的聆聽者比較有興趣讓對方感覺自己聰明。他們協助人們以更謙虛、懷疑和好奇的態度去處理自己的觀點。當人們有機會公開表達自己，他們經常會發現新的想法。正如作家E. M.佛斯特（E. M. Froster）的說法：「在我看到自己說了什麼之前，我怎能辨別我在想什麼？」那種理解，讓佛斯特成為一個不尋常的專注聆聽者。有位傳記作者說：「和他說話等於是受到反向魅力的誘惑，你覺得自己受到如此專注地聆聽，你肯定是那個最誠實、最敏銳也最出色的自我。」

反向魅力。多棒的措詞，捕捉了出色聆聽者的魅力特質。想想看那種聆聽者有多難得。由員工評價為最糟聆聽者的管理者之中，有94%自評為好或非常好的聆聽者。**達寧及克魯格**[57]**對這點可能有話要說**。在某次民調中，有三分之一的女性表示，比起另一半，她們的寵物是更棒的聆聽者，**或許想養貓的不只是我的小孩而已**。常見的狀況是，醫生在十一秒之內會打斷病人的話，即便患者可能只需要二十九秒來描述自己的症狀。然而，在魁北克，瑪莉海倫的體驗非常不同。

當瑪莉海倫說明她擔心自閉症，還有同時施打多重疫苗的作用時，亞諾並沒有以科學事實的炮火對她猛攻。他問她的資料來源為何。和許多家長一樣，她說她在網路上看過關於疫苗的資訊，但不記得是哪裡來的。他承認在一大堆

57 編按：提出「達克效應」的心理學家。

矛盾的主張之中，很難清楚了解疫苗接種是否安全。

最後，當他明白了瑪莉海倫的信念，亞諾開始自問他是否能根據他自己的實務經驗，分享一些關於疫苗的資訊。「我展開一場對話，」他告訴我。「目的是建立信任關係。假如你沒有獲得准許便提出資訊，沒人會聽你說。」藉由說明麻疹疫苗是弱化的活病毒，因此症狀通常極小，而且沒有證據顯示它會提高自閉症或其他併發症發作的機率，亞諾得以解開了她的恐懼及錯誤觀念。他並不曾長篇大論，而是參與討論。瑪莉海倫的問題引出他分享的證據，然後他們一起重新建立她的知識。在這個過程的每一步，亞諾都避免對她施加壓力。即使是透過科學溝通之後，這場對話結束時，他告訴她說，會讓她再想一下，確認她有做決定的自由。

二〇二〇年，在冬天最嚴重的暴風雪期間，一對已婚夫婦開車一個半小時去拜訪亞諾。他們並未讓他們的任何一個孩子接種疫苗，不過和他討論了四十五分鐘之後，他們決定讓四個小孩都接種疫苗。這對夫妻住在海倫瑪莉的村子裡，看見那裡的其他小孩接種疫苗，引發這位母親的好奇心，於是他們主動尋求更多資訊。

聆聽的力量不只在於「給予人們空間去反思他們的觀點」，還有展現尊重及表達關切。當亞諾花時間去了解瑪莉海倫的顧慮，而不是不予理會時，他對她和她兒子的福利展現了真誠的關注。當貝蒂·畢甘比和流離失所的烏干達人住在他們的營地，要他們抒發他們的悲慟時，她在證明她在乎他們要說的話。聆聽是把我們最神聖、最珍貴的禮物，也就是我們的注意力，交給他人的一種方式。我們一旦展現出我們在乎他們和他們的目標，他們就比較願意聽我們說。

假如我們能說服一位母親讓她的脆弱寶寶接種疫苗，或是一名叛軍首領考慮和平對談，我們能輕鬆斷定為了這些目的，採用任何必要手段都是正當的。但是別忘了，手段是我們品格的度量，當我們成功改變某人的想法，我們不應該只問我們是否對自己的成就感到驕傲，我們也應該問我們是否自豪自己如何達成目標。

PART 3

集體的重新思考

打造終生學習者社群

08

劍拔弩張的對話：為我們的分歧討論消除對立

當衝突變得陳腔濫調，錯綜複雜的情況就成了突發新聞。

——美國記者、作家／亞曼達．雷普利（Amanda Ripley）

渴望咬牙切齒、情緒爆棚地來一場關於墮胎的辯論嗎？那麼關於移民、死刑或氣候變遷呢？假如你認為你應付得了，那麼前往紐約哥倫比亞大學校園裡的某棟磚造建築二樓吧，那是困難交談實驗室的所在地。

假如你有足夠的勇氣前往造訪，你會與一名陌生人配對，對方在某個具爭議性的題目上強烈反對你的觀點。你只會有二十分鐘來討論這個議題，然後你們倆都必須決定，你們意見一致的程度，是否足以寫下並簽署一份共同聲明，說明你們對墮胎法的共同觀點。假如你能這麼做（這可不是一件小事），你的聲明會公布在一個公共論壇上。

二十年來，負責這個實驗室的心理學家彼得．柯爾曼（Peter T. Coleman）找來各方人士齊聚一堂，談論對立的議題。他的使命是逆向操縱成功的對話，然後以各種方式進行實驗，以便製造出更多成功對話。

為了讓你在開始這場關於墮胎的對話之前，抱持正確的心態，彼得會給你和那位陌生人一篇新聞文章，內容是關於另一項引起分歧的議題：槍枝管制。你不知道的是，那份槍枝管制文章有許多不同版本，你們讀到那一份將會對於你們是否在墮胎議題上達成共識，造成重大的影響。

假如那份槍枝管制文章涵蓋這項議題的兩面觀點，在槍枝權益與槍枝立法之間平衡報導，你和你的對手便很有機會在墮胎議題達成共識。在彼得的某項實驗中，看完了兩面觀點之後，有46％的配對受試者能找出足夠的共同點，一起草擬及簽署一份關於墮胎議題的聲明，這是引人注目的結果。

但是彼得繼續做了更令人欽佩的事。他隨機分派配對受試者閱讀另一個版本的文章，而這篇導致100％的受試者都提出並簽署關於墮胎法的共同聲明。

這個版本的文章報導同樣的資訊，但是以不同的方式呈現。他並未將槍枝管制形容成兩面之間的黑白分歧，而是把這項爭論設定成有許多灰色區域的複雜議題，呈現出許多不同的觀點。

在上一個世紀更替時，對於網際網路的莫大希望是，它會讓我們接觸到不同的觀點。不過在網路歡迎數十億種新聲音及舊觀點加入對話之際，它也成了錯誤訊息及虛假訊息的武器。在二〇一六年的大選時，政治兩極化的問題變得更極端也更明顯，解決方法在我們看來似乎很明顯。我們需要打破動態消息的過濾泡泡，粉碎我們網絡裡的回聲室。假如我們能讓人們看見某個議題的另一面，他們會開啟他們的思維，變成更有見識，彼得的研究正是挑戰那種假設。

現在我們知道就複雜的議題來說，看見另一方的看法是不夠的。社群媒體平台讓我們接觸到它們，但是它們並未改變我們的想法。知道另一方的存在不足以讓傳教士懷疑他們是否站在道德的那一方，讓檢察官質疑他們是否代表案件中正義的一方，或是讓政治人物疑惑他們是否置身歷史上對的那一邊。聽見相反的意見不必然會激發你去重新思考你的立場，而是讓你更容易堅持己見（或者是堅持你的槍枝禁令）。呈現兩種極端並非解決的辦法；那是兩極化問題的一部分。

心理學家對此有個說法：二元偏誤。這是一種基本的人類傾向，將複雜的連續性簡化成兩個類別，藉此尋求澄清及結束。把幽默作家羅伯特・班奇力（Robert Benchley）的話換個說法，這世上有兩種人：那些把世界劃分成兩種人的人，以及沒這麼做的人。

這種傾向的解藥是「複雜化」：在某個主題展現各種觀點。我們或許相信，透過以一體兩面的方式討論敏感話題，我們會逐漸進步。不過假如我們透過稜鏡的許多鏡片來呈現這些主題，人們其實會更傾向於重新思考。在此借用華特・惠特曼（Walt Whitman）的一個說法，要運用很多觀點才能幫助人們明白，他們也有很多觀點。

一點複雜性能瓦解過度自信的循環，並且激發重新思考的循環。這讓我們能更謙遜地看待自己的知識，也更懷疑自己的看法。它能帶給我們足夠的好奇心去發現我們缺乏的資訊。在彼得的實驗中，他只需要把槍枝管制設計成不只是有兩種極端立場的議題，而是涉及了許多互有關聯的困境。正如記者亞曼達．雷普利的敘述，槍枝管制文章「看起來不太像是律師的開場陳述，而是比較像考古學家的野外紀錄。」那些野外紀錄足以幫助擁護生命權及擁護選擇權的倡議者在短短二十分鐘內，就墮胎議題找出一些意見一致的部分。

這篇文章不只讓人們接受重新思考他們對於墮胎的觀點，他們也重新考慮自己在其他分歧議題，例如反歧視行動及死刑的立場。[58]假如人們閱讀了這篇文章的二分法版本，比起展現他們關切對手的興趣，他們更常做的是捍衛自己的觀點。假如他們讀到了複雜化的版本，比起針對自己的觀點提出看法，他們會加倍評論雙方的共同點。他們主張較少的看法，提出較多的問題。在對話的最後，他們提出更成熟、更高品質的立場聲明，而且雙方都更滿意地離開。

58 原註：當媒體標題宣稱在槍枝法議題出現了分裂的美國時，他們遺漏了很多的複雜性。沒錯，在支持禁令及回購攻擊性武器方面，民主黨人與共和黨人之間有四十七到五十個百分點的差距。然而民調顯示出在要求背景調查（有83％的民主黨人及96％的共和黨人支持）及心理健康篩檢（有81％的民主黨人及84％的共和黨人贊成）的兩黨共識。

長久以來，我苦思要如何處理本書中的政治部分。我沒有任何高招或橫跨鴻溝的橋樑，**我甚至不太相信政黨，身為組織心理學家，我想調查候選人的領導能力，然後再去擔心他們的政策立場。身為公民，我相信我有責任就每個議題形成獨立的看法。**最後，我決定保持超然立場的最佳方法是，探索那些對我們個人造成影響的時刻：我們在現實及線上進行的，那些劍拔弩張的對話。

「抗拒簡化的衝動」是往「增進論述素養」跨出了一步。這麼做能充分暗示我們如何溝通兩極化議題，在傳統媒體中，這能幫助記者開啟人們的思維，

不合邏輯的推論

去面對令人不安的事實；在社群媒體，這能幫助我們大家進行更有成效的推特及臉書口水戰；在家庭聚會，這或許無法讓你和你最不喜歡的叔叔達成共識，不過它能有效預防一個無害的對話爆炸成情緒煉獄。在討論影響我們全體生命的政策時，它或許能更快地為我們帶來更好又更實際的解決方案。那就是本書的這個部分要談的：將重新思考應用在我們生活中的不同部分，這一來我們就能在生命每個階段不斷學習。

一些不願面對的真相

二〇〇六年，艾爾．高爾（Al Gore）主演一部關於氣候變遷的賣座影片，《不願面對的真相》。它贏得奧斯卡最佳紀錄片獎，並且引發一波激進主義，激發企業響應環保，以及政府通過立法並簽署劃時代的協議以保護地球。歷史教導我們，有時需要結合宣揚、控訴及政治策略，才能促成那種戲劇化的轉變。

然而，到了二〇一八年，只有59％的美國人把氣候變遷視為重大威脅，而

16%相信那根本不會造成威脅。在西歐及東南亞的許多國家，有更高百分比的人口已經願意接受證據所顯示，氣候變遷是一個嚴重的問題，但過去十年來在美國，對於氣候變遷的信念卻少有改變。

這個棘手的議題，成了順理成章的起始點，讓我們著手探討：如何能把更多的複雜性帶到我們的對話裡？基本上，這需要把注意力放在經常受到忽略的細微差別上，並且從尋找並突顯灰色區塊開始。

期許偏誤的一個基本教訓是，我們的信念是由我們的動機塑造而成，我們相信什麼端視我們**想要**相信什麼而定。在情緒上要我們承認所有的生命，正如我們所知的都深陷危機，可能會令人感到不安。但是美國人會對於氣候變遷感到半信半疑，還有一些其他的因素。政治上，氣候變遷在美國已經被汙名化為自由主義者的議題；在某些保守圈子裡，光是承認它可能存在就會讓人快速遭到驅離。證據顯示，高等教育預測民主黨人對氣候變遷會有高度關注，而共和黨人對此的關注度較低。在經濟上，我們對於美國在回應變遷氣候的部分，會比世界大部分地區還要有彈性，而且我們不願犧牲目前繁榮致富的方式，這些深植的信念難以改變。

身為心理學家，我想特別關注另一個因素，這是我們都可以控制的一個因素：我們在氣候變遷議題上的溝通方式。許多人相信，帶著熱情及宣揚信念是說服的必要手段。一個明顯的例子就是艾爾．高爾。當他在二〇〇〇年的美國總統大選以些微差距落敗時，選民對他的挑剔之一是他的活力，或者該說是他的缺乏活力。人們說他枯燥乏味、無趣、呆板。快轉到幾年後：他的影片引人入勝，而他的台風也有驚人的成長。二〇一六年，當我觀看高爾在TED的紅圈裡發表演說，他的語言風格生動，情感在聲音裡顫動，熱情隨著汗水涔涔滴落。**假如有機器人在控制他的大腦，它一定是短路了，讓這個人類掌握主導權。**「有些人依然懷疑我們有意願採取行動，」他低沉有力地說：「不過我會說，採取行動的意願本身就是可再生資源。」觀眾席爆發一陣起立歡呼，後來他被冠上TED之王稱號。假如不是他的溝通風格打動人心，還會是什麼呢？

在TED，高爾白費了唇舌：他的觀眾已經是激進的改革派了，對於有更多不同信念的觀眾，他的語言風格並非總是引起共鳴。在《不願面對的真相》中，高爾把「真相」和「所謂的懷疑論者」提出的主張作對照。在二〇一〇年的一篇專欄裡，他把科學家和「氣候變遷否認者」拿來作對照。

　　這是實際運作的二分法偏誤。它假設這世界一分為二：相信者與不信者。只有一方可能是對的，因為真相只有一個。我不怪高爾採取這種立場；他是在呈現精確的數據，而且代表科學社群的共識。因為他是捲土重來的政治人物，看見某個議題的兩面觀點想必是第二天性。不過當唯一的一個可用選項是黑與白，免不了會落入「我們對抗他們」的心理狀態，然後把焦點放在各種面向的觀點，而非科學。對那些觀望的人來說，當他們被迫選邊站時，情感、政治及經濟壓力，讓他們傾向支持疏離或選擇不去理會問題。

　　為了克服二分法偏誤，有個好的起始點是充分了解在某個特定範圍內的觀點類別。民調顯示在氣候變遷議題上，至少有六個想法陣

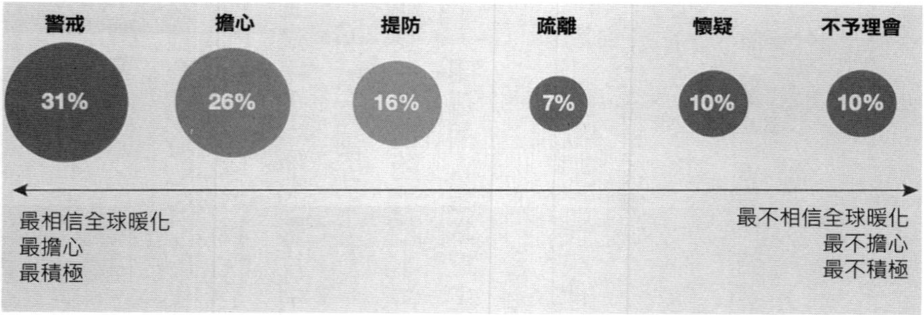

營。相信者相當於半數以上的美國人，但是有些心存顧慮，有些抱持警覺。那些所謂的不信者態度各異，從提防、疏離、懷疑到不予理會都有。

尤其重要的是，要區別懷疑論者及否認者，懷疑論者有健全的科學態度：他們不相信自己看到、聽到或讀到的每一件事。他們提出重要的問題，在取得新資訊時會更新他們的想法。否認者處於疏離陣營，鎖定在傳教士、檢察官或政治人物的模式：他們不相信來自另一方的任何事。他們忽視或扭曲事實，以便支持他們已經決定的結論。正如懷疑調查委員會在對媒體的某項呼籲中表示，懷疑論「對科學方法來說十分重要，」而否認則是「缺乏客觀考慮的想法先驗[59]拒絕」。[60]

59 編按：a priori，哲學用語，「來自較早的」意思。先驗知識獨立於經驗的知識，而經驗會讓一個直觀或判斷失去客觀的必然性，因為客觀必然性只會顯現於純粹的、先驗的東西上。

60 原註：氣候學家更進一步地注意到，在否認之中至少有六種不同的類別：主張（1）二氧化碳並未逐漸增加；（2）就算二氧化碳逐漸增加，也沒有發生暖化現象；（3）就算發生了暖化現象，那也是出於自然的原因；（4）就算是人類造成了暖化，衝擊也不大；（5）即使人類受到的衝擊不小，也會帶來好處；（6）在情況變得真正嚴重之前，我們會適應或解決它。實驗顯示，給予科學否認者一個公共平台，會因為散播不實信念而造成反效果，但是反駁他們的論述或方法會有幫助。

這種信念範圍的複雜性，經常在氣候變遷的報導中遺漏了。雖然不超過10%的美國人不去理會氣候變遷的問題，得到最多媒體版面的卻是這些少數的否認者。有一項涵蓋二〇〇〇到二〇一六年間，幾十萬篇媒體報導的分析顯示，有些在氣候議題上和眾人唱反調的知名人士得到不成比例的報導：他們獲得報導的次數比專業科學家多出49%。結果是人們高估了否認有多常見，最後讓他們對於擁護保護環境的政策更加遲疑。當這個範圍裡的中間部分隱藏於無形，多數人的行動意願會隨著它消失無蹤。**假如別人不會對這件事採取任何行動，我幹嘛要費事呢？**當他們意識到有多少人在擔心氣候變遷的問題，他們就會比較有心理準備去採取某些行動了。

身為資訊消費者，我們要擁抱更微妙的觀點。當我們閱讀、聆聽或觀看，我們能把複雜性視為可信度的象徵。我們要支持的內容及資料來源是能呈現出某個議題的許多面向，而不只是一、兩種。當我們看到簡單化的標題，我們可以抵抗我們想接受二分法的傾向，詢問在兩種極端之間還少了哪些額外的觀點。

這也適用我們提供及溝通資訊時，有新的研究顯示，當記者承認某個複

談論劍拔弩張的主題

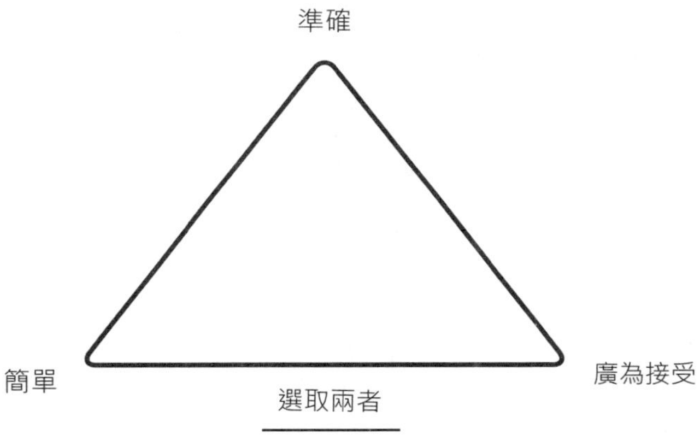

雜議題，例如氣候變遷及移民，有些不確定的相關事實時，這並不會破壞讀者的信任。有許多實驗顯示，當專家表達懷疑，他們變得更具說服力。當某個博學的人承認某些事難以預料，人們會感到驚訝，最後對於這項論述的本質付出更多的注意力。

當然了，這種些微差異的潛在挑戰是，它似乎不會快速傳播。注意廣度很短：我們只有幾秒鐘讓引人注意的標題吸引你的目光。這是真的，複雜性不見得總是能成為媒體金句，但是它能撒下好的對話種子。有些記者找出了聰明的辦法，選擇以短短幾個字來呈現。

幾年前，媒體做了一篇攝取咖啡之認知結果的相關報導。雖然他們的標題是取自相同的數據，有些報紙讚揚咖啡的好處，其他媒體則對其代價提出警告：

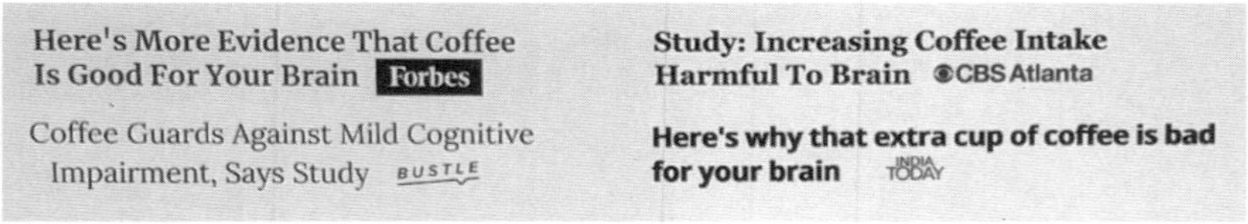
Here's More Evidence That Coffee Is Good For Your Brain
Forbes
Coffee Guards Against Mild Cognitive Impairment, Says Study
BUSTLE
Study: Increasing Coffee Intake Harmful To Brain
CBS Atlanta
Here's why that extra cup of coffee is bad for your brain
INDIA TODAY

（左上）更多證據顯示，咖啡對你的大腦有益。《富比士雜誌》
（左下）研究顯示，咖啡防止輕度認知障礙。《Bustle》
（右上）研究：增加咖啡攝取對大腦有害。CBS亞特蘭大
（右下）多喝一杯咖啡對你的大腦有害，原因在此。《今日印度》

實際的研究顯示，相對於完全不碰、偶爾飲用或大量飲用咖啡的人來說，年長者每天喝一到兩杯咖啡，罹患輕度認知障礙的風險較低。假如他們每天多喝一杯以上，風險會高過於那些保持每天一杯或以下的人。每個片面的標題用了十四到十八個字，誤導讀者對喝咖啡作用的認知。一個更精確的標題只需要十五個字，就能造成即時複雜性的效果：

想像一下，假如這種對複雜性的最小提示出現在報導氣候變遷的文章裡。科學家壓倒性地同意它的人為肇因，不過關於真正的影響及可能的補救方式，就連他們自己也有各種不同的觀點。不過我們仍有可能在擔憂這種情況的同時，找出各種方式加以改善。[61]

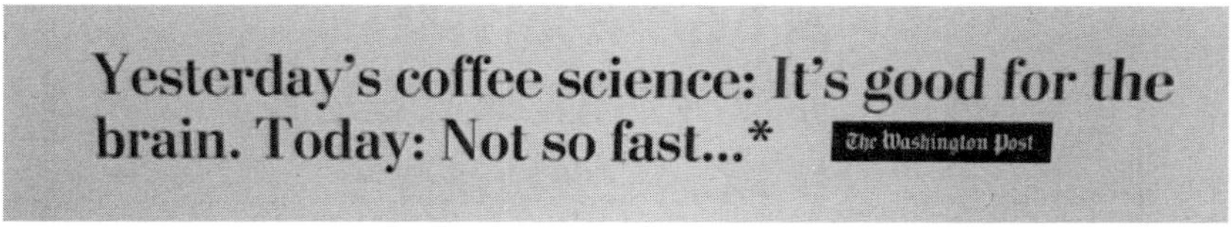
Yesterday's coffee science: It's good for the brain. Today: Not so fast...*
The Washington Post

昨天的咖啡科學：它對大腦有益。今天：別驟下結論……《華盛頓郵報》

心理學家發現，人們要是不喜歡解決的方法，就會忽略甚至否認問題的存在。當自由主義者閱讀的論述是，嚴格的槍枝管制法會使得屋主更難保護自己時，他們對入侵者暴力的議題會更加不屑一顧。保守主義者閱讀綠色科技政策提案，會比閱讀排放限制提案時，更能接受氣候科學。

在討論解決方案時強調灰色地帶，有助於把注意力從氣候變遷為何是個問題，轉移到我們能如何解決這個問題。正如我們在解釋深度的錯覺的證據所看到的，提問「如何」傾向於減少兩極化，把焦點放在關於行動的更具建設性對話。以下有幾個標題範例，作者暗示了解決方案的複雜性：

我從事環保運動
我不在乎你是否回收
種植一兆棵樹能阻止氣候變遷嗎？
科學家說它要複雜得多

一些警告及可能性

假如你想更善於傳達複雜性，不妨仔細看看科學家如何溝通，有個重要的步驟是「納入警告」。我們很少看到單一或一系列研究是無可置疑的，研究者通常會在他們的文章中，以幾個段落說明每項研究的限制性。我們不把它們視為我們成果裡的漏洞，比較像是未來發現的舷窗。然而，當我們和非科學家分享研究結果時，我們有時會掩蓋這些警告。

根據最近的研究顯示，那是一個錯誤。在一系列的實驗中，心理學家演示當新聞報導包含警告的科學時，它們成功地吸引讀者的興趣，並且讓他們保持開放的思維。以一項「不良飲食加速老化」的研究為例：當它提及因為有許多

61 原註：當記者及激進分子討論氣候變遷的後果，經常也未提及複雜性。這個悽慘的訊息替那些害怕擁有燃燒的地球的人，打造出一個燃燒的平台。不過涵蓋二十四個國家的研究顯示，當人們看到做某件事，例如經濟及科學進步以及建立更具道德及關懷的社群，所帶來的集體利益時，他們會比較願意去採取行動及支持。在氣候懷疑論的範疇裡，無論是驚慌或懷疑的人們，當他們相信這會帶來可識別的利益時，比較能下定決心採取主動。研究顯示，記者不只能求諸刻板的自由主義價值，例如同情與正義，還能激發更多行動，強調跨領域價值，例如保衛自由，以及更保守的價值，例如保存大自然的純淨或是保護地球，表現愛國之心。

因素會影響老化，科學家對於做出強烈的因果結論抱著遲疑的態度時，讀者一樣投入這個故事，不過在信念上更具彈性。甚至只是提及科學家相信這個領域還需要多努力，都會有所幫助。

我們也可以透過「強調可能性」來傳達複雜性，每個實證研究，都會提出結果可能會在何時以及何地被複製、變得無效或被翻轉的未解答問題。當效應可能改變時，可能性便存在每個角落以及每個人的身上。

考慮多樣性：雖然標題經常寫著「多樣性是好事」，證據充滿了可能性。雖然背景及想法的多樣性有可能協助群體更廣泛地思考，以及更深入地處理資訊，然而那種可能性在某種情況下能實現，但是在別的情況就行不通。新研究顯示，當訊息具有更多細微差異（也更精確）時，人們比較有可能鼓勵多樣化及包容性：「多樣化是好事，但是行之不易。」[62]承認複雜性不會讓演說者及作者比較無法令人信服，而是提升他們的可信度。它不會失去觀賞者及讀者，而是保持他們的投入，同時增添他們的好奇心。

在社會科學領域，我們不會挑選最有利的資訊來配合我們現有的陳述，我們受過訓練去提問，我們是否應該重新思考及修訂那些陳述？當我們發現的證據無法恰好配合我們的理念系統，大家還是期待我們能分享。[63]然而，在我過去為大眾寫的一些文章中，我後悔沒有盡力強調證據不完全或有衝突的區塊。我有時會避開討論各式各樣的結果，因為我不想讓讀者感到困惑。研究顯示，許多作者落入同樣的圈套，陷入「保持一致陳述而非精確紀錄」之中。

有個引人入勝的例子是情緒智商的分歧，有一個極端是丹尼爾・高爾曼（Daniel Goleman）[64]，他讓這個概念變得普及。他宣揚對表現來說，情緒智商比認知能力（IQ）更重要，而且領導工作有「將近90%」的成功都要靠它。而另一個極端是喬登・彼得森（Jordan Peterson）[65]，他寫過一篇文章〈沒有情

62 原註：甚至當我們設法傳達細微差異，有時那個訊息會在過程中遺失了。最近有些同事和我發表了一篇文章，標題是〈線上多樣化訓練的混合效應〉。我以為我們寫得很清楚，我們的研究揭示多樣化訓練有多複雜，但是不久後，許多評論者宣布它是支持多樣化訓練價值的證據，還有一些人拿它當作多樣化訓練根本是浪費時間的證明，確認偏誤及期許偏誤常盛不衰。

63 原註：有些實驗顯示，當人們擁抱而非逃避悖論及矛盾時，他們會想出更多的創意想法及解決方案。但是其他實驗顯示，當人們擁抱悖論及矛盾時，他們更有可能堅持錯誤的理念及失敗的行動，讓那個悖論發酵一會兒吧。

64 編按：美國心理學家，「組織ＥＱ研究協會」的聯合主席。

65 編按：加拿大心理學教授，臨床心理學和文化評論家。

商這種東西〉，並且指控情緒智商是「騙人的概念、一時的流行、便利的潮流，一場企業行銷的騙局」。

兩人都有心理學的博士學位，但是似乎都沒有建立精確紀錄的特別興趣。假如彼得森肯花心思去讀涵蓋將近兩百份工作的研究整合分析，他就會發現結果和他的說法相反，情緒智商真實存在，而且很重要。情緒智商測驗預期表現甚至在控制ＩＱ及性格之後。假如高爾曼並未忽略那些相同的數據，他會知道要是你想預期各種工作的表現，ＩＱ的重要性是情商的兩倍以上（後者只影響了3％～8％的表現）。

我認為他們倆都沒抓到重點。與其爭論情緒智商**是否**具有意義，我們應該把焦點放在可能性上，說明它**何時**比較重要或不重要。結果情緒智商對涉及處理情緒的工作有益，但是在情緒不是重點的工作上就比較沒有關係，或許甚至是有害的。假如你是房地產經紀人、客服代表或顧問，擅長感知、理解及管理情緒能幫助你支持客戶，對付他們的問題。假如你是技師或會計，當情緒天才沒有多大用處，甚至可能會成為令你分心的因素。**假如你在替我修車或報稅，我寧願你不要太注意我的情緒。**

為了澄清事實，我寫了一個短篇的 LinkedIn 貼文，證明情緒智商的評價過高。我盡力遵守我自己的複雜性準則。

細微差異：這不是說情緒智商沒用處。

警告：在設計出更好的情緒智商測驗之後，我們的知識可能會改變。

可能性：就目前而言，最佳的證據顯示情緒智商並非萬能仙丹，讓我們看清它的本質吧：它是一套技能，在情緒資訊豐富或活躍的情況下，可能會帶來好處。

貼文有超過一千則留言湧入，我很驚喜地得知，許多人對複雜化訊息做出熱情的回應。有些人提到，那些數據能幫助我們重新檢視我們堅守的信念，其他的則充滿敵意，他們對證據視而不見，堅持情緒智商是成功的必要條件。這就好像他們隸屬某個情緒智商邪教。

我不時會碰到觀念邪教，那些群體會引發許多過度簡單化的智識盲從，並且招募追隨者去廣為服侍它。他們宣揚他們珍愛的觀念價值，控訴任何要求細微差別或複雜性的人。在健康的領域，觀念邪教捍衛排毒飲食及淨化，即使在很久之前，這些觀念便遭到揭露是騙人的玩意兒。在教育上，學習風格方面也有觀念邪教，他們的觀點是教導應該透過聽覺、視覺或動覺的模式，依據每個學生對學習的喜好而量身訂製。有些老師因此執意量身訂製他們的教導方式，儘管幾十年來的證據顯示，雖然學生可能享受聽、讀或做的樂趣，他們不見得會因此學得比較好。在心理學上，我曾經不經意冒犯了觀念邪教的成員，當時我是在分享證據，說明冥想不是唯一預防壓力或促進正念的唯一方式；還有說到可信度與效度時，梅爾斯．布里格斯（Myers Briggs）[66]的人格工具是介於星座及心臟監測器之間；以及更真實、可信的東西，有時會讓我們比較不成功。**假如你發現自己在說——向來是好的，或——絕對不是壞事，你有可能是某個觀念邪教的成員。**對複雜性的了解提醒我們，沒有任何行為總是有效，以及所有的解決方法都存在非預期的結果。

在約翰．羅爾斯（John Rawls）[67]的道德哲學中，無知的面紗要求我們審判社會正義，不管自己是否清楚狀況都要插手去管。我認為科學家的無知面紗是要求我們在不知道結論之前，都要基於採用的態度來接受研究的結果。

你要睡覺了嗎？
什麼？
還不行，
這個很重要。
網路上有人的
想法有問題。

混雜的情感

在兩極化的討論中，常見的建議是「接受另一方的觀點」。理論上，站在他人的角度考慮能讓我們和對方的步調一致。然而在實務上，事情卻沒那麼單純。

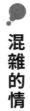

在兩項實驗中，隨機分派受試者去思考政治對手的意圖和興趣，結果會使得，他們比較不願重新思考自己對醫療照護及全民基本收入的態度。在二十五年來的實驗中，「想像他人的觀點」無法帶來更多精確的洞察力，而且偶爾會讓受試者對自己不正確的判斷力更具信心，堅持觀點取替[68]行不通，因為我們根本不會讀心術，我們只是在猜。

假如我們不了解某人，我們就不能藉由想像對方的觀點而恍然大悟。民調顯示，民主黨人低估了共和黨人之中，承認種族歧視及性別歧視盛行的人數。而共和黨人低估了民主黨人之中，以身為美國人為榮，及反對開放邊境的人數。我們和對手之間的距離越大，我們就越有可能過度簡化對方的真正動機，並且編出一些和事實差距甚遠的辯白。有用的不是觀點取替，而是觀點尋求：真正和別人交談，深入了解對方觀點的細微差異。好的科學家就會這麼做：與其根據最少的線索做出關於他人的結論，他們以開始交談來測試自己的假設。

長期以來，我相信讓那些對話比較不會兩極化的最佳方式，是不要讓情緒涉入其中。假如我們不要讓情緒介入，我們就會更能接受重新思考。這時，我讀到了讓我的想法更複雜的證據。

結果是，就算我們在某個社會議題上，強烈反對某人的看法，當我們發現她非常關切這個議題時，我們就會更信任她。我們可能還是不喜歡她，但是我們把她對某個原則的熱情視為正直的象徵。我們反對那個理念，不過對抱持那個理念的人產生了尊敬。

66 編按：「梅爾斯．布里格斯性格分類表」（Myers-Briggs Type Indicator），簡稱「MBTI」，又稱「16型人格測驗」。由美國作家布里格斯（Katharine Briggs）與女兒梅爾斯（Isabel Briggs Myers）以心理學家榮格在一九二一年的《心理類型》為基礎，提出的一種內省的自我報告問卷，表明人們在如何看待世界和做出決定方面存在不同的心理偏好。

67 編按：美國政治哲學家、倫理學家，代表作為《正義論》。

68 編按：所謂「觀點取替」（perspective taking）或稱「角色取替」（role taking）是指：個人能瞭解他人的意向，並且能從他人的角度來看世界的能力。

如果能在對話的一開始就清楚表明那份敬意，這會很有幫助。在某個實驗中，假如一位意識形態的對手一開始就承認「我非常敬重像你這種堅守原則的人」，人們就比較不會把她視為對手，並且對她展現更多寬容。

當彼得・柯爾曼把人們找來他的困難對話實驗室時，他在後來把他們的討論錄音播放給他們聽。他想知道他們在聽到自己的對話時，每一刻的感覺如何。研究了五百多份這種對話之後，他發現那些沒有太多成效的對話，其特色是比較有限的正面及負面情緒，如下方左圖所顯示，人們受困於情緒簡單化，擁有一或兩種主要情緒。正如你在右圖可以看到的，有成效的對話涵蓋了更多樣化的情

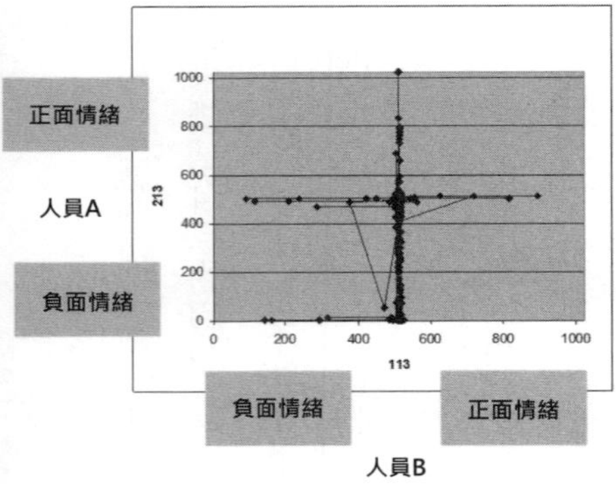

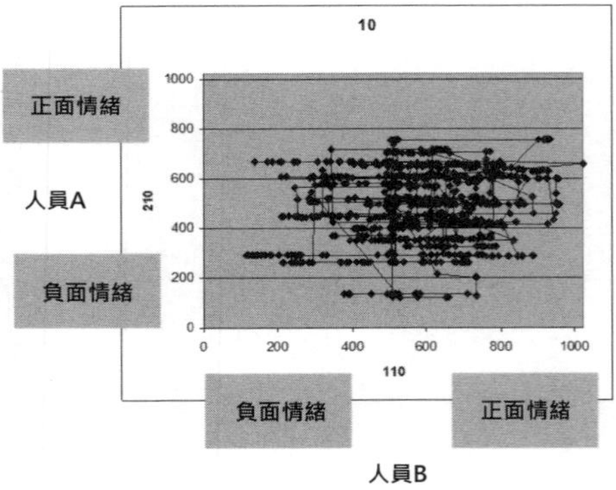

緒，他們並非比較沒有情緒，而是具有更多情緒複雜性。人們有一度可能對另一個人的觀點感到生氣，不過到了下一分鐘，他們便滿心好奇地想進一步了解，情緒很快便轉換成焦慮，然後迫不及待地思考一個新觀點，有時他們甚至會偶然發現想法出錯的樂趣。

在一場具有成效的對話中，人們把自己的情感視為草圖對待。就像藝術一樣，情緒循序漸進地發生作用，它很少能讓我們好好地設計出初稿。當我們取得觀點，我們會修正自己的感覺，有時我們甚至會從頭來過。

阻礙重新思考的，不是情緒的表達，而是受限制的情緒範圍。所以我們要如何把更多情緒種類注入我們劍拔弩張的對話，並且因此獲得共同理解及重新思考的更大可能性？

別忘了，我們不只在議題上會成為二分法偏誤的受害者，在情緒方面也是。就像是劍拔弩張對話的理念範圍比兩個極端更複雜，我們的情緒經常比我們意識到的更混雜。[69]假如你發現了證據，證明你對於槍枝安全的最佳途徑可能想法有誤，你對得知的真相可能同時感到沮喪又好奇。假如你覺得某個信念不同的

有成效vs.無成效對話

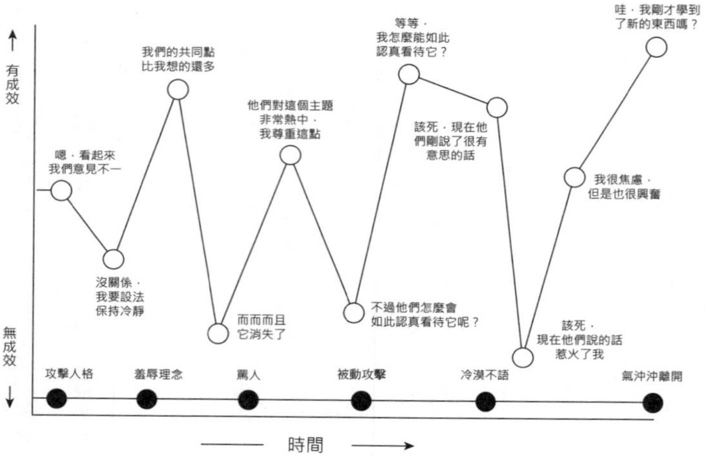
有成效
無成效
嗯，看起來
我們意見不一
沒關係，
我要設法
保持冷靜
我們的共同點
比我想的還多
而而而且
它消失了
他們對這個主題
非常熱中，
我尊重這點
不過他們怎麼會
如此認真看待它呢？
等等，
我怎麼能如此
認真看待它？
該死，現在他
們剛說了很有
意思的話
該死，
現在他們說的話
惹火了我
我很焦慮，
但是也很興奮
哇，我剛才學到
了新的東西嗎？
攻擊人格
羞辱理念
罵人
被動攻擊
冷漠不語
氣沖沖離開
時間

人誤會了你，你可能對於你們過去的互動感到生氣，同時對未來的關係懷抱希望。假如有人說你的行動並未實踐你的反種族主義言論，你會起戒心（**我可是好人耶！**）又感到自責（**我應該要多做一些**）。

二〇二〇年春天，一位名叫克利斯欽・庫柏（Christian Cooper）的黑人在中央公園賞鳥，這時有一名白人女性遛狗經過。他有禮貌地請她替狗繫上牽繩，正如附近的公告標示所要求。當她拒絕時，他保持冷靜，開始拿出手機把她錄下來。她的回應是告訴他說，她要報警了，而且「告訴他們有個非裔美籍男子威脅要殺我。」然後她就這麼告訴了一一九的接線生。

69 原註：結果較年輕的英裔美國人比較年長或亞裔美國人更有可能抗拒混雜的情緒，比方說同時感到快樂及傷心，其中的差異似乎在於接受二元性及悖論。我認為假如我們有更豐富的語言去捕捉矛盾的情緒，可能會有幫助。舉例來說，日文有「koi no yokan」，意思是並非一見鍾情，但是假以時日可能會愛上那個人的感覺。因紐特語有「iktsuarpok」，意思是當我們等待客人來家裡時，那種混合期待及焦慮的感受。喬治亞人有「shemomedjamo」，一種吃得很飽但還是繼續吃，因為餐點太好吃的感覺。我最愛的情緒用語是德文：「kummerspeck」，這是在我們傷心時，情緒性暴食而增加的體重，直譯為「悲傷的培根」。我可以想見在劍拔弩張的對話時，這句很好用：「我無意羞辱你，我只是現在要消耗掉一些悲傷的培根。」

當這起事件的影片瘋傳時，社群媒體的連續情緒反應想當然從道德憤怒到純粹的盛怒都有。這起事件讓人想起了一段痛苦的歷史，由白人女性對黑人男性做出不實的犯罪指控，最後經常落得毀滅性的後果。這真是太可怕了，那名女子沒有繫好她的狗，還有她的偏見。

「我不是種族主義者，我無意以任何方式傷害那名男子，」那名女子在她公開道歉時這麼說。「我想我只是害怕。」她的單純解釋忽略了引發她那種反應的複雜情緒。她大可以停下來，問問自己為何感到害怕，對黑人的哪些觀點導致她在一場客氣的對話中感覺受到威脅？她大可以停下來，思考她為何覺得有權向警方撒謊，是哪種權力動能讓她覺得這是可以被接受的？

她的單純否認忽略的複雜現實是，種族歧視是我們行動的作用，而不僅是直覺。正如歷史學家伊布拉姆・肯迪（Ibram X. Kendi）寫道：「種族主義者及反種族主義者並非固定不變的身分。我們可能在這一分鐘是種族主義者，下一分鐘又成了反種族主義者。」就像兩極化議題，人類很少能以二分法劃分。

在被問及是否接受對方道歉時，克利斯欽．庫柏拒絕做出單純的判斷，而是提出了具有細微差異的評估：

我認為她是真心道歉。我不確定在那封致歉發言中，她是否認清她或許不認為自己是種族主義者，但是那種行為絕對是種族主義者……的確，那是壓力很大的情況、突發狀況，或許是判斷力特別差的一刻，不過她卻那麼做……

她是種族主義者嗎？我無法回答這點，只有她能回答……未來她要如何做人，以及她要如何選擇去反省那個情況，並且檢視它。

藉由表達他的混雜情緒，以及他不確定該如何批判那名女子，克利斯欽顯示他願意重新思考那個情況，並且鼓勵他人去重新思考他們自己的反應。你在閱讀這一段的同時，可能甚至會體驗到一些複雜情緒。

我們不該要受害者把複雜性注入困難的對話裡。重新思考應該由攻擊者來開始。假如那名女子負起責任，重新評價她的理念及行為，對於那些從她的反應看見自己的影子的人來說，她可能會成為典範。雖然她無法改變自己做過的事，並意識到權力動能的複雜性，而導致持久不墜的種族主義，但她或許能在走向正義的可能步驟上，激發更深入的討論。

劍拔弩張的對話迫切需要細微差異，當我們宣揚、起訴或採取政治行動時，現實的複雜性就像是不願面對的真相。但在科學家模式，這是令人振奮的事實，表示有理解及進步的全新機會。

09 重寫教科書：教導學生質疑知識

任何學校教育都不准插手我的教育。

——加拿大科幻小說家／格蘭特·艾倫（Grant Allen）

十年前，假如你告訴艾琳·麥卡錫（Erin McCarthy）說，她會成為一名教師，她會捧腹大笑。當她從大學畢業時，她最不想做的就是教書了。她對歷史深深著迷，但是覺得社會學課程無聊死了。但艾琳想找到方法，替被自己忽視的部分以及被自己遺忘的事注入新生命，於是她開始去博物館工作。不久後，她寫了教師用的參考手冊，帶領學校導覽，並且讓學生加入互動企劃，她領悟到自己在校外教學看到的熱忱，在許多教室裡都不曾出現，於是她決定想辦法改善。

過去八年來，艾琳在密爾瓦基教社會科，她的任務是培養學生對於過去的好奇心，並激勵學生去更新他們的現代知識。二〇二〇年，她獲選為威斯康辛州年度教師。

有一天，一名八年級的學生抱怨說，有一本歷史課本上的閱讀作業不正確，假如你是老師，這種評語可能是惡夢。使用過時的教科書象徵著你不了解你的教材，假如學生比你先注意到錯誤，那會很丟臉。

但艾琳是故意把那份閱讀作業發下去。她收集舊的歷史書，因為她喜歡看到我們敘述的故事如何隨著時間改變，於是她決定給她的學生一本一九四〇年代教科書的某部分。其中有些人對內容信以為真地接受了。經過多年的教育之後，他們變得理所當然地認為，教科書上說的都是實話。其他學生對於書中的錯誤及疏漏大感震驚。他們根深柢固地以為，他們的讀物充滿著沒有爭辯餘地的事實。這個教訓讓他們開始像科學家一樣思考，質疑他們學習的內容：誰的故事包含在內，誰的故事被排除在外，以及若是只有一、兩個觀點是共有的，那麼它們究竟遺漏了什麼呢？

艾琳讓學生看到知識是可以進化的之後，她的下一步是讓他們知道，它總是在進化中。為了設計一個西部擴張的單元，她自己寫了教科書章節，描述現在的中學生是什麼模樣。但所有的主角都是婦女及女孩，所有的總稱代名詞也都是女性。她在第一年介紹這份教材時，一名學生舉手指出男生不見了。「其實有一個男生，」艾琳回答。「男生到處都是，他們只是沒做任何重要的事。」那名學生此時才恍然大悟：他忽然明白了，整個群體幾百年來遭受邊緣化是什麼滋味了。

在艾琳的作業中，我最愛的是最後一份。身為探究式學習的熱愛者，她要八年級學生做自主研究，進行審視、調查、質問及詮釋。他們的主動學習結束時，完成一份團體計畫：他們從課本挑了一章，選出他們有興趣的一段時間，以及他們認為並未被充分表達的一個歷史主題。然後他們開始進行改寫。

有一組選了公民權篇，因為它的內容

這台iPad
都不會動。
© JimBenton.com

並未涵蓋一九四〇年代初期的原始華盛頓大遊行[70]，它在最後一刻取消了，不過啟發了馬丁．路德．金恩在二十年後號召的歷史大遊行。其他的小組修訂二戰篇，納入了西班牙裔步兵團，以及為美國陸軍作戰的第二代日本人。「這是驚人的恍然大悟時刻。」艾琳告訴我。

即使你不是專職教師，你可能也曾花時間教導他人，無論是以父母、精神導師、朋友或同事的身分。事實上，我們每次設法幫助他人重新思考，那就是某種教育了。不管我們教導的地點是在教室或會議室、辦公室或廚房餐桌，有些方法能讓「重新思考」成為我們教導什麼以及如何教導的核心。

我們十分強調傳授知識及建立自信，但是許多教師並未盡力鼓勵學生對自我及彼此提出質疑。為了找出要如何才能改變那種心態，我追查一些非常出色的教育家，他們藉由逐漸灌輸智識的謙遜、散播懷疑，以及培養好奇心來促進重新思考的循環。我也透過把我的教室變成某種生活實驗室，測試我自己的一些想法。

中斷學習

回顧我自己的早期教育，我最大的失望之一，是我從來沒有機會完整體驗科學最大的劇變。早在我對宇宙產生好奇心之前，我的老師在幼稚園便開始揭開它的神秘面紗。我經常在想，假如我到了青少年時期才首次得知，我們並不是住在一個靜態的扁平圓盤上，而是一個旋轉移動的球體的話，我會有什麼感覺。

我希望我會感到震驚，而且不相信的感覺很快會被好奇心取代，最後是發現的敬畏以及想法有誤的喜悅。我也猜想這會在自信的謙遜方面，為我上了改變一生的一課。**假如我對於在自己腳底下有什麼的認知，居然錯得這麼離譜，那麼有多少其他所謂的「事實」，其實是帶著問號的呢？**當然了，我知道許多比較早期世代的人搞錯了，不過得知他人的錯誤理念，和自己學習不要相信哪些事之間，有著很大的差別。

我明白這種想法實驗非常不實際。要對小孩隱瞞聖誕老公公及牙仙子的真

70 編按：以黑人為主的美國少數族裔曾在華盛頓策劃多場示威活動，但規模不大，也多半取消，直到一九六三年馬丁．路德．金恩博士號召的「華盛頓大遊行」才徹底改變美國少數族裔與美國政治的歷史。

相已經夠難了。即便我們能成功延遲他們的發現，還是會面臨風險：有些學生會抓住並凍結他們早先學到的部分，他們會受困在過度自信的循環，對錯誤知識感到驕傲而加深了信念，最後由於確認及期許偏誤，而導致事實的確認。在你意識到之前，我們可能出現一整個國家的地平說者。

證據顯示，假如在小學時期不曾糾正錯誤的科學理念，日後會越來越難改變。「學習反直覺科學理念，類似於成為能流利地說第二語言的人。」心理學家黛博拉・凱爾曼（Deborah Kelemen）寫道。那是「拖得越久就越困難的任務，幾乎從來不曾只靠片段指示及偶爾練習來完成。」這就是孩子們真正需要的：經常練習反學習，尤其是在因果如何運作的機制方面。

在歷史教育的範疇裡，有一股逐漸增長的運動，去提問沒有單一正確答案的問題。在史丹佛研發的一門課程中，高中生受到鼓勵去嚴格檢視美西戰爭的真正肇因，羅斯福新政是否成功，以及聯合抵制蒙哥馬利公車運動[71]為何是一個分水嶺。有些老師甚至要學生去訪談他們不贊同的人，重點不在於想法正確，而是培養能力去思考不同觀點，以及有成效地辯論那些觀點。

這不代表所有的闡述都被視為是正當有效的，當大屠殺倖存者之子來到艾

地平說的過度自信循環

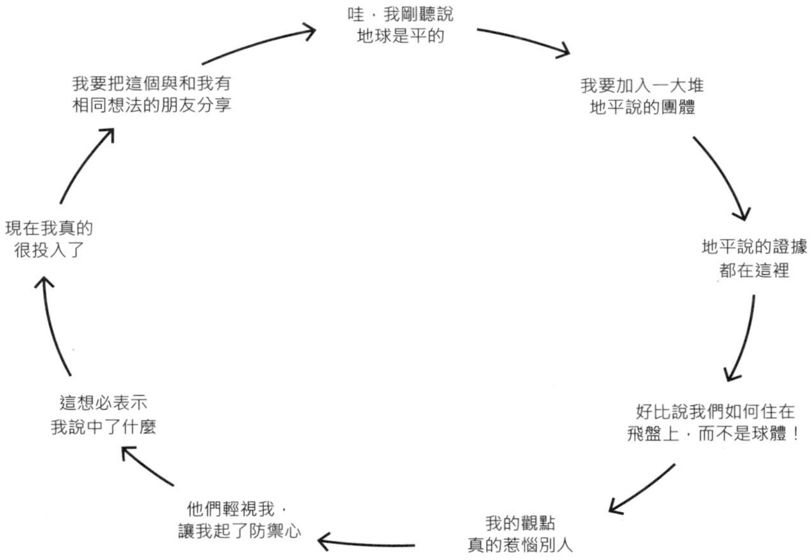

哇，我剛聽說
地球是平的
我要加入一大堆
地平說的團體
地平說的證據
都在這裡
好比說我們如何住在
飛盤上，而不是球體！
我的觀點
真的惹惱別人
他們輕視我，
讓我起了防禦心
這想必表示
我說中了什麼
現在我真的
很投入了
我要把這個與和我有
相同想法的朋友分享

琳·麥卡錫的班上，她對她的學生說，有些人否認大屠殺的存在，然後教他們檢視證據，反駁那些錯誤的說法。這是擴大採取行動，教導孩子們以事實查核的方式思考：準則包括（1）「質問資訊而不只是吸收它」；（2）「拒絕以級別及普及度取代可信度」；（3）「明白資訊傳播者通常不是它的來源」。

這些原則在教室之外非常珍貴。在我們家裡的晚餐桌上，我們有時會進行破除迷思的討論。我的妻子和我會分享我們在學校如何學到，冥王星是一顆行星（這不再是事實了），以及哥倫布發現美洲（從來都不是真的）。我們的孩子教我們，法老王圖坦卡門並非死於馬車意外，並且開心地解釋，當樹懶放屁時，氣體不是從屁股而是從嘴巴跑出來。

重新思考需要成為一種固定的習慣。不幸的是，傳統的教育方式並未總是允許學生去養成那個習慣。

驚嚇效應

這是第十二週的物理課，你可以和某位評價極高的新講師上兩堂課，學習靜力平衡與流體。第一堂是靜力學，是用講座的方式授課；第二堂是流體，這是主動學習的課程。我的一位室友和另一位一樣受歡迎的講師上課，但是教法完全相反：靜力學使用主動學習法，而流體使用講座的方式。

在這兩個案例中，教學內容及講義完全一樣，唯一不同的是教法。在講課時，講師使用幻燈片，提出說明，進行演示，並且解決樣本問題，而你在講義上寫筆記。在主動學習課程，講師並未處理範例問題，而是要學生以小組自行解決，講師則是到處走動去提問，並且給予提示，然後才帶著全班演練解答。在最後，你要填寫問卷。

在這場實驗中，主題不是重點：是教法塑造了你的經驗。我期待這次主動學習會勝出，但是數據顯示，在以講座的方式授課時，你和你的室友在這個科目上都享有更多的樂趣。你也會認為以講座授課的講師更有效率，而且你比較可能會說，你希望所有的物理課都是以這種方式授課。

仔細想想，生動講課的吸引力不令人感到意外。許多世代以來，人們欽佩

71 編按：一九五五年十二月一日，黑人羅莎．帕克斯因為拒絕聽從蒙哥馬利巴士司機的命令，不讓位給一名白人乘客，所引起的一場美國大規模反對種族隔離的社會運動。

語言的力量，例如像是詩人瑪雅・安格魯（Maya Angelou）、政治人物約翰・甘迺迪及雷諾・雷根、傳教士馬丁・路德・金恩，以及教師理查・費曼（Richard Feynman）等。現在我們生活在引人入勝演說的黃金年代，偉大的演說者在各種平台吸引大眾參與及教育，帶來前所未見的影響。創造者曾經在小型社群分享他們的方法，現在他們聚集的 YouTube 及 Instagram 訂閱者人數，足夠構成一個小型國家。牧師曾經在教堂裡為數百人布道，現在他們能透過網路，在大教堂中替數十萬人布道；教授以前教導的班級規模極小，以至於他們能花時間個別指導每個學生，現在他們透過線上教學，為數百萬人播放課程。

很顯然地，這些講座既有趣又具教育性，問題在於它們是否為教學的理想方式。在那場物理學實驗中，學生接受考試，評量他們在靜力學及流體方面學到了多少。儘管他們比較喜歡講座，他們其實從互動學習課程學到更多知識及技能。因為這需要付出更多心力，所以樂趣變少，但是了解得更深入。

有很長一段時間，我相信我們享受樂趣時會學得更多，但這份研究說服我，我的想法錯了。**它也讓我想起了我最喜歡的物理老師，因為他讓我們在課堂上打桌球而廣獲好評，但是卻沒能讓我們記得什麼是摩擦力係數。**

主動學習的影響遠超出物理觀念上的理解。一項整合分析就講座及主動學習對於學生掌握教材的成效加以比較。它收集了兩百二十五份研究，包含科學、科技、工程及數學（STEM）學科的四萬六千多名大學生。主動學習方法包括團體問題解決、學習單及個別指導。平均來說，接受傳統講座的學生分數比主動學習的學生少了半級分，而傳統講座學生比較可能不及格的機率是一・五五倍。研究者估計，假如在講座課堂上不及格的學生參加了主動學習課程，他們可以省下三百五十萬美元的學費。

我們不難看出來，為何乏味的講座會失敗，不過即使最吸引人的講座也可能為了一個比較不明顯但更令人擔心的原因而達不到目標。講座不是為了提供對話或不同意見而設計；它是要把學生變成被動的資訊接收者，而不是主動的思考者。在上述的整合分析中，講座在揭穿已知的錯誤觀念，引導學生去重新思考時，效果尤其不彰。實驗顯示，當講者傳遞激勵人心的訊息，觀眾比較不會仔細檢查教材，而且會忘記更多內容，即便他們聲稱自己記得大部分。

社會科學家把這種現象稱之為「敬畏效應」，但是我認為叫做「驚嚇效應」比較適合。老師通常會宣揚新思想，但是很少教導我們如何自行思考。考慮周到的講師可能會檢討不正確的論述，告訴我們該怎麼去思考，但是他們不見得會教導我們如何重新思考往前進，有魅力的講者能以政治家手法迷惑我們，我們會追隨他們，得到他們的認同或加入他們的群組。但我們應該被論述的本質說服，而不是包裹在外面的耀眼包裝。

我先說清楚，我不是在建議取消所有的講座。我好愛看TED演講，甚至學會享受發表演說的樂趣。參加出色的講座首次激起我對成為老師的好奇心，而我並不反對在我自己的班上進行一些講座。我只是認為，問題是在中學及高等教育裡，講座依然是

「我們現在要開放各位提出偽裝成問題的較短篇演說。」

Steve Macone/The New Yorker Collection/The Cartoon Bank; © Condé Nast

主要的教學方法，**很快就會有針對這個主題的講座出現了。**

在北美的大學，有超過半數的STEM教授至少花80％的時間在講課，只有超過四分之一會加入少許互動，不到五分之一會帶入主動學習，真正使用以學生為主的教學法。在中學似乎有一半的老師把大部分或全部的時間都拿來講課。[72]講座並非總是學習的最佳方式，它無法讓學生變成終身學習者。假如你把在學校的所有時間都花在接受資訊，從來沒有機會去提出質疑，你將無法發展你這輩子所需要的重新思考工具。

重複不能承受之輕

我後悔在大學錯過一門課，授課的是一位名叫羅伯特．諾奇克（Robert Nozick）的教授。多虧了電影《駭客任務》（The Matrix），他有一個想法大為

72 原註：證據顯示，當中學老師花在講課的時間多過主動學習時，學生在數學及科學能力測驗的分數會比較高。無論講座對年紀較輕的學生比較有效，或者差距是由無效施行主動學習法所造成，一樣能看到上述的情況。

出名：一九七〇年代，諾奇克提出一個想法實驗，看人們是否會選擇進入「體驗機器」，它會提供無窮的樂趣，但是會把他們從真實生活中移除。[73]在他的課堂上，諾奇克打造了他的體驗機器版本：他堅持每年都教新班級，「我透過我教授的課程進行思考，」他說。

諾奇克教了一門關於真理的課程，一門哲學與神經科學課，第三門是蘇格拉底、佛陀和耶穌，第四門是思考關於思考，第五門是俄國革命。四十年的教學生涯中，他只有一門課教了第二次，主題是美好人生，「呈現一個絕對完美又可行的觀點，帶給學生的感受不同於在哲學課堂上初次接觸的內容，看它如何發生，並且理解進行的過程。」他說明。不幸的是，我還來不及修他的課，他便罹癌過世了。

我認為諾奇克的方法非常激勵人心的原因是，他不滿足於學生只是從他的身上學習，他想要他們和他一起學習。他每次挑戰一個新主題，就有機會重新思考他對這個主題的現有觀點。他是一位卓越非凡的典範，改變我們熟悉的教學及學習方法。我開始教學時，就想採用他的一些原則。我沒打算讓學生承受一學期的草率想法，因此我設定一個基準：我目標每年刪去20％的教材，替換新內容，假如我每年都進行全新思考，我們就能一起開始重新思考。

然而，在這80％的教材上，我發現自己失敗了。我替大三及大四的學生上一門為期一學期的組織行為學，當我提出證據時，我並沒有給他們空間去重新思考。經過多年來努力解決這個問題之後，我開始明白，我可以打造一份新作業，教導重新思考。我分派學生以小組合作，記錄他們自己的迷你播客或迷你TED演講。他們的任務是質疑一個廣為流傳的慣例，支持一個違反傳統智慧的想法，或是挑戰課堂上施行的原則。

在他們開始進行這項計畫時，我注意到一個令人驚訝的模式。遇到最多阻礙的學生是全A的學生，完美主義者。結果完美主義者雖然比同儕更可能在學

73 原註：根據諾奇克的預測，我們大多數人會丟棄那部機器，因為我們重視行動與存在，而不只是體驗，因為我們不想把自身的經驗限制在人類能想像及模擬的範圍。後來，哲學家主張，假如我們確實拒絕那部機器，可能不是為了那些原因，而是由於現狀偏誤：當我們知道現實之後會遠離它。為了調查這種可能性，他們改變了假設，進行一項實驗。想像你有天醒來，發現你的這一生都是你在多年前選擇的一部體驗機器，而現在你能選擇要拔掉插頭或者把它再插回去。在這種情況下，46％的人說他們會想把插頭插回去。假如有人告訴他們，拔掉插頭會把他們帶回到「真實人生」，成為住在摩納哥身價數百萬美元的藝術家，有50％的人還是會想把插頭插回去。看來許多人不願放棄熟悉的虛擬實境，換來不熟悉的真實生活，或者是可能有些人不喜歡藝術、財富及最高領袖的地位。

業大獲全勝，但是在工作上的表現並不比同僚更好。這個結果連結證據顯示，在範圍廣闊的產業中，成績不是工作表現的有力預報器。

在學校想擁有優異的成績，經常需要精通舊有的思考方式，打造具有影響力的事業，則需要新的思考方式。在一項針對高成就建築師的研究中，最具創意的那些人，畢業成績平均為B。那些拿到全A成績的人堅決不肯犯錯，以至於他們經常不願冒險去重新思考正統理論。在針對班上名列前茅的學生所進行的某項研究中，也出現了類似的模式。「畢業生代表不太可能成為未來的夢想家，」教育研究者凱倫・亞諾（Karen Arnold）說明。「他們通常融入體系，而不是去改變它。」

那就是我在我的全A學生身上所看到的：他們害怕出錯。為了給他們一個強烈的動機去冒險，我出了一份占總成績20％的作業。我改變了規則：現在他們獲得獎勵的方法是重新思考，而非照本宣科。我不確定這種動機是否行得通，直到我檢視三名全A學生的作業。他們的迷你TED演講主題是TED演講的問題，指出了強化短期注意的風險，並且將外表的光鮮亮麗置於深入的見解之上。他們的報告是如此認真推敲又有趣，我將它播放給全班看。「假如你們有勇氣對抗油腔滑調又滔滔不絕的答辯方式，」他們面無表情地面對我們的哄堂大笑：「那麼現在就停止觀看這段影片，做些真正的研究，像我們這樣。」

從那時起，我在這門課會固定出這份作業。隔年，我想在重新思考課程的內容及編排上，更進一步。在典型的三小時課堂上，我講課的時間不超過二十到三十分鐘。其餘是主動學習，學生在模擬中做決定，以角色扮演協商，然後我們聽取報告、討論、辯論，然後問題便解決了。我的錯誤是把課程大綱當作正式的合約：我在九月份把它完成之後就成了定案。我決定是該改變這種做法的時候了，要邀請學生重新思考課程本身的部分結構。

在我的下一份課程大綱，我刻意讓一堂課完全留白。學期過了一半，我邀請學生分組進行，討論提出某個想法，看我們應該如何度過那堂沒有規劃的課。然後他們投票表決。

最受歡迎的想法來自蘿倫・麥肯（Lauren McCann）[74]，她提出一個有創意的步驟，幫助學生了解重新思考是一項有用的技能，而且他們已經在大學使用

74 編按：美國統計學家。

了。她請同學寫信給當新鮮人的自己，內容是他們「但願自己早知道」的事。學生鼓勵年輕的自己對不同的主修保持開放心態，而不是選擇自己最不感到疑惑的科別。有人希望自己不要那麼執著於成績，多關注人際關係。有的人想探索不同的職業可能性，而不是太快鎖定薪資最高或最有聲望的那個。

蘿倫收集了幾十份同學寫的信，放上了「親愛的賓大新鮮人」網站。在二十四小時之內，這個網站有超過一萬人次造訪，而且有六家學校也開始了自己的網站，幫助學生重新思考他們的學業、社交及職業選擇。

這個練習延伸到教室之外，在我們遇上任何生活改變，無論是第一份工作、第二段婚姻，或是第三個小孩，我們都能暫停下來問別人，他們在經歷那段歷程之前，會希望自己能知道些什麼。一旦經歷過之後，我們可以分享我們應該要重新思考的部分。

我們一再看到，最佳的學習方法就是教學。直到讓學生設計一天的課程，我才真正明白他們有多必要教導彼此，還有我。他們重新思考的不只是他們所學的，還有他們能向誰學習。

隔年，班上學生最愛的想法，讓那個重新思考的過程更進一步：學生主

「寫作是~~溝通、闡釋、發現、~~重寫。」

www.CartoonCollections.com

辦一天的「熱情演說」，題目是任何人都能教導班上同學關於他或她喜愛的某些事。我們學會如何表演節奏口技，學到設計結合大自然的建築，以及打造一個更能免除過敏的世界。從那時起，分享熱情變成了課堂參與的一部分。所有的學生都會做熱情演說，當成把自己介紹給同儕的一種方法。年復一年，他們告訴我，這為課堂注入了更高度的好奇心，讓他們迫切地想吸收每位同學的洞察力。

草圖的工人，工藝的大師

當我請教幾位教育界先驅，他們分享曾遇過哪些最佳的重新思考教師，我不斷聽到同一個名字：朗恩・伯格（Ron Berger）。假如你邀請朗恩來吃晚餐，他是那種會注意到你有一張椅子壞了，問你家裡是否有工具，然後當場把它修好的人。

他的職涯有大部分時間都是在麻州的鄉下當公立國小老師，他的護士、水管工人和消防員都是他以前的學生，在夏天和週末，他還會當起木工。朗恩一生致力於教導學生卓越的倫理，在他的經驗中，精通一項工藝是在於不斷重新修正我們的想法，手作技藝是他的教室哲學基礎。

朗恩要他的學生體驗發現的樂趣，因此他並未一開始便教導他們累積知識。他在學年的開始會帶給他們一點「難題」，也就是需要分段解決的問題。方法是思考—配對—分享：學生先個別開始，分成小組更新他們的概念，然後把他們的想法呈現給班上其他同學，最後一起解決問題。比方說，朗恩並未介紹現有的動物分類法，而是先讓他們研究出自己的類別。有些學生以動物是在地上走、水裡游，或是天上飛來分類；有些是依照顏色、大小或食物來安排。課程的目的是要讓學生知道，科學家總是有很多選擇，他們的思考框架雖然在某些方面有用，但是在某些方面卻會變得武斷。

當學生遇到複雜的問題，他們經常感到困惑。老師天生的衝動是盡可能快速地解救他們，這一來他們才不會感到迷失或無能。然而心理學家發現，開啟思維的一項特點，是以好奇和興趣回應困惑。有一位學生說得好：「我需要時間解決困惑。」困惑可能是一種提示，表示有新的領域需要探索，或是新的拼圖要完成。

朗恩並未滿足於傳授消除困惑的課程，他要學生擁抱困惑。他的願景是要他們成為自己學習的領導者，很像是他們在上「自己動手做」的工藝課。他開始鼓勵學生在思考時要像小小科學家：他們會辨識問題、提出假設，並且自己設計實驗去測試它們。他的六年級學生到社區檢驗當地住家的氡氣；他的三年級學生畫出自己的兩棲動物棲地地圖；他的一年級學生自己照顧一群蝸牛，然後試驗超過一百四十種牠們喜歡的食物，還有牠們是偏好熱或冷、陰暗或光亮，以及潮溼或乾燥的環境。

在建築及工程課，朗恩要他的學生畫出一幢房屋的藍圖，當他要求他們至少畫四種不同的草圖，其他的老師提醒他，年紀較小的學生可能會感到氣餒，朗恩不同意，他已經在幼稚園及一年級的美術課測試過這個概念了。他並未要求他們只是畫出一幢房屋，而是說：「我們要畫出四種不同**版本**的房屋草圖。」

有些學生並未就此歇手，有許多人最後決定要畫八或十份草圖，學生有一個同學支持網絡，為自己的努力加油打氣。「高品質意味著重新思考，重新工作，以及潤飾，」朗恩思索著說。「他們在從頭來過時，需要覺得獲得讚美，而不是遭到奚落……假如我不准他們畫超過一個版本，他們很快就會開始抱怨了。」

朗恩想要教他的學生依照他人意見去修改自己的想法，於是他把教室變成一個挑戰網絡。每一週，有時是每一天，全班會有一堂評論課。有一種模式是畫廊評論：朗恩把每個人的作品展示出來，要學生在教室走動觀察，然後討論他們認為看到的哪些是優秀的，以及為什麼。這種方法不僅是用在美術及科學計畫；他們有一份寫作作業，要評論一個句子或一個段落。另一種模式是深度評論：全班會有一堂課把焦點放在某位學生或某個小組的作品上。這些作者會說明他們的目標以及需要協助的地方，然後朗恩會引導全班討論優點以及需要改進的部分。他鼓勵學生要明確及寬容：評論作品本身而非作者。他教他們避免說教及控訴：因為他們是分享客觀看法，不是主觀評價，他們應該說「我認為」而非「這個不好」。他請他們展現謙遜及好奇心，把建議包裝成問題，例如「我想聽聽看為什麼……」以及「你是否考慮過……」。

這項課程不只是評論作品，他們每天都會討論「卓越」是什麼模樣。在每

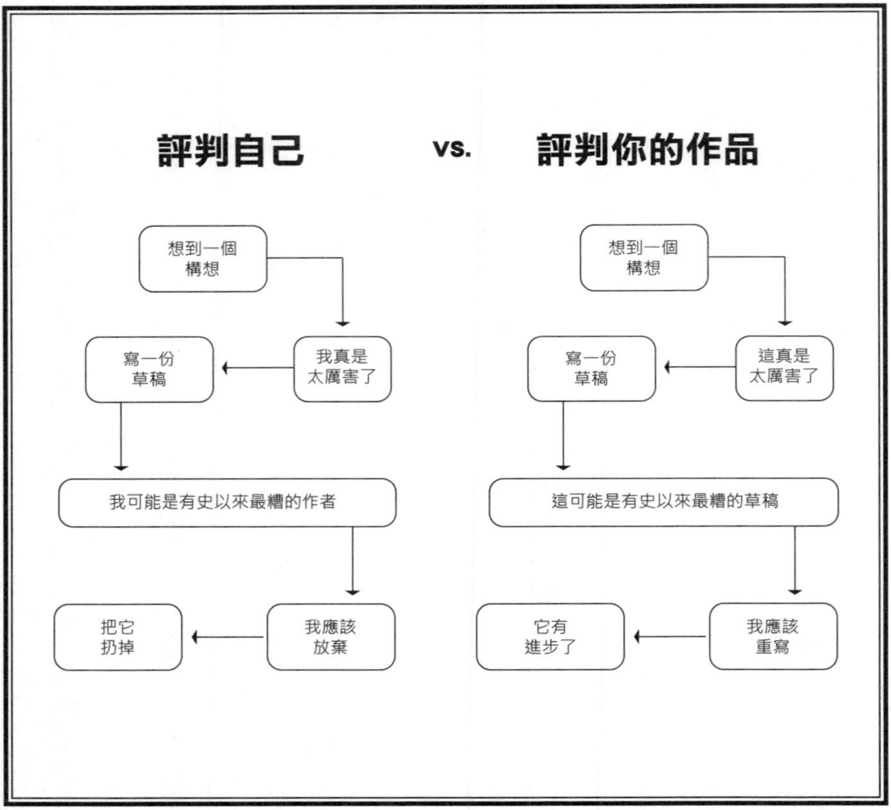
評判自己
vs.
評判你的作品
想到一個構想
我真是太厲害了
寫一份草稿
我可能是有史以來最糟的作者
我應該放棄
把它扔掉
想到一個構想
這真是太厲害了
寫一份草稿
這可能是有史以來最糟的草稿
我應該重寫
它有進步了

項新計畫中，他們會更新自己的標準，除了重新思考自己的作品，他們也學習持續重新思考他們的標準。為了幫助他們進一步發展那些標準，朗恩定期找來外面的專家，本地的建築師和科學家會過來提供他們的評論，班上學生會把他們的原則及詞彙併入未來的討論。在他們繼續念中學及高中之後，經常會有從前的學生造訪朗恩的班級，要求對他們的作品提出評論。

認識了朗恩・伯格之後，我忍不住希望自己上過他的課，這不是因為我沒遇過出色的老師，而是因為我從沒有這份榮幸能加入一個有著像他這種文化的教室，裡面有一群認真質疑自己和彼此的學生。

現在朗恩把時間花在演講、寫作、為哈佛的老師上一門課，以及擔任學校顧問。他是教育學院（El Education）的首席學術官，致力於重新想像教學及學習如何在學校進行。朗恩和他的同僚直接與一百五十所學校合作，研發提供給數百萬學生使用的課程。

他們在愛達荷州有一所學校裡，一位名叫奧斯丁的學生被分配去畫一張合乎科學正確性的蝴蝶的圖。這是他的第一張草圖（見三〇一頁）：

奧斯丁的同學組成一個評論小組。他們向他提出兩次建議，改變翅膀的形狀，然後他畫出了第二及第三張草圖。評論小組指出翅膀不對稱，而且又變圓了，但奧斯丁並未感到洩氣。在他的下一張修訂版，小組鼓勵他在翅膀添加圖案。

最後的一張草圖，奧斯丁準備要著色了。當朗恩把完稿拿給一屋子的緬因州小學生看時，他們對他的進步及最後成品，敬畏地倒抽了一口氣。

我也倒抽一口氣，因為奧斯丁畫這些圖的時候，還在念一年級。看到一個六歲的孩子經歷那種蛻變，讓我再度思考孩子們要多快能對重新思考及修訂感到自在。從那時起，我鼓勵我的小孩為他們的圖畫多畫幾次草圖。當他們興奮地看著自己的第一張草圖掛在牆上，他們在看到自己的第四份草圖時會更加驕傲。

我們沒有太多人能有那份運氣和朗恩．伯格學習畫蝴蝶，或是和艾琳．麥卡錫重寫教科書一樣，然而我們都有機會能像他們那樣去教學。無論我們教育的

第一張草圖

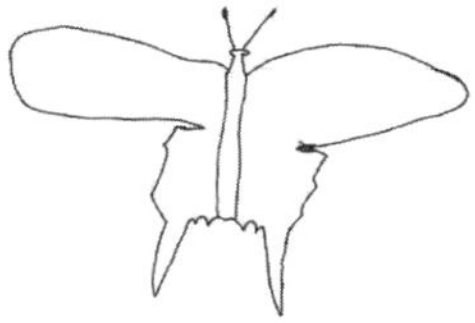

第三張草圖

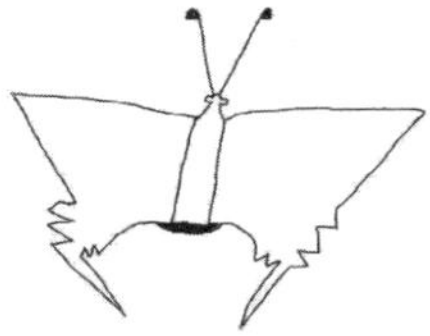

第二張草圖

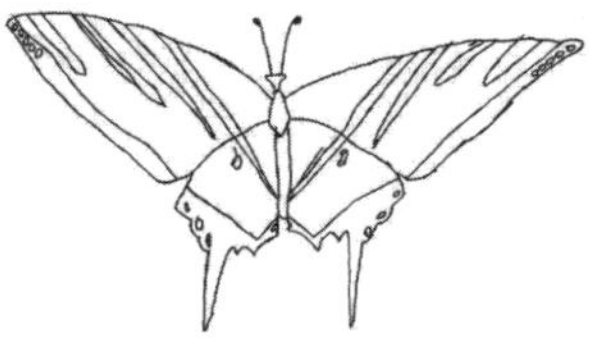

第五張草圖

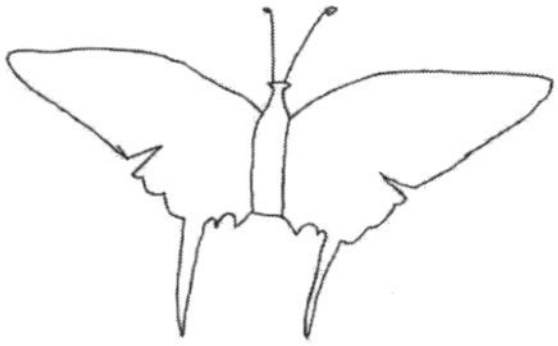

第四張草圖

最後的草圖

是誰，我們都能表達更多的謙遜，散發更多的好奇心，並且讓我們生命中的孩子認識富有感染力的發現樂趣。

我相信好的老師引進新的思想，但是偉大的老師引進新的思考方式。汲取老師的知識或許能幫助我們解決當天的挑戰，理解老師如何思考卻能幫助我們通過一生的挑戰。說到底，教育不只是在我們的腦子裡累積資訊，它是在我們持續修改我們的草圖時所培養的習慣，並為我們建立持續學習的技能。

10 這不是我們一貫的做法：建立職場學習文化

要不是為了人們……地球會是工程師的天堂。

——美國作家／柯特．馮內果（Kurt Vonnegut）

盧卡．帕米塔諾（Luca Parmitano）熱中水肺潛水，他很熟悉溺水的風險，只是他想都沒想到，會在外太空發生這種事。

盧卡剛成為有史以來經過長途跋涉，登上國際太空站的最年輕太空人。二〇一三年七月，三十六歲的義大利太空人完成了他的第一次太空漫步，花了六小時進行實驗，移動裝備，並且設置電力及數據纜線。現在，經過了一週後，盧卡和另一名太空人，克里斯．卡西迪（Chris Cassidy）正要出去第二次漫步，繼續他們的工作並且進行一些維修，當他們準備離開氣閘艙，他們能看到地球就在下方兩百五十哩外。

在太空待了四十分鐘後，盧卡覺得有什麼地方不對勁：他的頭部後方似乎溼溼的，他不確定那些水是打哪裡來的，那不光是很討厭，還可能害他的麥克風或耳機短路，因此切斷通訊。他向休士頓的任務控制中心回報問題，而克里斯問他為什麼流汗。「我在流汗，」盧卡說：「不過感覺像是有很多水，它沒有流出去，只是積在我的史努比棒球帽裡，跟你們說一聲囉。」於是他回去工作。

負責太空漫步的主管卡琳娜・艾佛斯利（Karina Eversley）知道有什麼不太對勁。**那不正常**，她心想，並且隨即召集專家小組，為盧卡彙編問題。液體量是否增加？盧卡分辨不出來。他確定那是水嗎？當他伸出舌頭去接住幾滴漂浮在頭盔裡的液體時，嚐起來有股金屬味。

任務控制中心通知他們提早結束太空漫步，盧卡和克里斯必須分開行動，跟著他們的纜索走，也就是沿著相反的方向前進。為了繞過一支天線，盧卡絆了一跤。忽然間，他看不清楚，也無法透過鼻子呼吸，水珠遮住了他的眼睛，塞住了他的鼻孔。積水不斷增加，要是淹到了他的嘴巴，他會溺斃。他的唯一希望是盡快回到氣閘艙。日落之後，盧卡被黑暗包圍，只有一小盞頭燈引導他。

接著他的通訊也中斷了，他聽不到自己或任何其他人說話。

盧卡運用他的記憶及纜索的拉力，設法找路回到氣閘艙的外艙口。他依然身陷重大的危險：他要等克里斯關閉艙口，重新加壓氣閘艙，然後他才能取下頭盔。經過令人難忍的幾分鐘沉默，他能否活下來依然是未知數。當他終於能安全脫掉頭盔時，裡面已經有一．四公升的水了，不過盧卡還活著。幾個月之後，這起事件被稱為「NASA歷史上最嚇人的太空服故障意外」。

技術更新很快地隨之而來。太空衣工程師追查到滲漏來自風扇／泵／分離器，他們便替換掉了。他們添加了一條呼吸管，作用就像排氣管，還有一塊襯墊用來吸取頭盔裡的水分。然而最大的錯誤卻不是技術層面，而是在人的身上。

當盧卡從他的第一次太空漫步回來一週後，他注意到頭盔裡有些小水珠。他和克里斯認為那是在他的衣服裡提供飲用水的袋子滲漏所造成，休士頓的團隊也同意。為了安全起見，他們替換了那個飲水袋，不過討論也到此為止。

太空站首席工程師克利斯．韓森（Chris Hansen）帶領最後的調查，探究盧卡的太空裝是哪裡出問題。「頭盔裡出現少量的水是正常的，」克利斯告訴我。

在太空站社群，他們的看法是「飲水袋滲漏」，因此大家同意這是個很有可能的解釋，卻不曾深入探究。

盧卡的驚嚇經驗，不是NASA首次因為重新思考失敗而帶來的災難。一九八六年，在針對一個叫做O型環的圓形墊片可能失效的風險，做出了災難性的粗淺分析之後，太空梭挑戰者號爆炸了。雖然它經鑑定為發射上的限制所導致的問題，不過NASA有紀錄足以推翻這個說法，因為在先前的任務中不曾發生任何問題。在一個不尋常地寒冷的發射日，密封火箭助推器接頭的O型環破裂，導致高溫氣體燒穿了燃料箱，奪走挑戰者號上七名太空人的性命。

二〇〇三年，太空梭哥倫比亞號在類似的情況下解體。在升空後，地面的團隊注意到有些泡棉從太空梭脫落，不過他們大多認為這不是什麼大問題，因為在過去的任務便發生過，卻都平安無事。他們不曾重新思考那個想法，而是開始討論要怎麼修復太空梭，減少下次任務的歸航時間。泡棉脫落其實是嚴重的問題：它對機翼前側造成的損害導致高溫氣體在滲漏進太空梭機翼之後，立即重新進入了大氣層。舊事重演，七名太空人全部喪生。

重新思考不只是個人技能。它是一種集體能力，而且十分仰賴組織的文化。NASA長期以來都是績效文化的最佳範例：卓越的執行力是至高無上的價值。雖然NASA完成了許多非凡成就，但他們很快就成了過度自信循環的受害者。當人們對自己的標準運作程序感到驕傲，在例行公事中取得信念，並且看到他們的決定透過成果而證實有效時，他們便錯過了重新思考的機會。

重新思考比較可能發生在學習文化裡，成長是價值核心，而重新思考循環是例行公事。學習文化的規範在於，讓大家知道他們不知道什麼，懷疑他們現有的常規，以及對於要嘗試的新常規保持好奇。證據顯示在學習文化中，組織更常創新、更少犯錯。在NASA及蓋茲基金會研究並提出改變倡議之後，我學到了在心理安全感及責任歸屬的特殊結合下，學習文化才會成長茁壯。

傳統（名詞）已故的人如何持續影響我們的生活。

我犯錯故我學習

多年前，一名曾擔任工程師的管理教授艾咪・艾德蒙森（Amy Edmondson）對預防醫學的錯誤產生興趣。她去了一家醫院，調查員工在他們的團隊中所體驗的心理安全感程度，例如他們是否能冒險卻不必害怕受到懲罰。然後她針對每個團隊的醫療錯誤數量收集數據，記錄嚴重的後果，例如錯誤藥物治療的可能致命劑量。她很意外地發現，團隊感受到的心理安全感越高，犯錯的比例也越高。

顯然心理安全感能孕育出自滿，當信任深植於團隊之中，人們會覺得不需要質疑他們的同僚，或是仔細檢查自己的工作。

不過艾德蒙森很快就看出了這份數據的一個重大限制：這些錯誤是自我報告。為了取得錯誤的公正數量，她派一名秘密觀察員加入那些小組。當她分析那些數據，結果大翻轉：心理安全團隊提報了更多的錯誤，但是他們實際上**犯**的錯比較少。他們能坦率承認錯誤，於是能得知是什麼造成錯誤，以免繼續發生。在缺乏心理安全感的團隊，人們會隱藏他們的錯誤以避免懲罰，這使得大家難以判斷根本原因，預防未來的問題。他們會不斷重複相同的錯誤。

從那時起，心理安全感的研究便蓬勃發展。當我參與谷歌的一項研究，試圖找出讓傑出的團隊有高表現及幸福感的原因時，發現最重要的差別因素不是團隊裡有誰，或者甚至是他們的工作多有意義，最重要的是心理安全感。

在過去幾年來，心理安全感成為許多工作場所的流行用語。雖然領導者可能明白它的重要性，卻經常誤解它的真正含意，以及要如何打造它。艾德蒙森很快指出，心理

心理安全感

當你擁有它	當你沒有時
把錯誤看成學習的機會	把錯誤看成你的職涯威脅
願意冒險及失敗	不願意惹麻煩
開會時說出你的想法	想法都放在自己的心裡
公開分享你的難題	只炫耀自己的強項
信任你的隊友和長官	害怕你的隊友及長官
挺身而出	縮頭縮腦

安全感並不是令人放鬆的標準，讓大家感到自在，和氣又愉快，或是給予無條件的讚美。它是培養一種尊重、信任及開放的氛圍，人們可以提出顧慮及建議而不必害怕報復。這是學習文化的基礎。

在績效文化裡，強調結果經常逐漸破壞心理安全感。當我們看到有人為了失敗及錯誤而受罰，我們會擔心要如何證明自己的能力，以及保護自己的事業。我們學習如何劃地自限，保持緘默而非提出問題。有時這是由於「權力距離」：我們害怕挑戰頂頭上司，聽從權威的壓力真實存在，那些膽敢背離常軌的人會有遭遇強烈反對的風險。在績效文化裡，我們也在專家面前自我審查；他們似乎知道所有的答案，尤其是當我們對自己的專業缺乏信心時。

缺乏心理安全感是NASA持續存在的問題。在挑戰者號發射之前，有些工程師確實提出警示，但是被管理者下令封口；其他人則視而不見，最後自己也開不了口。在哥倫比亞號發射後，一名工程師要求更清楚的照片以便檢視機翼的損壞，但是管理者並未提供。而在一場評估太空梭起飛後狀況的重要會議上，這名工程師並沒有發言。

在哥倫比亞號發射前約一個月，艾倫．歐裘亞（Ellen Ochoa）成為機組人員作業中心副主任。一九九三年，艾倫成為有史以來第一位登上太空的拉丁裔女性。現在，她以管理者角色所主持的首次飛航以悲劇收場。她向太空站成員公布消息，並且向犧牲的太空人家屬致哀，她決心找出她個人能做些什麼，協助防止這種災難再次發生。

艾倫知道在NASA，績效文化正在侵蝕人們的心理安全感。「人們以他們的工程專業及卓越感到自豪，」她告訴我。「他們害怕自己的專業會遭人以一種令他們感到難堪的方式質疑。就是那種基本的恐懼，例如怕自己看起來像傻瓜，問一些別人會置之不理的問題，或是被人家說你根本不知道自己在說什麼。」為了對付這種問題，促使他們的文化朝學習的方向前進，她開始隨身攜帶3x5記事卡，上面是她想提問有關每次發射及重要作業決定的問題。她的清單包括：

- 是什麼讓你做出這種假設？你為何認為它是正確的？萬一錯了會發生什麼狀況？
- 你的分析中有哪些不確定性？
- 我明白你的建議的優點，那麼缺點呢？

然而十年後，關於重新思考的相同教訓在太空漫步裝備事件又重新上演，當飛航控制者最初注意到盧卡頭盔裡的水珠時，他們做出了兩種錯誤假設：肇因是飲水袋，而且影響不大。直到第二次的太空漫步時，盧卡陷入真正的危險，他們才開始質疑那些假設是錯的。

當工程師克里斯．韓森（Chris Hansen）接任太空載具外活動辦公室經理時，他開始建立一項規範，提出像艾倫的那類問題：「只要有任何一個人提問：『你怎麼知道是水袋滲漏呢？』答案如果是：『因為有人告訴我。』這個回答就會引發警訊。這只要花個十分鐘去檢查，但是沒人這麼問。哥倫比亞號也發生相同的狀況。波音出面說：『這個泡棉，我們知道它會造成什麼後果。』假如有人問說他們怎麼知道，沒人有辦法回答那個問題。」

你怎麼知道？這是我們需要更常提出的問題，對我們自己和他人都是，它的力量存在於坦率之中。這是不加以批判，而是直接表達懷疑和好奇，卻不至於讓對方起了防備心。艾倫．歐裘亞不怕提出那個問題，不過她是擁有工程學博士學位的太空人，擔任資深領導者的角色。對於太多其他工作場所的大多數人來說，這個問題感覺像是一座太遙遠的橋樑。建立心理安全感是一件知易行難的事，因此我開始學習領導者能如何建立它。

蓋茲家的安全感

我第一次抵達蓋茲基金會時，大家在竊竊私語著年度策略檢討的事。這是基金會企劃團隊和共同主席，比爾及梅琳達．蓋茲，以及執行長開會，提交執行進度報告並且收集回饋意見的時候。雖然基金會聘僱了一些世界頂尖的各種領域專家，從疾病防治到促進教育平權都有，這些專家還是對比爾兼具深度與廣度的知識庫感到敬畏不已。萬一他在我的工作中看到某個致命的錯誤呢？這會讓我在這裡的工作告終嗎？

幾年前，蓋茲基金會的領導團隊來找我，看我是否能幫助他們建立心理安全感。他們擔心為了呈現無懈可擊的分析所造成的壓力，會打消大家冒險的念頭。他們經常受困於經過試驗可行的策略，雖然可以帶來遞增的進展，卻無法勇於採取大膽的實驗，進一步解決世上某些最令人煩惱的問題。

打造心理安全感的現有證據，帶給了我們某些起始點。我知道改變整個組織的文化是一件令人卻步的事，但改變一個團隊的文化卻比較可行。我們一開始先塑造想推廣的價值，找出並讚美那些示範這些價值的人，並且在那些投入改變的同僚之間建立聯盟。

在建立心理安全感時，給管理者的標準建議，是要示範開放與包容。當你詢問別人的反饋意見，看你能如何改進，這樣他們就會覺得可以安心冒險。為了測試那種建議是否可行，我和一名博士生康絲坦提諾斯・庫提法利斯（Constantinos Coutifaris）進行一場實驗。在許多公司裡，我們隨機分配一些經理人，請他們的團隊提出有建設性的批評。在接下來的一週，他們的團隊展現較高的心理安全感，不過正如我們所預期，它並未持續下去。有些要求回饋意見的經理人不喜歡他們聽到的話，起了防備心。還有人覺得回饋意見沒有用處，或是不可能去實踐，他們因此感到氣餒，不想繼續尋求回饋意見，他們的團隊也不想繼續提供看法了。

另一組經理人則是採取不同的方法，在第一週造成較小的衝擊，不過一年後在心理安全感上有著持續的增長。我們並未要求他們去尋求回饋意見，而是隨機分配那些經理人分享他們的過往經驗及收到的回饋意見，還有未來的發展目標。我們建議他們告訴他們的團隊，他們曾經從建設性批評之中獲益的經驗，並且確認他們現在努力改進的領域。

藉由公開承認他們的某些不完美之處，經理人示範了他們能承受得了，也公開承諾對回饋意見保持開放的心態。他們把脆弱正常化，讓他們的團隊能更自在地接受他們自己的不足之處。他們的員工提出了更多有用的回饋意見，因為他們知道他們的經理人正在努力成長。這激勵了經理人「保持大門開啟」的實踐：他們開始舉辦「什麼都能問我」的喝咖啡閒聊，開放每週的一對一會議，徵詢建設性批評，並且安排每個月的團隊時間，讓大家分享他們的發展目標及進度。

建立心理安全感不能是只持續一段時間的事，或是一件在待辦事項清單打勾的任務。在討論弱點時，許多參加實驗的經理人一開始會感到尷尬及不安。他們的團隊成員之中有許多人對於那種脆弱性感到意外，不確定該做何回應。有些人心存懷疑：他們認為他們的經理人可能是想聽到一些讚美，或是聽一些讓他們有面子的評語。只有在經過一段時間，當經理人重複示範謙遜及好奇心之後，這種動力才會改變。

在蓋茲基金會，我想要更進一步。我並未請經理人和他們的組員暢談他們先前如何受到批評，我納悶假如資深領導人和整個組織分享他們的經驗，會發生什麼狀況。我忽然明白，我有一個令人難忘的方法可以讓它發生。

幾年前，我們在霍華頓的企管碩士生決定為他們的年度喜劇表演拍一支影片。它的靈感來源是《吉米基墨脫口秀》（Jimmy Kimmel Live!）的深夜橋段：「惡質推文」，名人會大聲唸出關於他們自己的惡毒推文。我們的版本是「惡質批評」，教職員會唸出來自學生課程評鑑的嚴厲評語。「這可能是我這輩子上過最爛的課了，」一名教授唸道，並且一臉挫敗地說：「很公平。」另一位唸出：「這位教授是賤人，不過是好心的賤人，」她懊惱地補上一句：「真貼心。」我的評語之一是：「你讓我想到大青蛙布偶。」最讓人驚訝的屬於一位資淺的教職員：「教授表現得很懂流行文化，不過私底下認為亞莉安娜（Ariana Grande）是微軟 Word 的一種字型。」[75]

我把它變成一種慣例，在每年秋季班播放這段影片。學生看到我認真對待我的工作，卻沒有把我自己看得太重之後，水閘便會開啟，似乎能比較自在地分享他們的批評及建議。

我把影片寄給梅琳達．蓋茲，詢問她是否認為類似的東西能幫助她的組織增進心理安全感。她不僅給我肯定的回答，而且還挑戰讓整個執行領導團隊參與，自願當第一個接受批評的人。她的團隊從員工調查整理出評語，印在筆記卡上，然後錄下她在鏡頭前的即時反應。她唸了一段某位員工的抱怨，說她就像該死的瑪莉．包萍（Mary Poppin）[76]，這是大家有史以來第一次聽到梅琳達罵髒話，並且說明她如何努力讓她的不完美能夠更明顯。

為了測試她的表現帶來的影響，我們隨機分配一組員工觀看梅琳達處理那些嚴厲的評語，第二組觀看的影片是她概括地談到她想打造的文化，而第三組則是純粹的控制組。第一組帶著更強烈的學習導向離開，他們受到鼓勵去認清自己的缺點，並且努力克服。有些權力的距離消失了，他們更可能以批評及讚美和梅琳達與其他資深領導者溝通。有一名員工寫道：

75 編按：亞莉安娜．格蘭德是美國的知名歌手和演員，因姓名發音與字型「Ariana Grande」相同，所以有美國網友幽默戲稱：「我以為亞莉安娜．格蘭德是一種字型。」（I thought Ariana Grande was a font.）

76 編按：英國作家P．L．崔佛斯（P. L. Travers）創作的兒童文學故事主角，瑪莉．包萍是一位仙女褓母，她來到人間幫助小朋友和他們的父母重拾歡樂，教導他們如何克服生活困難，並擁有正向的思考。

在那段影片中，梅琳達做了我在基金會從沒看過的事：她打破了虛飾。對我來說，那是當她說：「我參加好多會議，而裡面有我不懂的東西。」我必須把這個寫下來，因為我很震驚，也很感激她的誠實。後來，當她笑了，是真正的開懷大笑，然後回答那些嚴厲的評語時，那種虛飾再度被打破，我明白她不是比較差勁的梅琳達．蓋茲，實際上是更加優秀的梅琳達．蓋茲。

我們需要有自信的謙遜去承認自己有待改進，這顯示我們比較在乎提升自我，而非證明自己。[77] 假如那種心

態能在一個組織內廣為流傳，人們便能擁有發言的自由及勇氣。

不過心態並不足以改變文化，雖然心理安全感會消除挑戰權威的恐懼，但它不見得一開始就會激發我們去質疑權威。要打造學習文化，我們也需要建立某種特定的責任歸屬，引導人們重新思考工作場所的最佳典範。

最佳典範的最糟部分

在績效文化中，人們經常變得依附最佳典範。這麼做的風險是，我們一旦宣布某種慣例是最好的，它就成為千年不變了。我們宣揚它的優點，停止質疑它的缺點，也不再好奇它有哪裡不完美以及需要改進之處。組織學習應該是持續不斷的活動，不過「最佳典範」意味著它已經達到了終點，所以我們最好持

77 原註：假如我們尚未建立我們的能力，分享我們的不完美可能有風險。在律師及教師求職的研究中，假如他們在能力方面被評為第九十或以上的百分位數時，真誠表達自我會增加錄取的機會，但是如果能力不足的話，則會造成反效果。律師在能力方面達到或低於第五十百分位數，老師則是達到或低於第二十五百分位數，這時他們開誠布公其實更糟糕。實驗顯示，假如在尚未證明能力之前便承認自己的弱點，這些人會比較不受到尊重，他們不僅顯得能力不足，似乎也不牢靠。

續尋找更好的典範。

在NASA，雖然團隊在訓練模擬及重大作業事件之後，會固定聽取報告，但有時要求大家為結果負責的績效文化，還是會阻礙探索更好的典範之路。他們每次延遲一項安排好的發射時，就要面對廣泛的大眾批評以及取消贊助的威脅。他們每次慶祝進入軌道的升空，等於是在鼓勵工程師把焦點放在發射成功的結果，而不是可能危及未來發射的不完美過程。結果NASA變成是在獎勵運氣，重複有問題的實務，而不去重新思考什麼才稱得上是可接受的風險。**這不是因為缺乏能力，畢竟這群人是火箭工程師**。艾倫·歐裘亞觀察到：「當你在處理別人危在旦夕的性命，你仰賴的是遵循你已經有的程序。在分秒必爭的情況下，這可能是最佳的方法，不過假如它阻礙了事後的徹底評估，那麼它就有問題了。」

把焦點放在結果，對短期表現可能是好的，不過對長期學習會造成阻礙。想當然耳，社會科學家發現，當人們只為結果成功或失敗而負責，他們很可能會繼續採取不幸的行動方針。只有讚美及獎勵結果很危險，因為這會讓人們對不良的策略產生過度信心，激勵大家繼續以一貫的方式去做事。要等到高風險的決定出了大錯，人們才會停下來重新檢視他們的典範。

我們不該等到太空梭爆炸，或是太空人差點溺水，才開始判斷某個決策是否成功。在結果責任歸屬之外，我們能透過評估人們在做決定時，有多謹慎考慮不同的選項，藉此建立流程責任歸屬。一個壞的決策過程立基在淺薄的思考，好的流程則是建立在深入思考及重新思考上，讓人們得以形成表達獨立的看法。研究顯示當我們要即時說明決策背後的程序時，我們會更審慎思考，更徹底地處理可能性。

流程責任歸屬或許聽起來像是心理安全感的另一面，不過兩者其實是獨立存在。艾咪·艾德蒙森發現，當心理安全感在缺少責任歸屬的情況下存在，人們傾向於留在他們的舒適圈之內。有了責任歸屬卻缺少安全感，人們傾向於保持緘默地待在焦慮圈。當我們結合這兩者，我們便打造出一個學習圈。人們可以自由地進行試驗，也在彼此的試驗中找出漏洞，以便有所進步，他們變成了一個異議網絡。

我在亞馬遜，見過最有效的一種建立流程責任歸屬的步驟。那裡的重大決策不是根據簡單的 PowerPoint 簡報做成，而是由六頁的備忘錄組成，陳述一個問題、過去考慮的不同策略，以及提出的解決方案如何服務顧客。在會議一開

重新思考計分卡

		決策結果	
		正面	負面
決策過程	淺薄	運氣	失敗
	深入	進步	試驗

始，為了避免團體迷思，每個人都安靜地閱讀備忘錄。這不是每種情況都適用，不過當選擇會造成後果且不可逆時，這麼做非常重要。在揭曉決策的結果之前可以對流程品質加以評估，依據的是作者在備忘錄裡的想法有多少精確度及創意，以及會議上的討論有多徹底。

在學習文化中，人們不會停止繼續計分。他們把計分卡擴大到考慮過程及結果（三二二頁圖表）。

假如決策的結果是正面的，不見得稱得上是成功。假如過程淺薄，那麼你很幸運。假如決策過程深入，你可以把它視為進步：你發現了一個更好的典範。假如結果是負面的，只有在決策過程淺薄時才算失敗。如果結果是負面的，但是你徹底評估這項決策，你便完成一項聰明的試驗。

進行這些試驗的理想時間，是當決策相對來說「無關緊要」或「可翻轉」時，在太多的機構裡，領導者想要在測試或投入某些新想法之前，便得到保證說結果會是有利的。這就像是告訴古騰堡[78]，只有在他有大排長龍的滿意顧客時，你

78 編按：約翰尼斯．古騰堡（Johannes Gutenberg），歐洲地區第一位發明活字印刷術的歐洲人。

才會提供資金給他的印刷廠。或是對一群ＨＩＶ研究者宣布，你只有在他們的療法奏效之後，才會贊助他們的臨床試驗。

要求證據是進步的敵人。這就是為什麼亞馬遜這類公司使用「不同意但執行」的原則。正如傑夫·貝佐茲在年度致股東信中說明，試驗是從要求人們下賭注開始，而不是要求令人信服的結果。「聽著，我知道我們在這件事上意見不合，不過你會和我一起冒這個風險嗎？」學習文化的目標是歡迎這一類的試驗，讓重新思考變得如此熟悉而成為一種慣例。

流程責任歸屬不只是獎懲的事，

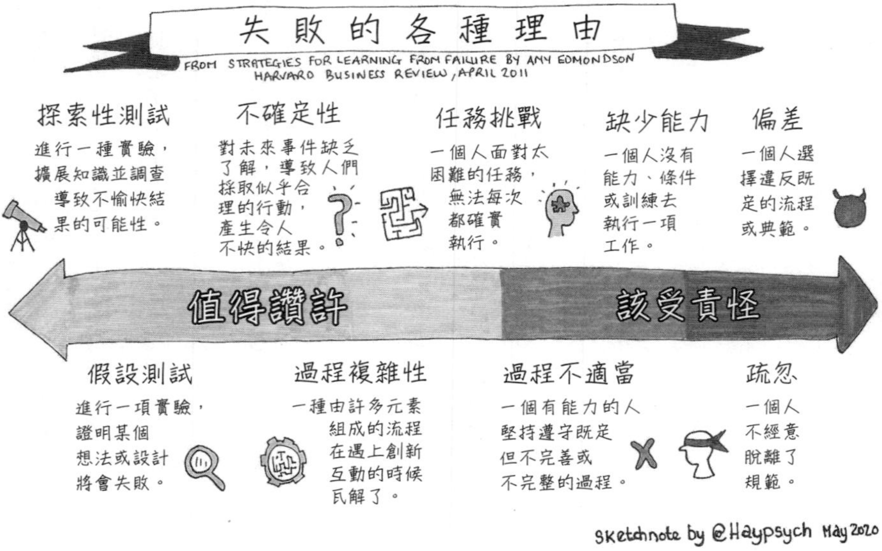

失敗的各種理由
FROM STRATEGIES FOR LEARNING FROM FAILURE BY AMY EDMONDSON
HARVARD BUSINESS REVIEW, APRIL 2011
探索性測試
進行一種實驗，擴展知識並調查導致不愉快結果的可能性。
不確定性
對未來事件缺乏了解，導致人們採取似乎合理的行動，產生令人不快的結果。
任務挑戰
一個人面對太困難的任務，無法每次都確實執行。
缺少能力
一個人沒有能力、條件或訓練去執行一項工作。
偏差
一個人選擇違反既定的流程或典範。
值得讚許
該受責怪
假設測試
進行一項實驗，證明某個想法或設計將會失敗。
過程複雜性
一種由許多元素組成的流程在遇上創新互動的時候瓦解了。
過程不適當
一個有能力的人堅持遵守既定但不完善或不完整的過程。
疏忽
一個人不經意脫離了規範。
Sketchnote by @Haypsych May 2020

它也是關於誰擁有決策權。在一份針對加州銀行的研究中，高級主管經常不斷同意增貸給那些已經拖欠先前借款的人。因為銀行家已經正式同意第一次貸款，因此有動機要讓他們最初的決定合理化。有趣的是，當銀行的高級主管流動率較高，就比較可能辨識並核銷問題貸款。假如你不是核准最初貸款的人，你會盡力重新思考那位顧客的先前評估，假如他們拖欠前面的十九項貸款，現在可能是該調整的時候了。重新思考比較像是我們把最初的決策制定者，和後來的決策評估者區隔開來。

多年來，NASA從未成功做出那種區隔。艾倫記得在傳統上，「負責成本及時間表的那些管理者，也就是擁有權力擱置技術要求的同一群人。在發射日，你很容易說服自己去做某些事。」

哥倫比亞號事件強化了NASA發展更強大的學習文化需求。在下一次的太空梭飛行，外部引擎燃料槽的感測器出了毛病。在接下來的一年半，這個問題又發生了幾次，但是並未造成任何顯著的問題。二〇〇六年，在休士頓倒數計時的那一天，整個任務管理團隊投票表決，大家一面倒地決定應該發射升空。只有一個人偏離主流，投下否定票：艾倫．歐裘亞。

在舊有的績效文化中，艾倫或許會害怕投票反對發射升空，但在這個新興的學習文化中，「我們不只是受到鼓勵發表看法，我們也有責任這麼做，」她說。「在NASA，包容不只是增進改革及讓員工投入的方法，它直接影響到安全，因為人們需要感到有價值及被尊重，才能自在地發言。」在過去，她要負責證明發射是不安全的。現在，團隊要負責證明發射是安全的。這意味著要以更謙遜的態度來發揮專業知識，以更多懷疑來做出決定，並且以更多好奇心來分析問題的肇因及潛在後果。

表決過後，艾倫接到NASA局長從佛羅里達的來電，並且對於重新思考會議上大多數人的意見表達驚人的興趣。「我想了解妳的想法。」他告訴她。後來他們延後發射行動。「有些人對於我們那天沒有發射太空梭感到不滿，」艾倫回憶著說。「但是沒有人來找我，以任何方式斥責我，或是讓我感到難受，他們沒有針對我出氣。」隔天，所有的感測器都正常運作，但是NASA最後在接下來的幾個月又延遲了三次發射行動，因為間歇感測器故障了。在那個時候，太空梭企劃的管理者要求團隊暫時停工，直到他們找出根本原因。最後他們查明感測器沒問題，是低溫環境導致感測器及電腦之間出現連接不良。

艾倫成為強生太空中心的副主任，後來升為主任，而NASA在結束這項企劃之前，繼續執行連續十九次成功的太空梭任務。二〇一八年，艾倫從NASA退休卸任，一位資深領導人走向她，表示她在二〇〇六年投票延後發射行動對他造成多大的影響。「我在十二年前從來不曾對妳說過什麼，」他說，不過「這使得我重新思考我如何著手處理發射日，以及我是否做了對的事。」

我們不能在過去進行實驗，只能在現在想像反事實。我們可以疑惑，假如NASA在木已成舟之前，回頭重新思考O型環失效以及泡棉掉落的風險，是否能挽救那十四位太空人的性命。我們可以疑惑，為什麼那些事件不曾讓他們像後來對待太空梭那樣，仔細地和專家重新評估問題。在學習的文化中，我們不會被這些問題拖垮，這表示我們能帶著較少的懊悔活下去。

PART 4

結論

11

逃離狹窄視野：重新思考我們規劃最完善的職場及人生計畫

我抵達之後的幾小時，感到一陣莫名的不安。我以為找一份工作會有幫助，結果我在地獄有很多親戚，我利用關係，成為一個拔人牙齒的惡魔助理。這不算一份正職，比較像是實習，但是我充滿熱情。而且起初它還滿有趣的。然而，過了一陣子，你開始自問：「這就是我來到地獄的目的嗎，為了把不同種類的鉗子遞給惡魔？」

——美國作家、編劇／傑克．韓迪（Jack Handey）

你長大以後想當什麼？小時候，這是我最不喜歡的問題。我很怕跟大人說話，因為他們總是這麼問，而無論我如何回答，他們從來就不喜歡我的答案。當我說我想當超級英雄，他們笑了。我的下一個目標是打進ＮＢＡ，但是不管我在我們家的車道投了多少次籃，我還是連續三年在中學籃球選拔賽遭到淘汰，我顯然把目標訂得太高了。

到了高中，我變得沉迷於跳板跳水，於是決定我想當跳水教練，大人對這個計畫嗤之以鼻：他們告訴我，我把目標訂得太低了。我念大學的第一個學期時，決定主修心理學，雖然這並未開啟任何大門，只是給了我幾扇門好關上。我知道我不想當心理治療師（不夠有耐心）或是精神科醫師（對醫學院來說太過拘謹了）。我依然毫無目標，而且很羨慕有清楚職涯計畫的人。

我的表弟雷恩從念幼稚園起，就知道他長大想當什麼。當醫生不只是美國夢，也是家族的夢想。我們的曾祖父母從俄羅斯移民過來，生活過得很苦。我們的祖母是一位秘書，祖父在工廠工作，但是養不起五個小孩，於是他兼了第二份差事，去送牛奶。在他的孩子成了青少年之前，他教過他們駕駛送牛奶的貨車，他們才能在學校及一天的工作開始之前，送完早上四點鐘的那一趟。那些孩子沒有一個人去念醫學院（或是送牛奶），我的祖父母希望我們這一代能把格蘭特醫生的名望帶進家族裡。

前面七名孫子女沒能成為醫生，我是第八個，兼了好幾份差來繳大學的學費，以及讓我的選項保持開放。當我最後取得心理學博士學位，他們感到很驕傲，不過還是希望能有一位**真正的**醫生。對第九個孫子，比我小四歲的雷恩來說，博士學位根本就是命中注定。

雷恩在各方面都達到標準：除了早熟之外，他擁有強烈的工作倫理。他把目標放在成為神經外科醫生，他對幫助人們的可能性滿懷熱情，做好不管在路上遇到什麼障礙，都要堅持到底的準備。

當雷恩在找大學時，他過來看我。我們開始談到主修，他對醫學院預科的路表達一絲懷疑，問我他是否應該改念經濟學。有個心理學名詞能捕捉雷恩的性格：快語。**沒錯，這是一個真正的研究概念**，由一**時想起及脫口而出組合而成**。當快言快語者與他人碰面，他們的回答傾向於快速又奔放，他們通常在外向性及衝動性獲得高分，在羞怯及神經質傾向獲得低分。雷恩可以督促自己長時間念書，但是這令他感到精疲力盡。他受到更活躍及具社交性的特質吸引，考慮要在醫學院預科之外加上經濟學主修，不過當他上大學時，便放棄了這個想法，決定**要跟著計畫走**。

雷恩順利完成醫學院預科課程，在他自己還是大學生時便成為大學生助教。當他出現在考試溫習課，看到學生有多緊張，他拒絕開始複習教材，直到他們站起來跳舞。當他獲得常春藤醫學院錄取，他問我他是否該選讀醫學及商學的雙學位課程。他還沒失去對商學的興趣，但是他怕會分散了注意力，於是他決定**要跟著計畫走**。

雷恩就讀醫學院的最後一年，乖乖地申請神經外科住院醫師實習，你需要專注的腦力去切割另一個人類的大腦。他不確定自己是否適合做這個，或者這份職業是否會留下任何空間讓他保有自己的生活。他納悶他是否應該改為開設一家醫療照護公司，但是當他被耶魯錄取，他選擇了住院醫師。他決定**要跟著計畫走**。

在擔任住院醫師的階段，教人吃不消的工作時數和高度的專注開始造成傷害，雷恩累垮了。他覺得假如他當天死掉，那個系統裡沒人會真的在乎，甚至沒有人注意到。他經常承受失去父母的心痛，以及為了應付愛罵人的主治醫師所引起的頭痛，而眼前的路似乎看不到盡頭。雖然那是他的兒時夢想以及祖父母的美夢，但他在工作之餘根本沒多少時間去做任何其他的事，這種全然的精疲力盡令他質疑自己是否該離職。

但雷恩決定他不能放棄。他努力了這麼久，不能改變方向，所以他完成七年的精神外科住院醫師實習。但當他提交申請證書的文件，醫院拒絕了，因為他把履歷上的日期放在右邊，而不是左邊。他受夠了這個體系，他決定堅守原則，拒絕修改。打贏了這場對抗官僚的戰爭後，他多了一項可以引以為傲的成就，進行第八年的研究醫師訓練，研習複雜的微創脊椎手術。

現在雷恩是一家大學醫學中心的精神外科醫生。他三十多歲了，從醫學院畢業十多年，依然還沒繳清他的助學貸款。即便他喜歡幫助人們，照顧病患、長工

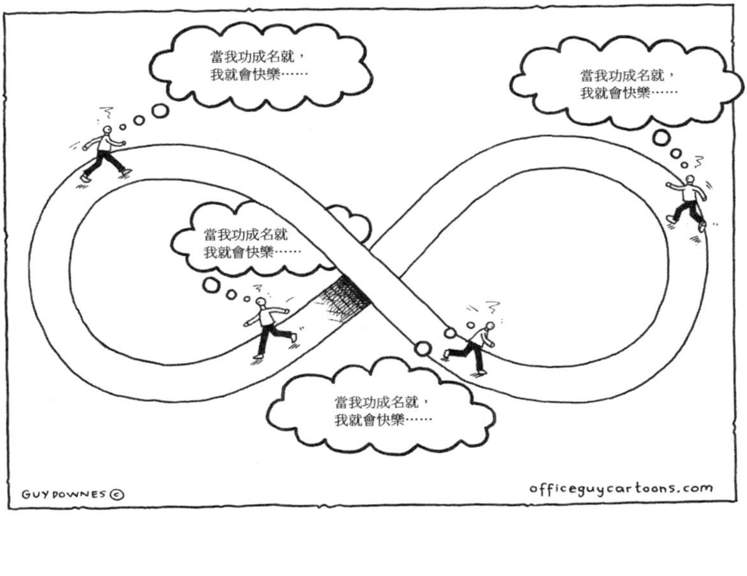

時以及繁文縟節還是削弱了他的熱忱。他告訴我，假如他能重新來過，他會選擇不同的道路。我經常在想，要怎樣才能說服他重新思考他選擇的行業，還有他真正想從工作中獲得什麼。

我們都有我們想成為誰，以及我們希望如何過生活的概念，而這些並不限於職業。打從小時候，對於我們要住哪裡，念哪個學校，和哪種人結婚，以及要生幾個小孩，我們都會形成想法。這些形象能激發我們設定更大膽的目標，引導我們走向達成目標的路。這些計畫的危險在於它們會給我們帶來狹隘的視野，讓我們對替代的可能性視而不見。我們不知道時間及環境會如何改變我們想要的事物，甚至是我們想成為的人，把我們的人生GPS鎖定在單一目標，可能會讓我們依照正確的方向走到錯誤的目的地。

進入早閉

當我們決定投入一項計畫，但是它卻沒有照我們希望的方式走，我們的第一直覺通常不是去重新思考。相反地，我們傾向於加倍努力，把更多資源投入這個計畫裡。這種模式稱為「承諾升級」。證據顯示，企業家會在應該改變時，堅守失敗的策略；ＮＢＡ的球隊總經理及教練會繼續投資新合約，並且花更多時間在表現不如預期的新秀身上；政治人物繼續把軍人送上戰場，去打一開始就不需要開打的仗。沉沒成本是一種因素，不過最重要的原因顯然是心理勝過經濟。承諾升級會發生，因為我們把產物合理化，不斷為我們先前的信念自圓其說，以便安撫我們的自尊心，保護我們的形象，並且證實我們過去的決策有效。

承諾升級是可預防失敗的一個重大因素。諷刺的是，它也會受到最著名的成功引擎之一：「恆毅力」的刺激。恆毅力是熱情及毅力的組合。研究顯示，它能在激勵我們完成長期目標上，扮演重要的角色。然而說到重新思考時，恆毅力可能會有黑暗面。實驗顯示，具有恆毅力的人更可能會在賭輪盤時不自量力，也更願意在他們執行不可能成功的任務上，堅持到底。研究者甚至表示，抱持恆毅力的登山者更可能在遠征時喪命，因為他們決心不計一切代價也要攻頂。在英雄的堅持與愚蠢的頑固之間有著細微的差別，有時候，最好的那種恆毅力其實是咬緊牙關，轉身離去。

雷恩把他對醫學訓練的承諾升級到十六年，假如他沒那麼固執，他或許能早一點變換跑道。在初期，他深受心理學家所謂的認同早閉之害。認同早閉是指我們太早確定自我感知，卻沒有足夠的實質審查，然後不願思考替代性的自我。

在職業選擇上，認同早閉經常始於成人問孩子：你長大想當什麼？仔細思考這個問題可能培養出對工作及自我的固定心態。「我認為這是大人問小孩的問題之中，最無用的一個，」蜜雪兒・歐巴馬寫道。「**你長大想當什麼？**彷彿長大是有限的。彷彿到了某個時候，你成為某種身分，然後就到此結束。」[79]

有些小孩的夢想太渺小。他們只願跟隨家人的腳步，從來不曾真正思考替代方案。有些人則是面對相反的問題，他們的夢想太高遠，依附在不切實際的崇高願景上。有時我們缺少天分去追求我們的專業使命感，只能就此放棄。其他時候，我們無法懷抱希望，靠我們的熱情來支付帳單。「你可以當任何你想當的人嗎?!」諧星克里斯・洛克（Chris Rock）譏諷地說。「告訴孩子實話吧……你可以做任何你擅長的事……只要他們有在徵人。」

即便小孩對於實際的職業道路感到興奮，他們視為夢想的工作最後仍可能是噩夢一場。孩子可能最好要明白，職業是你要做什麼，而不是你要當什麼。當他們把工作視為要採取的行動，而不是想宣稱的身分，他們就會變得更願意去探索不同的可能性。

雖然孩子們經常從小就受到科學吸引，但在就讀小學的過程中，他們對自己成為科學家的潛力似乎失去了興趣和信心。近期研究顯示，透過以不同的方式帶他們認識科學，就有可能維持他們的熱忱。當二、三年級的學生了解到「動手玩科學」而不是「當科學家」時，他們會比較樂於追求科學。成為科學家或許似乎遙不可及，不過「實驗」是人人都能嘗試的。當科學的呈現方式是我們可以**動手做**的事，而不是我們可以**成為**的某個人時，即便是幼兒園的學生也會對它產生興趣。

79 原註：我對這個問題有另一個異議：這是鼓勵孩子把工作當成他們身分認同的主要事件，當你被問及你想當什麼，社會能接受的唯一答案是一份工作。大人等小孩以詩意的方式談到自己想要變成像太空人一樣偉大，或是像消防員一樣英勇，或是像製片一樣懷抱靈感。你沒有空間去說你只想要就業保障，更別提你希望成為好的父親或偉大的母親，或是一個有愛心及好奇心的人。雖然我以研究工作謀生，但我不認為應該讓它定義我們。

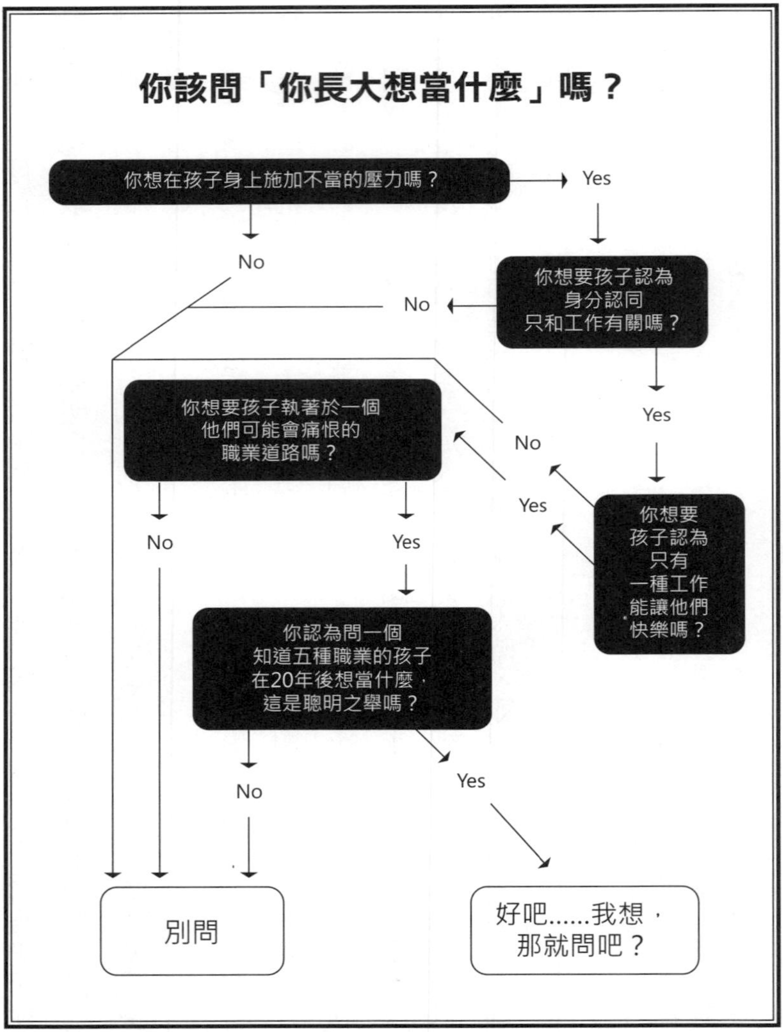
你該問「你長大想當什麼」嗎？
你想在孩子身上施加不當的壓力嗎？
Yes
No
你想要孩子認為身分認同只和工作有關嗎？
No
Yes
你想要孩子認為只有一種工作能讓他們快樂嗎？
No
Yes
你想要孩子執著於一個他們可能會痛恨的職業道路嗎？
No
Yes
你認為問一個知道五種職業的孩子在20年後想當什麼，這是聰明之舉嗎？
No
Yes
別問
好吧……我想，那就問吧？

最近在吃晚餐時，我家的小孩決定順著座位的次序，問每個人長大想當什麼。我告訴他們，他們不需要選擇一項職業；每個人平均最後會做十幾種不同的工作。那些不必是同一件事，它們可以是許多事。他們開始對於自己喜歡做的事進行腦力激盪。他們的清單最後包括了設計樂高積木組、研究太空、創意寫作、建築、室內設計、教體育、攝影、足球教練，以及當健身 YouTuber。

選擇一個職業不像是尋找一位靈魂伴侶。有可能你的理想工作根本還沒發明。舊產業不斷改變，新產業以前所未見的速度飛快出現：在不久前，谷歌、優步和 Instagram 都不存在。你的未來自我現在也不存在，而且你的興趣可能隨時間改變。

檢查的時間到了

我們排除各種的人生計畫。你一旦投入其中一種，它就成為你身分認同的一部分，讓降級變得更困難。你聲稱自己主修英文，因為你熱愛閱讀，卻發現你不喜歡寫作的過程。你決定在疫情大流行時開始念大學，後來卻決定你應該考慮休學一年，**要跟著計畫走**。因為你不想要有小孩而結束一段戀情，經過了多年後卻領悟到，你終究可能想要。

「認同早閉」能阻止我們進化。在一項針對業餘樂手的研究中，那些接受音樂為專業天職的人比較可能忽略接下來七年內，來自可信任的建議者所提出的職業建議。他們會聆聽自己的心，不理會精神導師的話。在某些方面，認同早閉是認同危機的相反：我們並未接受我們想成為什麼的不確定性，而是形成補償性的確信，一頭栽進去某個職涯路徑。我注意到，在二十歲時最確定職業計畫的學生，經常是到了三十歲時最後悔的那一些人。他們在這一路上並未充分地重新思考。[80]

有時候會這樣，是因為他們思考的方式太像政治人物，急切地想得到家長及同儕的認可。他們受到身分地位的誘惑，沒看清楚無論某項成就或關係如何令他人感到佩服，假如它令你感到沮喪，它依然是個不好的選擇。就其他的例子來說，這是因為他們陷入了傳教士模式，最後把求職當成了神聖的事業。他們偶爾會以檢察官模式挑選職業，起訴同學出賣靈魂給資本主義，而自己一心投入非營利事業，希望能拯救世界。

悲哀的是，他們經常對於那份工作所知無幾，對於提升自己也不太了解，無法做出一輩子的承諾。他們受困在過度自信的循環，驕傲地追求某種事業身分認同，身旁圍繞著證實他們的信念的人。等到他們發現這個職業並不適合，自己才感到來不及重新思考了。放棄的風險似乎太高，薪資、身分地位、技能及時間的犧牲似乎太大。**我要公開地說，我認為損失過程的前兩年要好過浪費接下來的二十年**。就後見之明來說，認同早閉是ＯＫ繃：它會遮掩身分認同危機，但是無法治好它。

我對學生的建議是，從醫療照護專業汲取教訓。正如他們會跟醫生及牙醫約診，即便身體沒有任何狀況，他們應該要安排自己的職涯檢查。我鼓勵他們

80 原註：證據顯示，英格蘭及威爾斯的大學畢業生比蘇格蘭的學生更可能改變職涯道路。這不是文化效應，而是時機效應。在英格蘭及威爾斯，學生必須從高中開始主修科目，這使得他們在大學期間探索替代選擇時有所限制。在蘇格蘭，學生無法選定主修，直到升上大三。這給了他們更多機會去重新思考計畫，發展新興趣。他們最後比較有可能主修高中沒有的科目，而且比較可能找到合適的選項。

在行事曆設定提醒，每兩年提出一些關鍵問題。你是什麼時候訂定你目前追求的志向，以及在那之後做了哪些更動？你是否在你的角色或職場達到學習高原，以及是否到了考慮轉變的時間？回答這些職涯檢查問題是定期啟動重新思考循環的方法。它能幫助學生對自己預測未來的能力保持謙遜，仔細考慮關於計畫的懷疑，以及保持足夠的好奇心去發掘新的可能性，或是重新考慮先前放棄的那些。

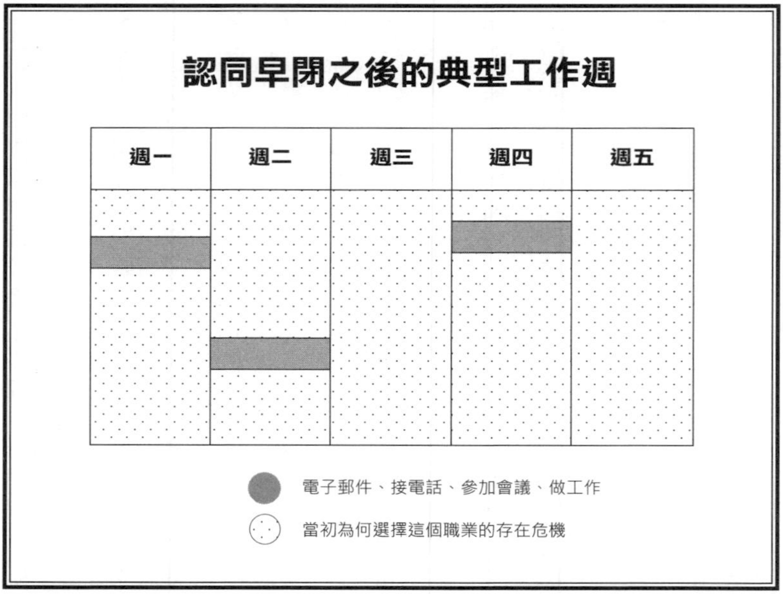

我有一個學生，瑪莉莎・珊黛爾（Marissa Shandell），她在一家知名的顧問公司得到一份夢寐以求的工作，打算在職場上一路往上爬。她不斷獲得拔擢，但是發現自己沒日沒夜地工作。她沒有繼續咬緊牙關忍耐，而是每六個月便和她的丈夫進行職涯檢查對話，不只談論公司的成長軌跡，還有他們的工作成長軌跡。瑪莉莎在超前進度、晉升為初級合夥人之後，她明白自己來到了學習高原（以及生活風格高原），於是決定去念管理學博士學位。[81]

決定離開目前的職涯跑道經常比找出新跑道容易。對於應付那種挑戰，我最喜歡的架構來自一位管理學教授，赫米妮亞・伊巴拉（Herminia Ibarra）。她發現當人們考慮職涯選擇及轉換時，以科學家的方式思考會有幫助。第一步是取悅可能的自我：找出一些在你的領域之內或之外，令你欽佩的人，觀察他們在每天的工作中做了什麼。第二步是針對這些跑道能如何配合你自己

81 原註：我原本推薦學生進行職涯檢查，以避免狹隘的視野，但是我學到了這可能對於在重新思考範圍另一端的學生——過度思考者很有用處。他們經常回報說，當他們對工作不滿意，若是知道有個提醒會每年兩次跳出來，有助於他們抗拒每天想要離職的誘惑。

的興趣、能力及價值，提出一些假設。第三步是進行實驗以測試不同的身分認同：進行提供資訊的訪談、影子學習及範本企劃，涉獵工作內容。目的是不要確定特定的計畫，而是擴展可能自我的全部技能，讓你保持開放心態去面對重新思考。

檢查不只限於職涯，對我們在生活中每個領域所做的計畫也很重要。幾年前，有一位以前的學生打電話，要我給他戀愛的建議。**警告：我不是那種心理學家**。他和一名女子交往一年多，雖然這是他有過最滿意的感情關係，他依然質疑兩人是否適合在一起，他向來想像自己娶的女子是對事業懷抱野心，或者熱中於提升這個世界。而他的女友對人生的態度似乎不太積極，比較放鬆。

這是檢查的理想時機。我問他，他是在什麼時候形成那種對伴侶的憧憬，以及他從那時起想法改變了多少？他說他從青少年時期便有那種想法，而且從來不曾停下來去重新思考。當我們交談時，他開始意識到，假如他和女友在一起很開心，伴侶的野心和熱情對他來說可能不如過去那麼重要了。他逐漸明白，他受到積極想要成功及服務的那種女子激勵，因為那是他想成為的那種人。

過了兩年半，他向我報告近況。他已經決定放棄他對「伴侶應該是什麼樣的人」的先入為主觀念：

我決定開誠布公，和她談到她和我想像的那種人不一樣。出乎意料的是，她告訴我相同的話！我也不是她想像最後會在一起的那種人。她原本期待能和一個更有創意、更愛交際的人在一起。我們接受了這件事，繼續往前走。我樂於把舊有的想法拋在腦後，清出空間容納完整的她，以及我們的關係可能帶來的一切。

就在疫情大流行之前，他向她求婚，現在他們訂婚了。

一段成功的關係需要定期重新思考，有時候思考意味著重新考慮像是「我們的習慣」這種簡單的事。**學習不要對每件事都要小遲到一下，把那些破爛的研討會T恤淘汰掉**。**翻身朝另一個方向打呼**。在其他時候，表現支持意味著敞開我們的胸懷，接受更大的生活改變：搬到不同的國家、不同的社區，或是換不同的工作，以便支持伴侶的優先順序。以我學生的例子來說，這意味著重新思考他的未婚妻是什麼樣的人，不過也要能接受她可能會成為哪種人。她遲早會換工作，她可能對她的工作，以及為教育平權奮鬥的抱負變得更熱情。當我們願意對於「伴侶是什麼樣的人」做出想法上的更新，這能帶給對方發展的自由，也讓我們的關係有空間成長。

無論我們是檢查伴侶、父母或精神導師，這都值得我們每年停下來一、兩次，仔細思考我們的抱負如何改變。當我們認清我

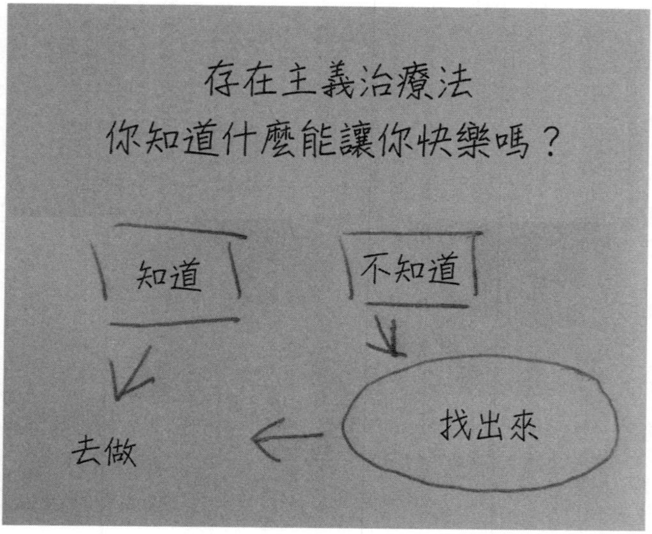

們生活的過去形象對未來不再重要時，我們就能開始重新思考我們的計畫。這能讓我們走向幸福之路，只要我們別念念不忘地尋找它。

當追逐幸福趕走了幸福

當我們思考如何規劃我們的生活，有幾件事要放在幸福之前。不丹王國有一份國民幸福指數。在美國，追求幸福被視為如此重要，以至於它成了我們獨立宣言裡，三項不可剝奪的權利之一。然而，假如我們不小心，追求幸福可能會變成悲劇的成因。

心理學者發現，越重視幸福的人，他們的人生就經常變得越不幸福。對於天生在乎幸福的人，以及被隨機分配去思考「幸福為何重要」的人來說都一樣，而且真實無誤。甚至有證據顯示，把幸福看得太重要是沮喪的危險因子。為什麼呢？

有一種可能性是，當我們尋求幸福，我們會太過忙於評判人生，而不曾真正體驗它。我們並未品嘗喜悅的時刻，而是反覆思考我們的生活為何不能更快樂。

第二個可能的肇因是，我們花了太多時間努力攀上幸福的山頂，卻忽略了幸福更仰賴正向情緒的頻率，而非強度。第三個潛在因素是，當我們尋求幸福，我們過度強調快樂而忘了目的。這個理論與數據相符，顯示意義比幸福更健康，在工作中尋求目的的人，比在工作中尋求歡樂的人，更可能成功追尋熱情，而且也比較不可能辭職。享受有起有伏，意義卻能持久。第四種解釋是，把幸福視為個人狀態的西方概念讓我們感到孤單。在更集體化的東方文化中，這個模式正好相反：追求幸福可能帶來更多的健康，因為人們把社會參與置於獨立活動之上。

去年秋天，有位學生在我上班的時間，過來找我給點建議。她說明當她選擇華頓，她把注意力都放在去念最好的學校，而不是最適合的那一所。她希望自己挑的學校具有更無憂無慮的文化，以及更強烈的社群感。現在她弄清楚自己的價值觀，正在考慮轉到一間能讓她更快樂的學校。

過了幾週後，她告訴我，她在課堂上的某一課幫助她重新思考她的計畫。那不是我們討論過的幸福研究，她所做的價值觀調查，或是我們做過的制定決策活動。那是我給他們看過的一段《週六夜現場》喜劇短劇。

那一場是由亞當．山德勒飾演導遊，在一支促銷他們公司的義大利之旅的假廣告中，他提到顧客的評語有時會表達出失望之意。他利用這個機會提醒顧客，假期可以與無法為他們做些什麼：

假期可以做的有很多：幫助你放鬆，看不同模樣的松鼠，但是它無法修復更深層的問題，像是你在團體中如何表現。

我們可以帶你去健行。我們無法把你變成喜歡健行的人。

別忘了，你在假期中還是可以做**自己**。假如你在原地感到很悲傷，那麼跳上飛機前往義大利，在義大利的你會是和之前同樣悲傷的你，不過是在一個新地點。

© Saturday Night Live/ NBC

義大利之旅的假廣告。

當我們追求幸福時，我們經常從改變周遭開始。我們期待在比較溫暖的氣候或比較友善的宿舍找到喜樂，但是那些選擇帶來的任何喜悅經常都是暫時的。在一系列的研究中，藉由調整生活安排或課程表來改變環境的學生，很快就會回歸到他們的基本幸福程度。正如海明威寫道：「你不能藉著從一個地方移動到另一個地方來逃離自己。」同時，藉由加入新社團、調整讀書習慣，或展開一項新計畫來改變行動的學生，能體驗到持續增強的幸福。我們的幸福經常取決於我們做些什麼，而不是我們在哪裡。帶給我們意義及歸屬感的是我們的行動，不是環境。

我的學生最後決定不要轉學，她不去重新思考要念哪一所學校，而是她要如何度過那些時光。她可能無法改變整所學校的文化，不過她能創造全新的次文化。她開始和同學進行每週咖啡閒聊，每週邀請和她有共同興趣及價值觀的人過來喝茶。幾個月之後，她回報說她建立了一些親近的友誼，也對於她留下來的決定感到很高興。這場衝擊不只如此：她的喝茶聚會變成一種傳統，歡迎那些感到疏離的學生。他們不曾轉換到一個新社群，而是打造自己的微型社群，他們並未把焦點放在幸福上，而是尋求奉獻與連結。

生命、自由以及意義的追求

先說清楚，我不是鼓勵任何人待在一個他們討厭的角色身分、關係或地方，除非他們別無選擇了。然而，談到職涯時，我們不是要尋求讓自己最快樂的工作，我們最好是追求我們期待學習及貢獻最多的工作。

心理學家發現，熱情經常是培養而成，而不是透過發現而來。在一項企業家的研究中，他們在新創公司投注越多的努力，對事業的熱忱便每週攀升得越高。當他們獲得動力及專業，他們的熱情便不斷成長。興趣並非總是導致努力與技能，有時它會追隨它們，藉由投入學習及解決問題，我們能培養出熱情，建立工作所需的技能，並且為我們找到的人生賦予價值。

當我們年紀漸長，我們會更專注在尋求意義，也越有可能在協助他人的行動中發現意義。我最喜歡的有意義的工作測試是提問：假如這項工作不存在，人們會糟糕到什麼程度？直到中年，這個問題才經常開始突顯出來。大約在這時候，我們在工作及人生都會感到可以付出更多（並且失去更少），我們也特別熱切地想跟下一代分享我們的知識與技能。

當我的學生談到他們在職涯中的自尊演化時，過程經常是像這樣發展的：

第一階段：我不重要。

第二階段：我很重要。

第三階段：我想貢獻一些重要的東西。

我注意到，他們越快達到第三階段，他們就會越有影響力，也能體驗到越多的幸福。這使得我比較不會把幸福當成目標，而是專業與意義的副產品。「那些單純快樂的人，」正如哲學家約翰．史都華．米爾（John Stuart Mill）說：「把他們的心思放在某種目標上，而不是自身的幸福；放在他人的幸福，在人類的進步上，甚至是某種藝術或追求，隨之而來的不是某種手段，它的本身就是一個理想的目標。」

職涯、感情關係及社群都是科學家所謂的開放性系統的範例。它們處於不斷的變動中，因為它們不會把周遭的環境隔離在外。我們知道開放性系統是由至少受到兩種關鍵原則支配：有多重路徑通往同樣的目標（殊途同歸），以及相同的起點可以是許多不同目標的路徑（多目標性）。我們應該謹慎避免太過依附某種特定路徑，或者甚至是某種特定目的，成功的定義及幸福的道路都不會只有一種。

我的表弟雷恩終於重新思考他的職涯弧線，擔任神經外科住院醫師五年後，他做了自己的職涯檢查，決定追求他的企業家夢想。他共同創立了快速成長的創投新興事業，叫做諾門德醫療公司，打造了一個市場機制，替臨床醫師及醫療機構配對。他也替幾家醫療裝置新興企業提供諮詢，申請醫療裝置專利，現在替幾家新興企業服務，加強醫療照護。他回顧過去，依然後悔他那麼早就把身分認同鎖定在神經外科，以及對那個職業做出承諾升級。

在工作及人生中，我們能做的就是計畫在接下來的一、兩年，我們想學習及貢獻什麼，並且對於接下來可能發生的事保持開放心態。我改寫達克托羅（E. L. Doctorow）的類比，替你的人生寫下計畫「就像是在起霧的夜晚開車。你只能看到車頭燈照亮的距離，不過你還是可以就這樣開完整段路」。

我們不必把我們全部的路徑都打亂，才能重新思考我們的某些計畫，有些人很滿意他們的工作領域，但是對目前的角色感到不滿。其他人或許太過規避風險，無法為工作或伴侶改變地理環境。許多人沒有做出改變的餘裕：經濟上太過依賴某個工作，或是情感上太過依附一個大家庭，這些都能限制可用的選項。無論我們是否有機會或興趣在生活中做出重大改變，我們依然有可能做出較小的調整，為我們的生活帶來一些新的意義。

我的同事艾咪・沃茲尼斯基（Amy Wrzesniewski）及珍・達頓（Jane Dutton）發現，在每種職業中都有人成為自己工作的積極建築師。他們透過工作形塑，改變日常行動以便更符合他們的價值觀、興趣及技能，藉此重新思考自己的角色。艾咪及珍研究工作形塑的地方之一是在密西根大學的醫療保健系統。

假如你造訪過醫院的某些樓層，不久便會有癌症病患告訴你，他們有多感激甘蒂絲・沃克（Candice Walker）。她的任務不只是保護他們脆弱的免疫系統，還有照顧他們的脆弱情緒。她把化療中心稱為希望之家。

當患者經歷治療之後，甘蒂絲經常是第一個安慰家屬的人，她會帶著貝果和咖啡現身。她會說她的貓咪把她的牛奶喝光的故事，或是讓他們看她無意間穿了一隻棕色、一隻藍色的襪子，逗得病患哈哈大笑。有一天，她看到有個病人在電梯的地板上痛苦地扭曲著，而附近的工作人員不知該如何是好。甘蒂絲立刻主導大局，趕緊讓那名女子坐上輪椅，然後帶她搭電梯去進行緊急處置。後來那位病人叫她「我的救命恩人」。

甘蒂絲．沃克不是醫生或護士，也不是社工。她是清潔工，正式工作內容是維持癌症中心的清潔。

甘蒂絲和一起工作的清潔工都是受雇負責相同的工作，不過其中有些人最後重新思考自己的角色。在長期加護病房工作的一位清潔工自動自發，固定重新布置牆上的畫，希望場景變換能刺激昏迷患者的意識。當有人問起這件事，她說：「沒有，這不是我工作的一部分，不過是我的一部分。」

我們的身分認同是開放式系統，我們的生活也是。我們不必受限於我們想去哪裡，或者想當哪種人的舊有形象。開始重新思考選項的最簡單方法是，對我們每天所做的事提出質疑。

我們需要謙遜才能重新思考我們過去的承諾，需要懷疑去質疑我們目前的決定，需要好奇心去重新想像我們未來的計畫。而在這麼做的同時，我們的發現可以讓我們掙脫熟悉環境以及先前自我的束縛。重新思考能解放我們，去做比更新我們的知識和看法更多的事，那是一種工具，能帶來更充實的生活。

後記：帶來影響力的行動

「我所相信的」是一種過程而非定局。

——美國無政府主義政治運動家／艾瑪．高德曼（Emma Goldman）

閱讀小說時，我最喜歡的部分向來是結局。就我記憶所及，無論我讀的是科幻小說，例如《戰爭遊戲》（Ender's Game），或是懸疑小說，例如《繼承人遊戲》（The Westing Game），結局的轉折不只是故事的高潮。他改變了整個故事，讓我重新思考我先前讀過的一切。

然而，在寫和想法有關的事時，我從來就不喜歡結論。最後一章不能當作結論嗎？這是一本書，又不是讀書心得。**假如我有其他值得討論的事，我應該早說完了。**我認為「荒謬」最傳神的解釋是幽默作家理查．布洛提根（Richard Brautigan）所寫的：「為了表達人類的需求，我向來想寫一本書，結尾的最後一個字眼是『美乃滋』。」他在某本書的倒數第二章寫了這句話，然後開心地

以這個字眼結束這本書，但是故意把它寫錯成「美乃吱」，剝奪讀者的結局。人類的需求，尚未滿足。[82]

結論最令我感到困擾的是「定局」，假如某個主題的重要程度值得寫一整本書，它就不該結束，應該沒有結論才對。

這是《逆思維》固有的挑戰。我不想要讓結論結束一切。我要我的思考繼續發展。為了象徵那種開放性，我決定將後記留白，一整頁的空白。

我的異議網絡毫無異議地反對這個概念，我的兩位最富洞察力的學生說服我，雖然這可能對於我這個作家而言代表了終點，但是對各位讀者而言是起點。這是通往新思想的跳板以及通往新對話的橋樑。然後他們提出一種方法來彰顯這本書的精神：我可以從朗恩・伯格的課堂獲得提示，把我重新思考的一些結論，從第一份草稿往下一一展示。

我愛死了這個主意。我原本想過要在書中呈現我的校訂，但是不想把這些強加在大家的身上。大家應該不會想把時間花在鑽研那些不成熟的想法和錯誤的假設。就算你是《漢米爾頓》（Hamilton）迷，你可能也不會喜歡初稿。

欣賞重新思考的成品比過程更有趣。~~對一本討論重新思考的書而言，這似乎是令人喜悅的變化。就像是《歡樂單身派對》裡那本談論家居品味書的家居品味書，或是當雷恩葛斯林穿一件T恤，上面是麥考利克金的照片，而麥考利克金更勝一籌，穿的T恤上面有雷恩葛斯林穿著那件T恤的照片。~~[83]**這樣太異想天開了。早期的讀者想要看到更莊重的態度，有幾位表示他們現在以不同的方式處理異議。當他們面臨和自己的看法相左的資訊時，他們不會反對或不願投注心力，而是把它當成一個機會去學習新事物：「或許我該重新思考那個！」**

結論似乎最適合展現幾個重新思考的重要時刻，但是我依然不知道內容該包括什麼。我回去找我的異議網絡，他們又提議了一個方式去綜合重要主題，提出我目前在重新思考的更新內容。

~~我想到的第一件事是在事實檢查過程中，當我得知科學家對於暴龍家族傳說中的羽毛，修正了他們的想法時的那一刻。假如你是在想像第一章出現了長~~

82 編按：更換字體處為作者增訂的內容，後同。

83 編按：有刪除線的劃記為作者移除的內容，後同。

羽毛的霸王龍，我也是，不過目前的共識是，典型的霸王龍身上大部分覆蓋了鱗片。假如這項更新的知識讓你感到崩潰，請翻閱索引部分，查看想法有誤的樂趣。事實上，我有好消息：科學家相信有另一種暴龍，羽暴龍身上長滿了鮮豔的羽毛以保持涼爽。異議網絡說，更新書裡的「有趣事實」太普通了。

最近，我一再地思考，重新思考是如何發生的。幾千年以來，人們的許多重新思考行動，隨著時間在群體之中無形地展開。在印刷機問世之前，許多知識都是以口授傳遞。人類歷史是一個長期的傳話遊戲，每位發送者記得和傳達的資訊都不太一樣，而每位接收者則無從得知故事如何改變。等到某個概念傳遍某個國家，它可能在無人意識到的情況下，完全被重新想像了。當更多資訊開始記錄在書本裡，接著是報紙時，我們可以開始記載知識及信念演化的不同方式。現在，雖然我們能看到維基百科的每一次修訂，做出變動的人經常落入校訂的戰爭，拒絕承認另一方是對的或自己是錯的。編纂知識或許能幫助我們追蹤，但是不必然會引導我們開啟思維。[84]

許多偉大的思想家主張，重新思考是每一個世代，而非個人的艱難任務，甚至在科學方面也是。誠如傑出的物理學家，麥克斯·普蘭克（Max Planck）

所說：「全新的科學真相不是靠說服對手，讓他們恍然大悟才獲勝，而是因為它的對手最後死掉了。」從這個觀點來看，世代交替的速度比人們改變觀點還要快。

我不再相信情況必定如此。我們都有能力重新思考，只不過我們不夠頻繁地使用它，因為我們像科學家那樣思考的頻率不足。

科學方式可以回溯到幾千年前，至少要回到亞里斯多德及古希臘人的時期。然而，我意外得知，科學家這個名詞還滿新的：直到一八三三年才造出這個詞。數百年來，對於那些以透過提出假設而發現知識、設計實驗以及收集數據為業的人，我們沒有一個通稱的名詞。我希望我們不必等那麼久才能明白，這種思考的方式適用於所有工作以及各行各業的人。

即使這本書付梓，我依然在重新思考。在建立像科學家思考的論點時，我一直感到有些地方不對勁。我在想我是否不夠注意到它在宣揚、控訴及從事政治行動的情況極具成效。談到重新思考我們的觀點時，證據權重偏好科

84 編按：有底線的劃記為作者修訂的內容，後同。

學家模式，因為它給了我們最佳的機率。這裡有一個尚未解答的重大問題：當重新思考應該結束時，我們該在哪裡畫下這條線呢？我認為每個人在每種情況之下都會有不同的答案，但是我的感覺是，我們大多數人都太偏向曲線的左側運作了[85]。我見過最相關的數據，是在第三章的超級預測員：他們針對每個問題的預測平均更新四次，而不是兩次。這顯示了你不需要進行太多的重新思考便能從中獲益，而缺點非常少。重新思考不見得總是能改變我們的看法。就像是學生重新思考試題的答案，甚至當我們決定不要轉變我們的理念或決定時，我們離開時還是知道，我們確實思考得更周全了。不過說到開啟他人的思維時，理想模式就比較不清楚了。我試圖捕捉每種方法的價值上有哪些細微差異，探索在和那些能接受我們的觀點或是對議題不投入的人辯論時，說教如何能發揮效果，控訴如何能讓並未下定決心的觀眾聽得進去，以及簡單化如何能說服我們自己的政治族群。不過甚至在檢視這些數據之後，我依然不確定我是否盡力讓我的論述符合資格。

接著發生了冠狀病毒大流行，我很好奇領導人如何在這場危機之中進行溝通。他們如何在現狀之中帶給人民安全感，以及對於未來的希望？宣揚他們計畫的優點，控訴替代提案可能降低不確定性。建立政治論點可能會使得共同目標的基礎更穩固。

對我而言，最具啟發性的例子來自紐約的州長。在春天的一場早期演說，當他的州以及全國面臨前所未有的危機，他宣布：「這是常識，要採取某種方法，試試看：假如失敗的話，大方承認吧，然後試另外一種。不過最重要的是，嘗試一些什麼。」

《紐約時報》隨即剔除州長的演說精華，表示「不特定的一些什麼並沒有好過什麼都沒有。」其他領導人表現得「精準、具體又正向」，而州長則是「不確定、抽象又優柔寡斷」。踐踏這場演說的不只是媒體，州長的一位顧問把它形容為一次政治愚蠢之舉。

有自信的領導人具有顯而易見的魅力；他們提供清晰的願景、強大的計畫，以及對未來的明確預測。不過在遭遇危機以及繁榮興盛的時候，我們更需要領導人能接受不確定性、承認錯誤、從他人身上學習，以及重新思考計

85 編按：指實際進度超前於計畫進度。

畫。那就是這位州長所提供的，而早期的評論者錯看了他提議的方式會如何展開。

這不是發生在冠狀病毒大流行時期，州長也不是安德魯・庫莫（Andrew Cuomo）。這是發生在上一次美國的失業率飆高的時期：經濟大蕭條。當時是一九三二年，紐約州州長法蘭克林・迪拉諾・羅斯福（Franklin Delano Roosevelt）。當國內受到經濟大蕭條的衝擊時，他在喬治亞州一所小型大學的畢業典禮演說上，傳達了「嘗試一些什麼」的訊息。他在演說中最令人難忘的一句是說：「國家要求大膽又持續的實驗法。」這個原則成了他的領導力的試金石。雖然經濟學家依然爭辯哪一項隨之而來的改革帶領這個國家脫離歷史的大蕭條，但羅斯福制定政策的嘗試錯誤法大受歡迎，以至於美國人四度推選他為總統。

在他的畢業典禮演說中，羅斯福並未說教、控訴或是求諸政治。他演說時帶著自信的謙遜，和你期待科學家會有的表現如出一轍。我們對於如何溝通自信的謙遜所知不多。當人們對於複雜的主題，像是在阻止疫情大流行或復甦經濟的方面缺乏知識，他們能自在面對承認自己今天不知道什麼，並且懷疑自己昨天做的陳述的領導人。當人們覺得自己有了更多見識，而且問題比較簡單時，他們可能不去理會那些承認不確定性，並且徹底改變心意的領導人。

我依然好奇，每種模式在什麼時候對說服最有效？不過總的來看，我想看到更多人公開進行重新思考，就像羅斯福所做的那樣。重新思考非常具有價值，但是我們做得不夠多，無論是在努力處理人生中的關鍵決定或我們這時代的重大困境。像是疫情大流行、氣候變遷及政治極化等複雜的問題，要求我們保持心智靈活。面對任何未知且不斷展開的威脅時，謙遜、懷疑及好奇對發現來說至關重要，大膽又持續的實驗法或許是我們進行重新思考的最佳工具。

我們都能在重新思考方面有所改進。無論我們達到哪種結論，我認為假如每個人都能更常戴上科學家的護目鏡，這世界會是一個更美好的地方。我好奇的是：你同意嗎？如果不同意的話，什麼證據會改變你的想法？

帶來影響力的行動

假如你有興趣練習你的重新思考技巧，以下是我的三十個最佳重點：

一、個體重新思考

A 培養自在思考的習慣

1. **以科學家的方式思考**。當你開始形成意見，抗拒宣揚、起訴或採取政治行動的誘惑。把你浮現的觀點當作預感或假設，拿數據來測試它。就像學習把商業策略當作實驗的企業家，你會保持轉動的靈活度。
2. **以價值而非看法來定義你的身分認同**。假如你不要依附過去的信念，把它們當作現在的自我概念的一部分，你就比較容易避免陷入其中。把你自己當成是某個重視好奇心、學習力、心理彈性，以及搜尋知識的人。當你形成看法，寫下會讓你改變心意的因素清單。
3. **尋找和你的觀點相左的資訊**。你可以藉由積極投入挑戰你的假設的想法，對抗確認偏誤、打破過濾泡泡，以及逃離回聲室。一個簡單的起始

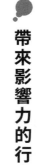

點是追隨那些讓你思考的人，即便你通常不贊同他們的想法。

B 校準你的信心

4. **小心卡在愚蠢山的山頂**。別誤把信心和能力混為一談。達克效應是一項好的指標，顯示你認為自己越好，你就越有高估自己的風險，停止進步的機率也越大。為了防止你對自己的知識過度自信，你可以反思自己在某個主題能說明得多清楚。
5. **駕馭懷疑的益處**。當你發現你在懷疑自己的能力，把這個情況重新架構為成長的機會。你可以對自己的學習能力有信心，同時質疑你對某個問題的現有解決方法。知道你不知道什麼經常是培養專長的第一步。
6. **擁抱想法有誤的喜悅**。當你發現自己犯了錯，把它當作你發現新事物的象徵。別害怕嘲笑自己，這能幫助你別太著重在證明自己，更是專注於改進自己。

C 邀請別人質疑你的想法

7. **從你認識的人身上學會新事物**。每個人都對某些事比你更了解。詢問別人最近在重新思考什麼，或是展開對話，提起你在過去這一年改變思維的時候。

8. **打造異議網絡，而不只是支持網絡**。有啦啦隊鼓勵你會有幫助，不過你也需要批評者對你提出質疑。誰是你思慮最周全的批評者？找出來之後，你要請他們來質疑你的想法。為了確保他們知道你能接受異議觀點，告訴他們你為何尊重他們的反對意見，以及他們通常在哪方面提升最多的價值。

9. **別逃避建設性衝突**。爭論不見得是不愉快的。雖然人際衝突通常會產生不良後果，但是任務衝突能幫助你重新思考。設法將爭論架構為一場辯論，人們比較有可能理智地處理，而非認為是針對個人。

二、人際重新思考

A 提出較好的問題

10. **練習說服聆聽的技巧**。當我們嘗試開啟他人的思維，聆聽經常比說話更能讓我們達成目的。你要如何能展現興趣，協助他人釐清他們的觀點，並且找出他們自己的改變理由呢？一個起步的好方法是提高你的問題與陳述比例。

11. **質疑如何而非為何**。當人們描述他們為何抱持極端觀點，經常是在強化自己的信念，並且變本加厲。當他們試圖說明他們如何把自己的觀點變成事實，他們經常意識到自己的了解限制，開始緩和自己的看法。

12. **詢問「什麼樣的證據能改變你的看法？」**你不能強迫每個人都同意你的看法。更有效的做法是詢問什麼可以讓對方開放思維，然後看你是否能依照他們的條件去說服他們。

13. **詢問人們最初是如何形成某種看法**。我們有許多看法，例如我們的刻板印象，都是武斷的，在沒有精確的數據或深入思考之前便形成了。為了幫助人們重新評估，提醒他們思考，假如他們出生在不同的年代或地方，他們會如何相信不同的事情。

B 把異議當成舞蹈，而非戰鬥來處理

14. **了解共同點**。辯論就像舞蹈，不是戰爭。承認集合點不會讓你變得比較弱，而是展現你願意協商什麼是真的，它也能激勵對方考慮你的觀點。
15. **別忘了少即是多**。假如你提出太多不同的理由來支持你的論點，這會使得你的觀眾起了防衛心，並且導致他們基於那些最無法令人信服的論點而拒絕你的整個論述。與其淡化你的論述，不如主打你最有力的論點。
16. **強化選擇的自由**。有時人們拒絕並非因為他們不考慮那個論述，而是他們拒絕感到自己的行為受到控制。藉由提醒對方，這一切都取決於他們選擇自己所相信的，這樣會有助於尊重他們的自主權。
17. **進行一場關於對話的對話**。假如情緒變得激動，不妨試試將對話重新導向過程。就像談判專家評論他們的感受，並且測試他們對於對方感受的

理解，你有時可以表達你的失望或挫折，詢問別人他們是否也有同感，藉此取得進展。

三、集體重新思考

A 有更多細微差別的對話

18. **將具有爭議的主題複雜化**。每個故事都有不只兩面的說法。與其把兩極化議題當作一個銅板的兩面，不如透過稜鏡的許多鏡面去看它，看到那些灰色地帶可以讓我們的思維更開放。

19. **不要迴避警告及可能性**。承認競爭對手的主張以及衝突的結果，不代表犧牲利益或可信度。這是一種吸引觀眾的有效方式，並且鼓勵他們保持好奇。

20. **擴張你的情緒範圍**。你不必忽視挫折甚至憤怒，才能進行有成效的對話。你只需要在其中混入更多的不同情緒，例如嘗試展現一點好奇心，或者甚至是承認困惑或矛盾。

B 教導孩子重新思考

21. **在晚餐時進行每週一次的破除迷思討論**。在年紀小的時候破解錯誤信念比較容易，這也是一個很棒的方式，能教導孩子自在地重新思考。每週挑一個不同的主題，例如這次可能是恐龍，下次或許是外太空，然後由家人輪流負責找出一個迷思來討論。

22. **邀請孩子繪製多幅草圖，然後向他人尋求意見回饋**。創作不同的圖畫或故事版本可以鼓勵孩子學習修改想法的價值。取得他人的看法也能幫助他們繼續提升他們的標準。他們可能學到擁抱困惑，同時停止期待在第一次嘗試就能做到完美。

23. **停止問孩子，他們長大後想做什麼**。他們不必以職業來定義自我。單一身分認同可能會關上替代選擇的大門。與其試圖縮減他們的選項，不如協助他們擴展他們的可能性。他們不必只有一種自我認同，他們可以擁有多重身分。

C 打造學習組織

24. **放棄最佳典範**。最佳典範意味著理想的慣例已經建立了。假如我們要人們不斷重新思考他們做事的方式，我們可能最好採取流程問責制，並且持續努力去找更好的典範。

25. **建立心理安全感**。在學習文化中，人們有信心自己能質疑並挑戰現狀而不會受罰。心理安全感經常從領導者示範謙遜開始。

26. **擁有一張重新思考計分卡**。不要只根據結果來評價決定；紀錄在過程中有多徹底地考慮不同的選項。不好的過程有好的結果是運氣好。好的過程卻有不好的結果，可能是一場聰明的實驗。

D 保持開放的心態去重新思考你的未來。

27. **丟掉十年計畫**。你在去年感興趣的事，今年可能讓你覺得無聊。昨天令你困惑的事，明天可能就變得刺激了。熱情不只是靠發現，而是培養出來的。只計畫下一步能讓你願意去重新思考。

28. **重新思考你的行動，而不只是你的環境**。追逐幸福可能會把它追丟了。

把某種環境換成另一種不見得就足夠。喜悅有起有落，但是意義比較可能持久。打造使命感的起點經常是採取行動，加強你的學習或是對他人的貢獻。

29. **安排人生檢查**。你很容易發現自己在一條不稱心的道路上，陷入了承諾升高。就像你跟醫生安排健康檢查，在你的行事曆上每年安排一、兩次人生檢查是值得的。這種方式能評估你學到多少，你的信念及目標進展多少，以及你接下來的步驟是否會包括重新思考。

30. **找時間去重新思考**。當我看著我的行事曆，我注意到大部分都填滿了行程。我設定了目標，每天花一小時思考及學習。現在我決定再進一步：我每週安排時段去重新思考及反學習。我和我的異議網絡溝通，詢問他們對於我應該重新思考什麼，有哪些想法和意見。最近，我的妻子艾莉森告訴我，我需要重新思考我對美乃滋這個詞的發音。

致謝

表達感謝這件事可能需要少一點的重新思考，多一點的行動。我想要先感謝我非凡的文學經紀人，理查．潘恩（Richard Pine），鼓舞我去重新思考我的讀者群，繼續將我的視野擴展到工作之外，還有我出類拔萃的編輯，瑞奇．柯特（Rick Kot），相信並開發這些想法的潛力。一如往常，能和這兩位合作再好不過了，而他們也提供了挑戰與支持的完美組合。

在兩位專業的事實查核者一絲不苟的努力下，提升了本書的精準度。保羅．德賓（Paul Durbin）以驚人的徹底及敏捷態度，運用敏銳的目光檢查每個句子。安迪．楊（Andy Young）仔細審視每一頁，追查大量的重要資料來源。

我的異議網絡裡的早期讀者，對本書的內容及定調有莫大助益。瑪莉莎．杉岱爾（Marissa Shandell）及凱倫．諾爾頓（Karren Knowlton）非常寬容，閱讀了遠超出任何人類能忍受的大量篇章，而且總是能出色地改進內容。他們提供描述的線索、流暢度的建議，以及語言的精細改進，讓本書的每個部分更加豐富精采，我有說不盡的感激。瑪莉莎更是盡心盡力，讓概念富有生氣，合成實用的重點。凱倫也付出心力，進一步闡述複雜性，並且讓想法變得多樣化。

瑞伯・瑞貝爾（Reb Rebele）對想法及散文的品味無人能及，他嚴格檢視早期的篇章，為結局增添原本缺乏的趣味。指導女王葛瑞絲・魯本斯汀（Grace Rubenstein）提供睿智的指引，協助讀者窺一樹而知全林，認清重新思考是即時且長期的習慣。丹・歐唐奈爾（Dan O'Donnell）協助我對一連串困境進行承諾降級，譜出寫作版本的輕快樂曲，讓一些重要的研究及故事充滿活力。

琳西・米勒（Lindsay Miller），她就像是人類的胼胝體[86]，鼓勵書中對於傳教士、檢察官、政治人物及科學家如何走進我們的心理狀態，提出更多的對話片段以及更豐富的插圖。妮可・葛朗特（Nicole Granet）拓展我的想法，讓我知道重新思考和生活的各個領域都有關。雪柔・珊伯格（Sheryl Sandberg）讓結構更鮮明，說服我先介紹核心想法，然後再組織架構，並且強調把書擋的位置擺放得當的價值。康斯坦提諾・庫提法瑞斯（Constantinos Coutifaris）提出重點，表示我需要探討何時說教、指控及進行政治活動，才會具有說服力。娜塔莉亞・威拉曼（Natalia

Villarman）、尼爾・史都華（Neal Stewart）及威爾・費爾德（Will Fields）分享他們在反種族主義的專業知識。麥可・邱（Michael Choo）鼓勵我，重新開始一個行不通的章節。賈斯汀・伯格（Justin Berg）貢獻他的創意預測技能，選擇及發展我最新又實用的見解，同時帶我了解反向頭韻（也就是連續的字詞共享一個最後的字母或音節）的樂趣。蘇珊・格蘭特（Susan Grant），永遠的英文老師，訂正文法、揪出筆誤，並且和我爭辯牛津逗號。**抱歉囉，老媽，我不打算重新思考這件事。**

影響力實驗室再次提醒我，老師能從學生身上學習到多少。凡妮莎・溫揚德（Vanessa Wanyandeh）要我思考，權力不平衡如何影響哪些群體應該從事大部分的重新思考，以及強調打擊偏見是誰的責任。阿卡許・普露魯（Akash Pulluru）無畏地忘卻薄弱的論述，爭辯好的辯論原則。葛瑞琳・曼戴爾（Graelin Mandel）要求關於何時及為何任務衝突導致關係衝突的更多資訊。柴克・史威尼（Zack Sweeney）提出熱烈的論點，擴展重新思考循環的角色。喬登・李（Jordan Lei）督促我更深入探究第一直覺謬誤，而薛恩・高登史汀（Shane Goldstein）負責勸我放棄空白頁後記，採用一些編輯和邊註。尼可拉斯・史卓區（Nicholas Strauch）

86 編按：Corpus callosum，哺乳類動物連接大腦左右兩半球的重要神經纖維組織。

要求如何提出好問題的更多內容，並且替青蛙說話。瑪德蓮・法根（Madeline Fagen）提議在理念及價值之間要有更清楚的區別。溫蒂・李（Wendy Lee）建議我在表達自信的謙遜方面說得更詳細一些，肯尼・洪（Kenny Hoang）提議我在寫作時，展現一些人際重新思考的原則。莉西・尤夏易（Lizzie Youshaei）想要關於人們何時及為何願意面對想法有誤的更多分析。梅格・斯里尼華斯（Meg Sreenivas）指出無關的細節。亞倫・卡恩（Aaron Kahane）澄清令人困惑的論述，而夏希爾・米特拉（Shaheel Mitra）建議引述艾德加・米契爾（Edgar Mitchell）的話。

我很幸運能有InkWell（點名艾列克斯・賀里〔Alexis Hurley〕、納森尼爾・傑克斯〔Nathaniel Jacks〕及艾莉莎・羅斯史汀〔Eliza Rothstein〕）及Viking（在我沒有寫作或出書時，每週都會想念那群人的好奇心）的頂尖團隊支持。我要特別感謝卡洛琳・寇爾伯恩（Carolyn Coleburn）、惠特尼・皮林（Whitney Peeling）、琳西・普里威特（Lindsay Prevette）及貝兒・班塔（Bel Banta）非凡的公關本領，凱特・史塔克（Kate Stark）、莉迪亞・赫特（Lydia Hirt）及瑪莉・史東（Mary Stone）的創意行銷，翠西亞・康利（Tricia Conley）、泰絲・艾斯皮諾薩（Tess Espinoza）、布魯斯・吉福滋（Bruce Giffords）及法比亞娜・馮・艾斯戴爾（Fabiana

Van Arsdell）的編輯及製作專長，傑森・拉米雷斯（Jason Ramirez）的藝術指導、卡蜜兒・勒布朗（Camille LeBlanc）的爭辯，布萊恩・塔特（Brian Tart）、安卓亞・舒茲（Andrea Schulz）、瑪德蓮・麥克因托許（Madeline McIntosh）、艾莉森・道柏森（Allison Dobson）及快速惡魔馬克思・多爾（Markus Dohle）的不斷支持。我也很榮幸和麥特・雪利（Matt Shirley）在圖表部分合作。他除了貢獻獨特的機智與幽默，也在工作上展現令人佩服的耐心，確保它們能融入本書的內容與調性。

許多同事透過對話為本書付出。一如往常，丹・平克（Dan Pink）在框架相關研究的想法及提示方面，給了出色的建議。我在霍華頓同事，尤其是瑞秋・亞奈特（Rachel Arnett）、席格・巴薩德（Sigal Barsade）、茱兒・卡頓（Drew Carton）、史黛芬妮・克瑞里（Stephanie Creary）、安潔拉・達克沃斯（Angela Duckworth）、凱德・麥斯（Cade Masse）、薩米爾・諾姆漢米德（Samir Nurmohamed）以及南西・羅斯巴德（Nancy Rothbard），示範書中的許多原則，也讓我重新思考我提出的許多觀點。我也非常感謝菲爾・泰特拉克（Phil Tetlock）提出傳教士、檢察官及政治人物的架構，並且向我推薦克吉斯特・莫瑞爾（Kjirste Morrell）及尚皮耶・博岡斯（Jean Pierre Beugoms）。謝謝伊娃·陳（Eva Chen）、泰瑞·莫瑞（Terry Murray）及菲爾·雷斯科博（Phil Rescober）分析尚皮耶的預測；感謝包柏·蘇頓（Bob Sutton）讓我注意到布萊德·博得（Brad Bird），並且如此敏銳地分析他不可思議的領導力。感謝潔咪·沃夫（Jamie Woolf）及克里斯·威岡（Chris Wiggum）開啟了皮克斯的大門。感謝卡爾·威克（Karl Weick）把我介紹給曼恩·谷契（Mann Gulch），謝謝香儂·西德威克·戴維斯（Shannon Sedgwick Davis）及蘿倫·普爾（Laren Poole）讓我認識貝蒂·畢岡比（Betty Bigombe），並且分享她故事背景。感謝傑夫·艾西比（Jeff Ashby）及麥可·布魯姆菲爾德（Mike Bloomfield）介紹克里斯·韓森及艾倫·歐裘亞；謝謝伊歐罕·錫西（Eoghan Sheehy）引介哈里許·納塔拉真（Harish Natarajan）。感謝道格拉斯·亞契波德（Douglas Archibald）推薦朗恩·伯格（謝謝諾亞·德威里歐〔Noah Devereaux〕以及力爭挑戰〔Strive Challenge〕的那場意外的對話。）感謝在初期時，艾利克·貝斯特（Eric Best）讓我知道重新思考如何能幫助人們提高標準；還有布萊恩·里托（Brian Little）、珍·杜頓（Jane Dutton）、理查·海克曼（Richard Hackman）及蘇·艾許佛德（Sue Ashford）教我把重新思考視為組織心理學家最大的樂趣之一。

為人父母的每一天都讓我知道，我們都有內在能力去改變我們的思維。我在寫完這本書時，正值疫情大流行的期間，亨利納悶供水是否會受到影響，而且急著重新思考我們在哪裡取得自來水（**是不是有條管線連接大海和我們家呢？我們可能會有章魚游進來！**）當我問伊蓮娜（Elena）如何說服我重新思考事情，她讓我見識到一種我完全沒注意過的說服技巧（**小狗狗的眼神！百試百中！**）當我們為這本書的書衣考慮各種視錯覺時，喬安娜（Joanna）想出一個更好的主意（**如果是一支蠟燭，燃燒的不是火焰而是水，這樣如何呢？**）最後我重新思考創意的點子來自何處：假如我們的十二歲小孩能替我的書衣想出完美的意象，他們還會做什麼呢？我很喜歡我們的小孩有多快樂又輕鬆地重新思考，以及他們是如何勸誘我也更常這麼做。

我要對艾莉森．史威特．格蘭特（Allison Sweet Grant）的愛、建議及幽默，獻上我最深的謝意。一如往常，她幫助我重新思考我許多的假設，彙整繁多瑣碎問題、隨機要求，及多餘的辯論。我仍舊唸「美納吱」，而不是「美乃吱」，但她總抱怨沒人會那樣說，大家會說：「請把蛋黃醬（mayo，美乃滋俗稱）遞過來。」特此聲明，我壓根不喜歡美乃滋。

國家圖書館出版品預行編目資料

逆思維：華頓商學院最具影響力的教授，突破人生盲點的全局思考 / 亞當・格蘭特著；簡秀如譯 --初版.--臺北市：平安文化, 2022.7 面；公分. --(平安叢書；第724種)(UPWARD；133)
譯自：Think Again: The Power of Knowing What You Don't Know
ISBN 978-986-5596-93-4（平裝）

1.CST: 思考 2.CST: 思維方法

176.4 111008467

平安叢書第0724種
UPWARD 133

逆思維

華頓商學院最具影響力的教授，突破人生盲點的全局思考

Think Again:
The Power of Knowing What You Don't Know

作　　者—亞當・格蘭特
譯　　者—簡秀如
發 行 人—平　雲
出版發行—平安文化有限公司
台北市敦化北路120巷50號
電話◎02-27168888
郵撥帳號◎18420815號
皇冠出版社（香港）有限公司
香港銅鑼灣道180號百樂商業中心
19字樓1903室
電話◎2529-1778　傳真◎2527-0904
總 編 輯—許婷婷
責任主編—平　靜
責任編輯—蔡維鋼
行銷企劃—薛晴方
美術設計—兒日設計、黃鳳君
著作完成日期—2021年
初版一刷日期—2022年7月
初版三十四刷日期—2024年9月
法律顧問—王惠光律師

讀者服務傳真專線◎02-27150507
電腦編號◎425133
ISBN◎978-986-5596-93-4
Printed in Taiwan
本書定價◎新台幣420元/港幣140元